TRIBUTAÇÃO DE LUCROS NO EXTERIOR

CIP-BRASIL. CATALOGAÇÃO NA PUBLICAÇÃO
SINDICATO NACIONAL DOS EDITORES DE LIVROS, RJ

M341t

Martins, Bruce Bastos
Tributação de lucros no exterior / Bruce Bastos Martins. - 1. ed. - São Paulo: Noeses, 2021.

224 p. ; 23 cm.
Inclui bibliografia
ISBN 978-65-990513-7-1

1. Direito tributário - Brasil. 2. Direito internacional. 3. Bitributação. 4. Pessoas jurídicas - Impostos - Brasil. I. Título.

21-70721 CDU: 34:(351.713:341)

Camila Donis Hartmann - Bibliotecária - CRB-7/6472

Bruce Bastos Martins

TRIBUTAÇÃO DE LUCROS NO EXTERIOR

2021

editora e livraria
NOESES

Fundador e Editor-chefe: Paulo de Barros Carvalho
Gerente de Produção Editorial: Rosangela Santos
Arte e Diagramação: Renato Castro
Revisão: Georgia Evelyn Franco
Designer de Capa: Aliá3 - Marcos Duarte

2021

editora e livraria
NOESES

Editora Noeses Ltda.
Tel/fax: 55 11 3666 6055
www.editoranoeses.com.br

Aos gigantes, cujos ombros permitiram-me ver mais longe.

PREFÁCIO

Escrever o prefácio dessa obra me rende sentimentos conflitantes. Primeiro, de muito orgulho, já que tive o privilégio de ter sido professor e orientador do Bruce na faculdade e, posteriormente, nos cursos de pós-graduação do IBET. Conferir a evolução do antes acadêmico e, agora, Mestre é uma das maiores satisfações que um professor pode ter. Não que me sinta responsável pelo seu sucesso, ao contrário. O Bruce, com sua mente inquieta, como a de um verdadeiro filósofo, construiu sua carreira nos ombros de gigantes, como o próprio autor cita em sua epígrafe. A obra revela todo o seu arsenal filosófico e jurídico, de Aristóteles a Paulo de Barros Carvalho. De outro lado, além do orgulho, me rendo à frustração de não conseguir expressar toda a admiração que tenho por esse jovem jurista, afinal, não há linguagem no mundo que possa traduzir o que sentimos.

A obra trata do instigante tema da Tributação de Lucros no Exterior, mais particularmente, da incidência de IRPJ no reflexo positivo no patrimônio da controladora brasileira, derivado dos lucros auferidos por sua controlada sediada em país com o qual o Brasil possui acordo de bitributação.

No início, capítulo primeiro, a abordagem é eminentemente dogmática, com a análise da Lei nº 9.249/1995, do Código Tributário Nacional e da MP nº 2.158-35/2001. Na sequência, enfrenta-se a pragmática jurídica, mediante o estudo das decisões do CARF, STJ e STF, que certamente contribuíram para a mudança legislativa ulterior, qual seja, a Lei nº 12.973/2014.

O autor, ciente de sua tarefa hermenêutica, faz presente em toda a obra os axiomas do processo de construção de sentido: inesgotabilidade e intertextualidade. Como se sabe, a inesgotabilidade reconhece que a compreensão da realidade é infindável, e os conceitos a todo instante podem ser construídos e reconstruídos conforme o contexto, como o tempo e o espaço, e em especial com os valores, as experiências e as ideologias do ser cognoscente. Já a intertextualidade fornece o necessário diálogo que mantêm entre si os textos científicos e não científicos, jurídicos e extrajurídicos.

É no segundo capítulo que os predicados hermenêuticos se mostram mais evidentes. Afora a intertextualidade com os enunciados da Convenção Modelo da Organização para a Cooperação e Desenvolvimento Econômico (CM-OCDE), o tema relativo ao contexto é profundamente perseguido pelo autor. Parte-se do contexto histórico e geopolítico para, então, aprofundar com muita maestria o termo "contexto" do art. 3º da CM-OCDE, com o consequente reflexo na interpretação dos termos "lucros das empresas" e "dividendos", elementos nucleares para suas conclusões.

Para definir o sentido do signo jurídico "contexto", a obra enfrenta diversas teorias acerca do termo. São elas: (i) a teoria do contexto exclusivamente intrínseco; (ii) a teoria da posição oficial do CAF-OCDE; (iii) a teoria da correlação do "contexto" com os comentários à CM-OCDE e demais documentos do CAF-OCDE; (iv) a teoria do "contexto" internacional amplo; (v) a teoria da cumulação dos "contextos" internacional e nacional; e (vi) a teoria funcional sobre o sentido ordinário contextualizado dos termos dos acordos de dupla tributação.

Como um artesão que manuseia, metodologicamente, o tecido que fabrica, chega-se ao capítulo final, no qual o autor vai ostentar conclusões absolutamente inovadoras. Unindo o reducionismo fenomenológico de Edmund Husserl, o constructivismo lógico-semântico de Lourival Vilanova e a regra-matriz de incidência tributária de Paulo de Barros Carvalho, o livro termina com a construção das normas jurídicas relativas ao IRPJ sobre: (i) os reflexos patrimoniais no lucro real da controladora brasileira derivados de lucros auferidos por controlada estrangeira; e (ii) o lucro de controladas sediadas em países com os quais o Brasil possui acordo de bitributação.

Eis, enfim, um convite para se filosofar a tributação internacional do imposto sobre a renda. Não se engane, porém: o texto aprofunda, de forma única, o tema, demonstrando a inexistência de diferenças entre teoria e prática. Para mim, afora a efetiva contribuição para a ciência do direito tributário brasileiro, a obra certamente vai acalmar os gigantes, com a certeza de que novos ombros surgiram.

Ricardo Anderle

LISTA DE ABREVIATURAS E SIGLAS

Art. – Artigo
ADI – Ação Direta de Inconstitucionalidade
BCB – Banco Central Brasileiro
BEPS – *Base Erosion and Profit Shifting*
CARF – Conselho Administrativo de Recursos Fiscais
CR$ – Cruzeiro real
CF – Constituição Federal de 1988
CFC – *Controlled foreign corporation*
CM-OCDE – Convenção modelo de acordos para evitar a dupla tributação da Organização para a Cooperação e Desenvolvimento Econômico
CNI – Confederação Nacional de Justiça
CIJ – Corte Internacional de Justiça
COSIT – Coordenação de Tributos sobre a Renda e o Patrimônio da Coordenação-Geral do Sistema de Tributação
CSLL – Contribuição Social sobre o Lucro Líquido
CSRF – Câmara Superior de Recursos Fiscais
CTN – Código Tributário Nacional
CVDT – Convenção de Viena Sobre o Direito dos Tratados

EUA – Estados Unidos da América
GATT – *General Agreement on Tariffs and Trade*
IED – Investimento Estrangeiro Direito
JSCP – Juros sobre capital próprio
IN SRF – Instrução Normativa da Secretaria da Receita Federal
IPCA – Índice Nacional de Preços ao Consumidor Amplo
IRPJ – Imposto sobre a renda da pessoa jurídica
IRPF – Imposto sobre a renda da pessoa física
LINDB – Lei de Introdução das Normas de Direito Brasileiro
MEP – Método de Equivalência Patrimonial
OCDE – Organização para a Cooperação e Desenvolvimento Econômico
OCEE – Organização para a Cooperação Econômica Europeia
OECD – *The Organization for Economic Co-operation and Developmen*
OMC – Organização Mundial do Comércio
PRE – Plano de Recuperação Europeu
R$ – Real
RFB – Receita Federal do Brasil
RMIJ – Regra-Matriz de Incidência Jurídica
RMIT – Regra-Matriz de Incidência Tributária
STF – Supremo Tribunal Federal
STJ – Superior Tribunal de Justiça
TRF-4 – Tribunal Regional Federal da 4ª Região
URV – Unidade Real de Valor
US$ – Dólar

SUMÁRIO

INTRODUÇÃO

Desde a segunda metade do século XX, diante da construção de cadeias globais de produção, escalas internacionais de comércio e uma dinâmica implacável de circulação transnacional de riqueza, o tema relativo à aplicação dos acordos internacionais para refrear o fenômeno da bitributação tem revelado cada vez mais a sua importância. A primazia do princípio da tributação da renda em bases universais[1] fez com que os países estabelecessem acordos entre si, como forma de instituir políticas fiscais comprometidas com a diminuição dos atritos na circulação internacional dos lucros do capital;[2] o que significa, em regra, um fluxo mais intenso de bens e serviços,[3] e, como resultado, em tese, o recrudescimento da econômica global como um todo.

---

1. "A tendência contemporânea dos Estados, principalmente daqueles que são considerados exportadores de capital, é a de assumir o princípio da universalidade, ante a) a constante e crescente movimentação de capitais no mercado mundial, b) a necessária progressividade dos impostos incidentes sobre as categorias redituais, sem falar na c) preocupação com os problemas de elisão e evasão fiscal internacional, proporcionados pelos estímulos fiscais oferecidos por países menos desenvolvidos e a formação de paraísos fiscais(cada vez mais frequentes)." (TORRES, Heleno Taveira. *Pluritributação internacional sobre as rendas de empresas.* São Paulo: Editora Revista dos Tribunais, 1997, p. 72-73).

2. SMITH, Adam. *A riqueza das nações:* investigação sobre sua natureza e suas causas. São Paulo: Nova Cultural, 1996, p. 287.

3. "Ocorre, portanto, que o valor de troca das mercadorias é mais frequentemente estimulado pela quantidade de dinheiro do que pela quantidade de trabalho ou

Por tudo isso, a relação tributária entre os países é o objeto de estudo desta obra, particularmente a relação entre controladoras brasileiras e controladas situadas em país com o qual o Brasil possui acordo para evitar a dupla tributação; acordos estes que, nesta obra, denominaremos simplesmente de "acordos de bitributação".[4] E o objetivo principal desta obra está em responder à seguinte questão: o reflexo positivo no patrimônio da controladora brasileira oriundo do investimento em controlada sediada em país com o qual o Brasil possui acordo de bitributação compõe o lucro real para fins de incidência do Imposto sobre a Renda da Pessoa Jurídica (IRPJ), tal como prescreve o enunciado do art. 77 da Lei nº 12.973/2014? A pergunta também pode ser formulada desta maneira: o reflexo positivo no patrimônio da controladora brasileira provindo da apuração do lucro da controlada estrangeira subsome-se aos arts. 7 ou 10, como se, respectivamente, lucros da controlada ou dividendos da controladora fossem, tal como prescreve a Convenção Modelo da Organização para a Cooperação e Desenvolvimento Econômico (CM-OCDE)?

Diante deste objetivo principal, emergem os objetivos específicos que deverão ser enfrentados, sem o quais não se responde às magnas questões formuladas acima, a saber: *(i)* conceituar o termo "lucro real", de acordo com a legislação brasileira; *(ii)* conceituar "lucros de empresas" ("*business profit*") e dividendos ("*dividends*"), conforme o acordo de bitributação da CM-OCDE; *(iii)* descrever os critérios de interpretação das normas tributárias brasileiras e das normas

---

pela quantidade de alguma outra mercadoria que se pode adquirir em troca da referida mercadoria." (SMITH, Adam. *A riqueza das nações:* investigação sobre sua natureza e suas causas. São Paulo: Nova Cultural, 1996).

4. "Quanto à sua terminologia, tais instrumentos são geralmente chamados de convenções internacionais contra a dupla tributação, tratados internacionais em matéria tributária, convenções contra a dupla tributação, acordos de bitributação e outros semelhantes. Para Gerd E. Rothmann, por sua vez, seria mais adequado o termo 'acordo', como distintivo de tratados com objeto econômico, financeiro, comercial e cultural.". (NETO, Luís Flávio. *Direito Tributário Internacional:* "Contextos" para Interpretação e Aplicação de Acordos de Bitributação – Série Doutrina Tributária Vol. XXI. São Paulo: Quartier Latin, 2018, p. 80-81).

tributárias do acordo de bitributação da CM-OCDE, bem como identificar quais critérios devem prevalecer no caso da tributação sobre os lucros auferidos em país com o qual o Brasil possua o referido acordo; (*iv*) descrever a regra-matriz de incidência tributária (RMIT) do IRPJ sobre os reflexos patrimoniais no lucro real da controladora brasileira derivados de lucros auferidos por controlada estrangeira; e (*v*) descrever a RMIT do IRPJ sobre o lucro de controladas sediadas em países com o qual o Brasil possui acordo de bitributação.

É preciso estabelecer, desde já, que tanto os objetivos específicos como o objetivo principal desta obra encontram suas razões no princípio da capacidade contributiva, reconhecidamente presente na Constituição Federal de 1988 (CF), art. 145, §1º, bem como na maioria dos países cujo capitalismo ocidental está amadurecido. Não sem motivo, a OCDE, na qual se inscrevem os países com a maior produção corrente de bens e serviços ou, dito de outra forma, países com o maior Produto Interno Bruto (PIB), tendo a China e o Brasil como *Key Partners*,[5] redigiu, em 1963, no ambiente de "mutualismo comercial" do pós-guerras, um modelo para celebrar acordos que evitassem a dupla oneração fiscal dos rendimentos por seus membros. Afinal, a cumulatividade de impostos sobre a renda nas operações internacionais atua tanto no sentido de desestimular as relações comerciais, do ponto de vista econômico, ao exigir do investimento um retorno maior que compense o aumento da despesa fiscal, quanto no sentido de tributar signos presuntivos de riqueza não reveladores da capacidade de contribuir à proporção do que se tributará a mais, em um país, do que já se tributou em outro.

É, pois, sobre esse tema do Direito Internacional Tributário, os acordos de bitributação – e é preciso não confundir, desde já, para fins meramente didáticos,[6] com temas do Direito

5. Disponível em: http://www.oecd.org/about/membersandpartners. Acesso em: 16 jan. 2019.

6. "Para Vogel, não existe o Direito Internacional Tributário, estando as proposições

Tributário Internacional, a exemplo da tributação, no Brasil, sobre o lucro transnacional das controladoras, ou seja, normas com elementos de estraneidade[7] –, desenvolvido a partir do princípio da capacidade contributiva, que outros pontos controversos surgem em torno da tributação das controladas situadas em país com o qual o Brasil possui acordo de bitributação. Para tanto, como forma de passar por todos os objetivos propostos, os capítulos serão divididos de tal sorte que: *(i)* no primeiro capítulo será feito um apanhado das mudanças legislativas no Brasil a respeito da tributação sobre os lucros auferidos por controlada sediada no exterior, como também as principais decisões no Judiciário e na esfera administrativa

---

descritivas sobre as normas por este estudadas insertas no âmbito do Direito Tributário Internacional. Com suas palavras: 'o Direito Tributário Internacional compreende a totalidade das prescrições jurídicas que se referem à tributação relativa a fatos que se verificam superando os confins nacionais (...). Fatos estes, fiscalmente relevantes, que implicam relações com âmbitos territoriais ou com ordenamentos jurídicos de mais de um Estado e para os quais se ponha como credor tributário mais de um Estado'." (TORRES, Heleno Taveira. *Pluritributação internacional sobre as rendas de empresas.* São Paulo: Editora Revista dos Tribunais, 1997, p. 54).

7. "A existência no interior dos sistemas tributários de cada ordem jurídica de um grupo de normas destinadas a_ à qualificação e localização dos elementos de estraneidade dos fatos descritos nas hipóteses de incidência das normas impositivas (normas de comportamento), e b) a definir as conexões com o próprio sistema, para ulterior incidência de tais normas impositivas específicas, nos permite falar da existência de um Direito Tributário Internacional. Estas normas – as de imposição, qualificação e localização – são, exclusivamente, normas internas. (...) O Direito Tributário Internacional se dedica exatamente ao estudo e sistematização dessas normas com elementos de estraneidade, em que o termo direito tributário aparece como referido à fonte de emanação, o direito interno, enquanto o termo 'internacional' designa a diferença específica da espécie de hipótese de incidência: dotada de elemento de estraneidade. (...) De outra parte, temos um grupo de normas exclusivamente de Direito Internacional, dirigidas precipuamente a regular a atuação dos vários Estados (em matéria tributária) no âmbito da comunidade internacional. Estas são as normas do Direito Internacional Tributário, entendendo-se aqui o termo 'internacional como conotativo da fonte de produção normativa e específico critério de validade, externos ao sistema, por serem produzidas por fontes normativas distintas das constitucionalmente previstas pelo Estado, mas reconhecidas pela comunidade internacional como sendo legítimas para tanto. (...) Como diz Garbarino, o Direito Internacional Tributário, em sua acepção mais correta, é o que se poderia chamar de direito dos tratados internacionais em matéria tributária." (TORRES, Heleno Taveira. *Pluritributação internacional sobre as rendas de empresas.* São Paulo: Editora Revista dos Tribunais, 1997, p. 61-62).

acerca das normas que se destinaram à tributação em bases universais; *(ii)* no segundo capítulo, o tema em destaque são os acordos de bitributação que seguem os parâmetros da CM-OCDE, em especial as normas endereçadas a evitar a dupla tributação sobre os lucros de empresas (*"business profit"*) e dividendos (*"dividends"*) e a norma referente ao método de interpretação de seus termos, quando não estabelecidos na convenção internacional; e *(iii)* no terceiro e último capítulo, propõe-se o emprego do método constructivista lógico-semântico, a propósito, com o uso do instrumento da regra-matriz de incidência tributária (RMIT) – um desdobramento do citado método –, para analisar as normas de incidência sobre os lucros, tanto de controladoras brasileiras como de controladas estrangeiras sediadas em país com o qual o Brasil possui acordo de bitributação da CM-OCDE.

O terceiro e último capítulo propõem, de forma estratégica, embora heterodoxa , que se faça antes uma rigorosa digressão filosófica como forma de estabelecer a metodologia de aproximação e enfrentamento da pergunta principal. E somente após isso, tendo todo o cenário tanto histórico quanto jurídico expostos nos capítulos anteriores, e determinado o método do constructivismo lógico-semântico como instrumento teórico, é que se analisará: *(i)* a norma brasileira de tributação em bases universais do lucro da controladora no Brasil, a partir da última modificação legislativa, ou seja, a partir do enunciado do art. 77 da Lei nº 12.973/2014; e *(ii)* a norma internacional de tributação dos lucros da controlada sediada em país com o qual o Brasil possui acordo de bitributação, conforme os parâmetros da CM-OCDE, desenvolvendo a relação de tributação de lucros tanto da controladora brasileira quanto da controlada estrangeira, em estruturas lógico-deônticas próprias. Mas para que o leitor fique seguro quanto à divisão ora proposta, segue, pormenorizadamente, o que cada capítulo dispor-se-á a tratar.

O primeiro capítulo, intitulado *a tributação no Brasil de lucro auferido por controlada sediada no exterior*, desenvolve-se, como foi dito, para tratar das mudanças legislativas acerca da tributação brasileira em bases universais, assim como para expor os desdobramentos no Judiciário e na seara administrativa de questões referentes às citadas mudanças, sem as quais se julgou não ser suficiente para o entendimento do deslinde da questão principal: é lícita a tributação sobre o reflexo positivo no patrimônio de controladora brasileira advindo do lucro de controlada residente em país com o qual o Brasil possui acordo de bitributação?

Para tanto, o primeiro capítulo começa mencionando a criação do Plano Real, no ano de 1994, haja vista que as mudanças tributárias ocorridas neste período dialogam diretamente com as reformas necessárias para que este plano monetário tivesse sucesso, da qual a tributação em bases universais da pessoa jurídica, com a publicação do art. 25, da Lei nº 9.249/1995, é um exemplo.

Na sequência, apresentam-se as mudanças advindas com as publicações da Lei Complementar nº 104/2001, que por sua vez conferiu nova redação ao texto do art. 43 do Código Tributário Nacional (CTN), e do art. 74 da MP nº 2.158-35/2001, cujo comando veio para alterar o momento da disponibilidade, para a controladora brasileira, dos lucros auferidos no exterior em por força da controlada, vez que, até aquele momento, segundo o art. 2º, §2º, incisos I e II, da Instrução Normativa da Secretaria da Receita Federal (IN SRF) nº 38/1996, a disponibilidade dava-se, em última análise, no momento da distribuição do lucro. Com a publicação do art. 74 da MP nº 2.158-35/2001, no entanto, o momento da disponibilidade do lucro da controlada, para fins de determinação da base de cálculo do IRPJ e da CSLL, passou a ser considerado na data do balanço no qual tiverem sido apurados, cuja avaliação do reflexo positivo no patrimônio era dada mediante o método de equivalência patrimonial (MEP), nos termos §§ 1º, 2º e 3º, do art. 7º, da IN SRF nº 213/2002. Em uma frase, abandonava-se o regime de caixa estabelecido nos enunciados dos incisos I e II, do § 2º, do art. 2º, da IN SRF nº 38/1996,[8] e utilizava-se o regime de competência estabelecido nos §§ 1º, 2º e 3º, do art. 7º, da IN SRF nº 213/2002.

8. Posteriormente revogada pela Instrução Normativa de nº 213/2002.

Finalmente, dentre os dissídios envolvendo as controladoras e a Receita Federal do Brasil (RFB) originados dessa mudança de paradigma, do regime de caixa para o regime de competência, nesta obra destacar-se-ão: *(i)* o posicionamento do Conselho Administrativo de Recursos Fiscais (CARF) no tocante aos planejamentos fiscais por meio de acordos de bitributação; *(ii)* o julgamento no Supremo Tribunal Federal (STF) da Ação Direta de Inconstitucionalidade (ADI) nº 2.588/DF, concernente à constitucionalidade do art. 74 da MP nº 2.158-35/2001; e *(iii)* a decisão do Superior Tribunal de Justiça (STJ) com relação à ilegalidade da base tributária constante do método de equivalência patrimonial, bem como a prevalência do art. 7º dos acordos de bitributação da CM-OCDE sobre a apuração do lucro das controladas.

O final do primeiro capítulo é conduzido para descrever a última mudança relativa à sistemática de tributação em bases universais ocorridas na legislação brasileira, com a publicação da MP nº 627/2013, posteriormente convertida na Lei nº 12.973/2014. A partir dela, dispensou-se o enunciado do art. 74 da MP nº 2.158-35/2001, que considerava disponibilizado o lucro auferido por controlada estrangeira na data do balanço no qual tiver sido apurado, em que pese não ter sido distribuído, para fim de determinação do cálculo do IRPJ, e passou-se a empregar o enunciado do art. 77 da Lei nº 12.973/2014, dispondo que, do lucro apurado da controlada na data do balanço, o que se irá avaliar, para fins de cômputo do lucro real, é a parcela do ajuste do valor do investimento nela feito – critério este de avaliação relegado anteriormente a uma instrução normativa, e agora elevado à condição de lei ordinária.

Mas, em que pesem outras dúvidas poderem ser suscitadas a respeito da tributação em bases universais, o presente trabalho limita-se às relações tributárias de recolhimento do IRPJ decorrentes do reflexo positivo no patrimônio da controladora brasileira derivados dos lucros auferidos por sua controlada sediada em país com o qual o Brasil possui acordo de bitributação. Dito isso, a depender da envergadura semântica que é dada aos termos “lucro real”, “lucros de empresas” (“*business profit*”) e “dividendos” (“*dividends*”), haverá ou não imposto a recolher sobre a parcela do ajuste do valor do investimento em controlada. E justamente por ser uma tarefa hermenêutica, o que está no centro dos objetivos específicos desta obra, para que se admita a aplicação do art. 77 da Lei nº 12.973/2014 ou dos arts. 7º e 10 do acordo de bitributação da CM-OCDE, quando da apuração do lucro real da controladora no Brasil, é que se faz necessário analisar os critérios de interpretação prescritos na CM-OCDE, ao passo que, caso não se faça, não se é possível adentrar no objetivo principal.

Por essas razões, reconhecida a importância de se ter definidos os conceitos referentes aos termos “lucros de empresas” (“*business profit*”) e “dividendos” (“*dividends*”), o segundo capítulo, intitulado *a tributação de lucros e dividendos no acordo de bitributação da CM-OCDE*, inicia-se descrevendo, a partir de um recorte histórico, os eventos que culminaram nas organizações internacionais do pós-guerra, designadamente aquela que veio a estabelecer um Comitê Fiscal para a apresentação e o estudo de modelos de tratados para evitar a dupla tributação, a saber, a Organização para a Cooperação Econômica Europeia (OCEE), que por sua vez veio a ser, em 1961, a OCDE. Os modelos de acordos de bitributação alcançaram, no ano de 2017, a sua 10ª edição, e será o modelo utilizado para a análise das normas de tributação dos lucros de empresas e dividendos constantes da CM-OCDE.

No entanto, antes de analisar as normas instituídas por força deste modelo, o capítulo segue na análise da relação entre Direito doméstico e Direito internacional, por intermédio das concepções *dualista*, *monista* e *monista moderada* destes sistemas, já que, em alguma medida, na situação de eventuais antinomias jurídicas, é preciso admitir a prevalência de um sobre o outro, da qual é exemplo o conflito semântico envolvendo os termos “lucros de empresas” para fins de tributação na legislação brasileira, e “lucros de empresas” ou “*business profit*” nos acordos de bitributação da CM-OCDE.

Ao se admitir o condão do Direito interacional de modificar o Direito doméstico quando a ele integrado, o capítulo discorrerá, então, sobre o método de interpretação dos termos constantes dos acordos de bitributação da CM-OCDE, o que exigirá, em virtude do critério relativo ao contexto ("*context*"), disposto no art. 3(2), a retomada dos critérios presentes no art. 38 e seguintes da Convenção de Viena sobre o Direito dos Tratados (CVDT). Finalmente, o segundo capítulo mobiliza--se para conferir um conceito, através da teoria do linguista suíço, Ferdinand de Saussure, e da recente obra do jurista brasileiro Luís Flavio Neto,[9] ao termo "contexto" ("*context*"), sem o qual não se definem quais suportes físicos do Direito devem ser conhecidos para a construção do signos jurídicos presentes nos acordos de bitributação da CM-OCDE, em especial, para os objetivos desta obra, os signos "lucros de empresas" ("*business profit*") e "dividendos" ("*dividends*").

No terceiro e último capítulo, intitulado *a tributação da parcela do ajuste do investimento da controladora e do lucro auferido por controlada situada em país com o qual o Brasil possui acordo de bitributação da CM-OCDE*, é provavelmente o mais denso, no sentido metodológico, pois é nele que se descreverá, à luz do reducionismo fenomenológico de Edmund Husserl,[10]

9. Título da obra *Direito tributário internacional:* "Contextos" para Interpretação e Aplicação de Acordos de Bitributação.

10. "A Fenomenologia (que ele [Edmund Husserl] chama de 'pura' ou 'transcendental') é uma ciência de essências (portanto, 'eidética'), e não de dados de fato, possibilitada apenas pela *redução eidética*, cuja tarefa é expurgar os fenômenos psicológicos de suas características reais ou empíricas e leva-los para o plano da generalidade essencial. A redução eidética, vale dizer, a transformação dos fenômenos em essências, também é redução fenomenológica em sentido estrito, porque transforma esses fenômenos em *irrealidades* (*Ideen*, I, Intr.). Com esse significado, a F. constitui uma corrente filosófica particular, que pratica a filosofia como investigação fenomenológica, ou seja, valendo-se da redução fenomenológica e da *epoché* (v.). Os resultados fundamentais a que esta investigação levou, em Husserl, podem ser resumidos da maneira seguinte: 1.º O reconhecimento do caráter *intencional da consciência* (v.), em virtude do qual a consciência é um movimento de *transcendência* em direção ao objeto e o objeto se dá ou se apresenta à consciência 'em carne e osso' ou 'pessoalmente'; 2.º evidência da visão (intuição) do objeto devida à presença efetiva do objeto; 3.º generalização da noção de objeto, que compreende não somente as coisas materiais, mas também as formas de categorias, as essências e os 'objetos ideais' em geral (*Ideen*, I, § 15); 4.º caráter privilegiado da 'percepção imanente', ou seja, da consciência que o eu

do constructivismo lógico-semântico de Lourival Vilanova,[11] e da RMIT de Paulo de Barros Carvalho, a metalinguagem material e formal da linguagem-objeto do Direito referente às normas de incidência do IRPJ *(i)* sobre os reflexos patrimoniais no lucro real da controladora brasileira derivados de lucros auferidos por controlada estrangeira, e *(ii)* sobre o lucro de controladas sediadas em países com o qual o Brasil possui acordo de bitributação, de modo a demonstrar que são normas jurídicas distintas, com estruturas deônticas próprias, não obstante a homogeneidade sintática que formaliza o mínimo de critérios para que exista um sentido prescritivo em toda norma.

Ou seja, a começar de determinados conjuntos de significantes constitutivos do plano de expressão do Direito, suportes físicos que conferem os enunciados concernentes à situação de tributar, no Brasil, os reflexos positivos derivados de lucros auferidos por controlada em país com o qual o Brasil possui acordo de bitributação, construir-se-ão proposições-antecedentes e proposições-consequentes, através da sintaxe deôntica "*D(h→c)*", e, por fim, em direção a uma aproximação da linguagem unívoca das formas, apresentar-se-ão as respectivas RMIT das normas de recolhimento do IRPJ sobre os lucros auferidos por controladas no exterior, bem como o reflexo desta riqueza no patrimônio da controladora brasileira.

---

tem das suas próprias experiências, porquanto nessa percepção aparecer e ser coincidem perfeitamente, ao passo que não coincidem na intuição do objeto externo, que nunca se identifica com suas aparições à consciência, mas permanece além delas (*ibid*, § 38)." (ABBAGNANO, Nicola. *Dicionário de filosofia.* 6ª ed. São Paulo: Editora WMF Martins Fontes, 2012, p. 511-512).

11. "O Constructivismo Lógico-Semântico é, antes de tudo, um instrumento de trabalho, modelo para ajustar a precisão da forma à pureza e à nitidez do pensamento; meio e processo para a construção rigorosa do discurso, no que atende, em certa medida, a um dos requisitos do saber científico tradicional. Acolhe, com entusiasmo, a recomendação de Norberto Bobbio, segundo a qual *não haverá ciência ali onde a linguagem for solta e descomprometida.* O modelo constructivista se propõe amarrar os termos da linguagem, segundo esquemas lógicos que deem firmeza à mensagem, pelo cuidado especial com o arranjo sintático da frase, sem deixar de preocupar-se com o plano do conteúdo, escolhendo as significações mais adequadas à fidelidade da enunciação." (CARVALHO, Paulo de Barros. Algo sobre o constructivismo lógico-semântico. *In:* CARVALHO, Paulo de Barros (coord.). *Constructivismo* lógico-semântico: Vol. I. São Paulo: Noeses, 2014, p. 4).

1. A TRIBUTAÇÃO NO BRASIL DE LUCRO AUFERIDO POR CONTROLADA SITUADA NO EXTERIOR

A tributação sobre os reflexos patrimoniais da pessoa jurídica – oriundos do investimento em controlada situada em país com o qual o Brasil – possui acordo de bitributação é ainda um tema de grande controvérsia, que por sua vez demanda, para uma análise sistêmica, o conhecimento das mudanças ocorridas na legislação brasileira, a começar pela Lei nº 9.249/1995, passando pela MP nº 2.158-35/2001, até a publicação da Lei nº 12.973/2014, como também a compreensão das decisões judiciais e administrativas, ao longo desse tempo.

Por essa razão, visto que o propósito desta obra é a construção dos significados legais envolvidos na situação apresentada acima, com vistas a descrever a norma tributária aplicável na relação entre controladora brasileira e o respectivo lucro auferido por sua controlada no exterior, definiu-se como marco histórico de partida o Plano Real, momento de reconstrução da moeda corrente brasileira, cujos efeitos na política fiscal do país se fazem presentes até hoje.

1.1 MUDANÇAS LEGISLATIVAS NA TRIBUTAÇÃO EM BASES UNIVERSAIS

No ano de 1994, o Brasil iniciava o Plano Real.[12] Foi na constância da invenção brasileira denominada de Unidade

12. "O Plano Real revê três datas importantes, sendo a primeira e principal a da MP

Real de Valor (URV), uma unidade de conta criada por meio da Medida Provisória nº 434/1994, posteriormente convertida na Lei nº 8.880/1994, concebida no curso do cruzeiro real (CR$), que se deu início a uma série de reformas pelas quais se alterariam o cenário de hiperinflação no Brasil, sendo o real (R$), como se sabe, o resultado deste esforço institucional de estabilização da moeda corrente.

No entanto, a reforma monetária demandava uma série de outras reformas macroeconômicas em torno de si sem as quais o Plano Real não se sustentaria. Isso porque, como explica o ex-presidente do Banco Central do Brasil (BCB), Gustavo H. B. Franco,[13] a compreensão política de que o dólar (US$) imprimia um preço relativo ao mercado para a correção do poder de compra da moeda brasileira fez com que a segurança da capacidade aquisitiva do real fosse ancorada de forma simbólica à cotação

434, de 27 de fevereiro de 1994, a qual, depois de três reedições, se tornou a lei 8.880, de 27 de maio de 1994. A segunda foi a MP 542, de 30 de junho de 1994, editada quatro meses depois da primeira, que complementava a reforma monetária com as primeiras emissões do real, trazia algumas inovações institucionais e se tornou a lei 9.069 em 29 de junho de 1995. Mais ou menos simultaneamente, ao redor de um ano depois das primeiras emissões do real, a MP 1.053/95 tomava diversas providências de consolidação pertinentes ao tema da desindexação; Repita-se que a inflação acumulada nos primeiros doze meses do real foi de 33%, medida pelo Índice de Preço ao Consumidor do real (IPC-r); portanto, não era ainda o momento totalmente seguro para uma desindexação radical, tanto que essa última MP só veio a se tornar a lei 10.9192/01 em 14 de fevereiro de 2001, depois de 73 reedições. Esses três dispositivos – e as inúmeras normas auxiliares e de regulamentação a eles associados, adiante referidas – configuram as providências de natureza monetária que definem o Plano Real." (FRANCO, Gustavo H. B. *A moeda e a lei: uma história monetária brasileira, 1933-2013*. Rio de Janeiro, RJ: Zahar, 2017, p. 592).

13. "Em sua formulação original, em 1994, o 'lastreamento' da nova moeda à taxa de paridade teve um significado nada mais que simbólico ou mesmo decorativo, tendo em vista que, praticamente de forma simultânea à publicação da MP, para surpresa de muitos, o BCB simplesmente se ausentou do mercado e deixou o real flutuar. Mais inesperado ainda, e muito impactante para alguns, foi o fato de a nova moeda apreciar-se com relação ao dólar, o que não devia ser tão chocante ante o nível alto de reservas, aos fortes influxos de entradas de capital, à política monetária e à credibilidade do programa. Portanto, bem mais importante que o 'lastreamento', como elemento a afetar as expectativas, foi o fato de o real passar a valer 'mais que o dólar', e em razão do livre jogo das forças de mercado, portanto, sem nenhum artificialismo ou controle. Ficava, assim, caracterizada uma estratégia de 'âncora cambial' bastante mais poderosa e engenhosa do que simplesmente fixar o câmbio num contexto de 'caixa de conversão' (*currency board*), no estilo argentino." (FRANCO, Gustavo H. B. *A moeda e a lei: uma história monetária brasileira, 1933-2013*. Rio de Janeiro, RJ: Zahar, 2017, p. 650).

da moeda norte-americana, uma espécie de "âncora cambial", o que representava um certo "lastreamento" entre essas moedas escorado em um alto nível de reservas internacionais e uma abundância de entradas de capital. Em uma frase, o real dependia para o seu sustento da entrada e do acúmulo de divisas, dentre outros fatores tanto estruturais quanto conjunturais.

Se de um lado, então, a política monetária consolidava-se em cima da credibilidade do programa, o que incluía até mesmo limites quantitativos ao BCB para a emissão do real, por outro lado a política fiscal comprometia-se com atrair investimento estrangeiro direto e indireto para o país, visto que o saldo positivo nas contas capital e financeira cumpriria um papel importante na nossa âncora monetária, invertendo a lógica dos preços servirem de âncora para a moeda, pois seria justamente o contrário, o dólar serviria de âncora nominal para o real, como explica o economista André Lara Resende.[14] Sendo assim, se a finalidade era atrair divisas, logo o ambiente tributário não poderia ser "hostil" aos investimentos, aliás, senão mais atraente que em outros países ao retorno dos recursos alocados quando da distribuição de lucros ou dividendos, por exemplo, conferindo razões econômicas ao capital estrangeiro para procurar o Brasil, o que contribuiria para um balanço de pagamentos superavitários.

Foi sob esse cenário que as Leis nº 9.249 e nº 9.250, publicadas no final do ano de 1995, prescreveram uma série de

---

14. "À época, as discussões sobre qual deveria ser a âncora nominal para a nova moeda foram acirradas. Está claro que não poderia ser a base monetária nem qualquer outro agregado monetário. Quando a inflação é reduzida, de 40% ao mês para quase zero, o aumento da demanda da moeda, ou a queda de sua velocidade de circulação, é significativo e ainda mais difícil de ser quantificado do que em situações menos extremas. A taxa de câmbio era uma alternativa, mas o Brasil não havia se tornado uma economia dolarizada. Isso era visto como uma vantagem, pois abria espaço de manobra em relação à taxa real de câmbio. O uso do dólar como âncora nominal para o real traria risco de dolarização da economia. A Price Theory of Money permite compreender por que o debate sobre a âncora monetária foi tão inconclusivo na época. Dado que são os preços que servem de âncora para a moeda, e não o inverso, a moeda e a liquidez são sempre endógenas. Não existe âncora monetária possível para os preços, uma vez que são os preços estáveis que servem de âncora para a moeda." (RESENDE, André Lara. *Juros, Moeda e Ortodoxia:* teorias monetárias e controvérsias políticas. 1ª ed. São Paulo: Portfolio-Penguin, 2017, p. 64).

mudanças na legislação do imposto sobre a renda das pessoas jurídicas (IRPJ) e físicas (IRPF), dentre as quais destacamos: *(i)* a isenção do IRPF sobre os lucros ou dividendos distribuídos, e *(ii)* a dedução dos juros sobre capital próprio (JSCP) da apuração do lucro real da pessoa jurídica. Ou seja, mudanças legislativas que objetivamente diminuíam a pressão fiscal sobre os rendimentos e lucros das pessoas física e jurídica.

Mas não somente, pois, na conjuntura de um mundo econômica e progressivamente globalizado, cuja criação da Organização Mundial do Comércio (OMC), em janeiro de 1995, foi um dos seus efeitos mais emblemáticos, o lucro auferido por pessoas jurídicas no exterior passou a ser um *fato-signo presuntivo de riqueza*[15] para o qual a legislação estenderia, na forma da Lei nº 9.249/1995, a tributação em bases universais, atendendo às necessidades de aumento do financiamento do Estado brasileiro, conforme as lições do jurista Heleno Torres.[16]

1.1.1 A norma jurídica do art. 25 da Lei nº 9.249/1995 e a tributação em bases universais da pessoa jurídica

Por meio dos arts. 25 a 27, a Lei nº 9.249, com fundamento no princípio da universalidade,[17] estendeu a tributação da

15. "A capacidade contributiva a qual alude a Constituição e que a pessoa política é obrigada a levar em conta ao criar, legislativamente, os impostos de sua competência é *objetiva*, e não *subjetiva*. É *objetiva* porque se refere *não* às condições econômicas reais de cada contribuinte, individualmente considerado, mas às suas *manifestações objetivas de riqueza* (ter um imóvel, possuir um automóvel, ser proprietário de joias ou obras de arte, operar na Bolsa, praticar operações mercantis etc.). Assim, atenderá ao princípio da capacidade contributiva a lei que, ao criar o imposto, colocar em sua *hipótese de incidência* fatos deste tipo. Fatos que Alfredo Augusto Becker, com muita felicidade, chamou de *fatos-signos presuntivos de riqueza* (fatos que, *a priori*, fazem presumir que quem os realiza tem riqueza suficiente para ser alcançado pelo imposto específico). Com o *fato-signo presuntivo de riqueza* tem-se por incontroversa a existência de capacidade contributiva." (CARRAZZA, Roque Antonio. *Curso de direito constitucional tributário*. 22.ed. rev., amp. e atual. até EC 52/2006. São Paulo: Malheiros, 2006, p. 90).

16. "Em resumo, os motivos principais para a adoção do princípio da universalidade são os seguintes: • financiamento do Estado, para obter aumento de receitas fiscais (...)." (TORRES, Heleno Taveira. *Pluritributação internacional sobre as rendas de empresas*. São Paulo: Editora Revista dos Tribunais, 1997, p. 73).

17. "O princípio da universalidade apenas predispõe um critério de conexão

renda das pessoas jurídicas para computar, na determinação do lucro real, os valores a título de lucros, rendimentos e ganhos de capital auferidos fora do Brasil. Ou seja, o lucro auferido no exterior, incluindo aqueles auferidos mediante pessoas jurídicas controladas, na proporção da participação acionária, isto é, do investimento, seria adicionado ao lucro líquido da pessoa jurídica brasileira investidora, para efeito de ajustes da tributação em bases universais. Nesses termos, o lucro da controlada estrangeira passaria a revelar, em alguma medida, a capacidade de contribuir[18] ao erário da controladora brasileira.

Em seguida, a IN SRF nº 38/1996 deu cabo de regulamentar a Lei nº 9.249/1995, que por sua vez considerava, para efeito de determinação do lucro real da controladora no Brasil, correspondente ao balanço levantado em 31 de dezembro do ano calendário, os lucros da controlada, de forma individualizada, no momento em que tiverem sidos disponibilizados. E a disponibilidade, consoante a IN SRF nº 38/1996 (posteriormente revogada pela IN SRF nº 213/2002) era verificada da seguinte forma: *(i)* no caso de lucros creditados, com a transferência

---

(pessoal: residência, domicílio, nacionalidade), legítimo e suficiente para justificar a tributação dos rendimentos de um sujeito de direito, independentemente do local de produção, ou seja, de a fonte efetiva da renda encontrar-se situada nos limites territoriais do Estado, ou não." (CARVALHO, Paulo de Barros. Direito tributário - linguagem e método. 6ª ed. São Paulo: Noeses, 2015, p. 706).

18. "O velho princípio da *capacidade contributiva*, que desaparece de nossa Constituição de 1967 (embora, como princípio geral de direito tributário, tenha permanecido implícito no sistema), ressurgiu no Texto de 1988, ao lado do princípio da *personalização*. Aquele brocardo quer de cada um o tributo adequado à sua capacidade contributiva ou capacidade econômica, traduzindo aplicação do milenar princípio *suum cuique tribuere*. O princípio da capacidade contributiva inspira-se na ordem natural das coisas: onde não houver riqueza é inútil instituir imposto, do mesmo modo que em terra seca não adianta abrir poço à busca de água. Porém, na formulação jurídica do princípio, não se quer apenas preservar a eficácia da lei de incidência (no sentido de que esta não caia no vazio, por falta de riqueza que suporte o imposto); além disso, quer-se preservar o contribuinte, buscando evitar que uma tributação excessiva (inadequada à sua capacidade contributiva) comprometa os seus meios de subsistência, ou o livre exercício de sua profissão, ou a livre exploração de sua empresa, ou o exercício de outros direitos fundamentais, já que tudo isso relativiza sua capacidade econômica." (AMARO, Luciano. *Direito tributário brasileiro*. 14. ed. São Paulo: Saraiva, 2008, p. 138).

do registro de seu valor para qualquer conta representativa de passivo exigível da pessoa jurídica, no exterior (IN SRF 38/1996, art. 2, §2º, I); e *(ii)* no caso de lucros pagos, com o crédito do valor em conta bancária em favor da pessoa jurídica, no Brasil, dentre outras hipóteses de efetiva transferência dos valores apurados (IN SRF nº 38/1996, art. 2, §2º, II). Quer dizer, o que se determinou para ambos os casos foi, em última análise, o regime de caixa para a apuração dos lucros auferidos pela controlada, se preferir, quando os lucros forem colocados à disposição da controladora ou coligada no Brasil.

Estabelecido o momento que se reputa ocorrida a disponibilidade do lucro, veio a vez da Lei nº 9.532/1997 atribuir o mesmo instante para a incidência do IRPJ. Essa norma jurídica, no sentido estrito do termo,[19] fez da efetiva distribuição dos lucros da controlada estrangeira, quer dizer, da efetiva disponibilização desses valores à controladora brasileira, o critério temporal[20] de sua inclusão no cálculo do lucro líquido, para a determinação do lucro real, na data do balanço. Em outras palavras, o lucro da controlada, no exterior, é somente considerado disponível à controladora, no Brasil, e assim submetido à tributação do IRPJ, na sua efetiva distribuição, com

19. "Na medida, porém, em que as normas jurídicas são expressas em linguagem, isto é, em palavras e proposições, podem elas aparecer sob a forma de enunciados do mesmo tipo daqueles através dos quais se constatam fatos. (...) Do que se trata, porém, não é da forma verbal, mas do sentido do ato produtor de Direito, do ato que põe a norma. E o sentido deste ato é diferente do sentido da proposição jurídica que descreve o Direito. Na distinção entre proposição jurídica e norma jurídica ganha expressão a distinção que existe entre a função do conhecimento jurídico e a função, completamente distinta daquela, da autoridade jurídica, que é representada pelos órgãos da comunidade jurídica. A ciência jurídica tem por missão conhecer - de fora, por assim dizer - o Direito e descrevê-lo com base no seu conhecimento. Os órgãos jurídicos têm - como autoridade jurídica - antes de tudo por missão produzir o Direito para que ele possa então ser conhecido e descrito pela ciência jurídica" (KELSEN, Hans. *Teoria pura do direito.* 7. ed. São Paulo: M. Fontes, 2006, p. 81).

20. "Basta dizer que define o momento em que nasce aquele vínculo jurídico disciplinador de comportamentos humanos. Seu exato conhecimento importa determinar, com precisão, em que átimo surge o direito subjetivo público de o Estado exigir de alguém prestações pecuniárias, por força do acontecimento de um fato lícito, que não um concerto de vontades." (CARVALHO, Paulo de Barros. *Direito tributário - linguagem e método.* 6ª ed. São Paulo: Noeses, 2015, p. 153).

apuração correspondente ao balanço levantado no dia 31 de dezembro do ano-calendário.

Não por acaso se questionava se se tratava de uma norma *Controlled Foreign Corporation*[21] (CFC), ao passo que, levado a termo, o que se obtinha era um amplo diferimento da obrigação de recolhimento do IRPJ, em vez de uma norma antielisiva específica, cujo propósito seria o de evitar abusos de forma. Apenas a título de exemplo, nas elucidações de Marco Antônio Chazaine Pereira,[22] a norma CFC alemã, ou "cálculo adicional de tributação" (*Hinzurechnungsbesteurung*), introduzida em 1972, destinada a tributar os resultados auferidos no exterior em virtude de investimentos feitos por controladoras alemãs em sociedades estrangeiras, exigia o cumprimento das seguintes condições, sem as quais não haveria hipótese de antielisão: *(i)* o investimento não estar tipificado no Regulamento de Tributação de Investimentos; *(ii)* os rendimentos auferidos serem caracterizados como "renda passiva"; *(iii)* existir a detenção de controle da pessoa jurídica alemã sobre a sociedade estrangeira; e *(iv)* a sociedade investida residir

21. Ao tratar do instituto dos preços de transferência ou *transfer price*, Jonathan Barros Vita concede, de forma clara e objetiva, o conceito de norma CFC: "(...) sob as características tributárias do instituto dos preços de transferência, as disposições deste instituto são complementares à disciplina das chamadas *CFC legislation*, que, sinteticamente, tratam da transferência imediata, através do mecanismo da transparência fiscal, dos lucros auferidos no exterior diretamente para as outras empresas do grupo". (VITA, Jonathan Barros. *Preços de transferência*. (Coleção doutrina tributária / coordenação Heleno Torres). São Paulo: Editora Revista dos Tribunais; Fiscosoft Editora, 2014, p. 25). No mesmo sentido, Luís Eduardo Schoueri, ao tratar da ficção jurídica de independência desenvolvida pela *separate accounting theory*, que por seu turno remonta à convenção modelo de bitributação de 1933 proposta pela Liga das Nações, na qual cada pessoa jurídica vinculada é considerada individualmente para fins de determinação do lucro gerado por operações entre si: "Tratando-se de filiais ou sucursais, no exterior, de empresas brasileiras, vê-se que mais uma vez o ordenamento optou por trata-las como entidades independentes, as quais devem demonstrar a apuração dos lucros que auferirem (artigo 25, § 2º, II, da Lei nº 9.249/95), sendo que estes *lucros serão considerados de forma individualizada, por filial* (artigo 16, I, da Lei nº 9.430/96)." (SCHOUERI, Luís Eduardo. *Preços de transferência do direito tributário brasileiro*. São Paulo. Dialética, 1999, p. 35).

22. PEREIRA, Marco Antônio Chazaine. *A tributação de lucros auferidos no exterior*. São Paulo: LTr, 2010, p. 175.

em país com tributação favorecida. Mas a pretensa norma CFC brasileira, como se pode notar, passava ao largo destas características.

Porém, no início de 1999, o real sofre o primeiro grande abalo por meio de uma abrupta desvalorização do seu poder de compra ante o dólar, muito consistente com a curva de déficits no balanço de pagamentos do Brasil.[23] Não por acaso que o Índice Nacional de Preços ao Consumidor Amplo (IPCA) saiu, na série histórica dos acumulados no ano, de 1,65%, no ano anterior, para 8,94%;[24] e o que se concluía era a necessidade inexorável e iminente de produzir superávits nas contas do governo, seja aumentando a receita tributária, seja aumentando a entrada de divisas no país, ou ainda ambos, tal como foi feito.

1.1.2 A norma jurídica do art. 74 da MP nº 2.158-35/2001 e o momento da disponibilidade do lucro da controlada no exterior

No ano de 1999, a MP nº 1.858-6 estendeu as mesmas condições de recolhimento do IRPJ sobre o lucro no exterior à contribuição social sobre o lucro líquido (CSLL). Mais adiante, no ano de 2001, em direção de uma norma com amplo alcance sobre os rendimentos auferidos no exterior, objetivando reduzir ao máximo os riscos de abusos de formas com vistas à erosão da base tributável e à transferência de lucros, são publicadas a Lei Complementar nº 104 e a MP nº 2.158-35, cuja combinação de comandos estabeleceu um novo critério temporal para a adição dos lucros auferidos por controladas no exterior, na apuração do lucro real. A propósito, é

---

23. "O balanço de pagamentos de um país é usualmente definido como o *levantamento sistemático de todas as transações econômicas que ocorrem durante determinado período de tempo entre os residentes em determinado país – pessoas físicas e jurídicas, instituições com ou sem fins lucrativos e entidades governamentais – e os residentes em outros países.*" (ROSSETTI, Jose Paschoal. *Introdução à economia*. 7. ed. São Paulo: Atlas, 1978, p. 780).

24. Disponível em: https://ww2.ibge.gov.br/home/estatistica/indicadores/precos/inpc_ipca/ipca-inpc_201810_3.shtm. Acesso em: 26 jan. 2019.

importante dizer que, tanto a MP nº 1.858-6/1999[25] como a MP nº 2.158-35/2001 gozam de perpetuidade, por força do art. 2º da Emenda Constitucional nº 32/2001.

Por seu turno, a Lei Complementar nº 104, publicada no mês de janeiro, ao imprimir uma nova redação ao art. 43 do CTN, é preciso que se diga, presenteou o ordenamento com específicas hipóteses jurídicas,[26] como explica o Desembargador Federal Marcus Abraham,[27] sendo elas relativas: *(i)* à independência do alcance do IRPJ sobre denominações de receitas ou de rendimentos, localidades, condição jurídica ou, principalmente, nacionalidade da fonte de riqueza; e *(ii)* à possibilidade de se estabelecer as condições e o momento em que o lucro do exterior se reputará disponível no Brasil. Decerto não se está autorizando ampliar a tributação da renda para uma tributação das receitas em qualquer lugar do mundo, porém e sim alcançar, no campo de incidência do IRPJ, "todas as modalidades de hipóteses redituais, mas desde que

25. Nota do editorial: Tal MP foi reeditada pela MP 1.858-7/1999.

26. "Acentuamos: a ficção é sempre posta em lei, veículo apto por excelência para estabelecer tal preceito. Ao Poder Legislativo cabe criar a regra geral e abstrata fictícia e, ao Judiciário e Executivo, aplicá-la nos casos em concreto, subsumindo o fato à hipótese ficcional. Ao legislador cumpre a decisão política de constituir o efeito de irrealidade. Consciente da diferença existente entre os fatos, procede à igualação jurídica entre duas coisas por meio da regra ficcional, restringindo os efeitos à parte do ordenamento que quer ver postas as consequências da lei. Nas ficções, os fins mais do que nunca compõe e justificam a norma. Ela é introduzida no sistema, tendo em vista os efeitos jurídicos que com ela se pretende criar; por isso mesmo, é proposital, é orientada segundo uma finalidade axiológica. Há que ponderar, contudo, que o fundamento da ficção deve estar albergado pelo sistema constitucional." (HARET, Florence. *Teoria e prática das presunções no direito tributário.* São Paulo: Noeses, 2010, p. 255).

27. "Outra regra mais recente, também sobre imposto de renda, que traz em seu bojo uma presunção legal – ou uma ficção jurídica – foi aquela introduzida pela Lei Complementar 104/2001, que inclui no conceito do Imposto de Renda um mecanismo que dificulta as manipulações elisivas através de denominações de receita ou do rendimento, localização, condição jurídica, nacionalidade da fonte ou forma de percepção, bem como em relação ao momento da disponibilidade do rendimento oriundo do exterior." (ABRAHAM, Marcus. *O Planejamento Tributário.* In: Marcus Lívio Gomes; Leonardo Pietro Antonelli (coord.). Curso de Direito Tributário Brasileiro. 3ª ed. São Paulo: Quartier Latin, 2010, v. III, p. 513-514).

vinculada a um critério de conexão legítimo (fonte ou residência)", nas palavras de Heleno Torres.[28]

O poder para tanto decorre do art. 146, inciso III, da CF, que dispõe da competência de leis complementares para estabelecer, com relação aos impostos discriminados no texto constitucional, a definição dos respectivos fatos geradores, o que inclui o *tempo no fato*[29] de suas ocorrências.

---

28. "A partir do art. 43, do CTN, na sua atual redação, confirma-se que os residentes não estão sujeitos ao imposto de renda apenas em virtude das 'rendas' ou 'proventos' serem oriundos de *fontes situadas no País*. Isso porque o §1º, incluído pela Lei Complementar nº 104, de 10/01/2001, prescreve que 'a incidência desse imposto independe da denominação da receita ou do rendimento, da localização, condição jurídica ou nacionalidade da fonte, da origem e da forma de percepção', expandindo a tributação da renda para uma tributação das receitas, onde quer que estas sejam auferidas. Mas não é bem assim. Decerto que sua extensão material alcança todas as modalidades de hipóteses redituais, mas desde que vinculada a um critério de conexão legítimo (fonte ou residência), i.e., sempre que respeite à condição de *acréscimo patrimonial*, na forma de riqueza nova, e bem assim às liberdades de livre-iniciativa e de autonomia privada, pela *disponibilidade*. Assim, para a tributação de rendimentos de um sujeito qualificado como 'residente', não importará a 'localização', a 'origem', a 'nacionalidade da fonte' (i), a '*denominação* da receita ou do rendimento' (ii); mas desde que estejam presentes, na mesma ordem, como requisitos inafastáveis: efetiva conexão material da fonte de rendimentos com o respectivo território brasileiro, ou no caso de produção de rendimentos no exterior, de relação pessoal com o ordenamento, na condição de 'residente', respeitando-se a diferença de tratamento entre sujeitos residentes e não residentes *(i)*; que o rendimento seja típico 'acréscimo patrimonial', riqueza nova e definitiva, dotada da condição de *disponibilidade (ii)*, e obtida e qualificada nos limites da autonomia privada e com respeito às liberdades de organização *(iii)*, salvo justificado motivo de superação, como ocorre nos casos de medidas antielusivas, com resguardo do regime aplicável às atividades legítimas, em atendimento ao princípio de neutralidade tributária." (TORRES, Heleno Taveira. *Direito tributário internacional aplicado*. São Paulo: Quartier Latin, 2005, v. III, p. 129).

29. "Convém separar com bastante nitidez, o trato de tempo em que o fato se constitui e o lugar do espaço em que é produzido, das referências temporais e espaciais contidas na fórmula enunciativa. Falamos, por isso, em tempo e lugar *do fato* e em tempo e lugar *no fato*. Examinemos o fator tempo. O tempo *do fato* é aquele instante no qual o enunciado denotativo, perfeitamente integrado como expressão dotada de sentido, ingressa no ordenamento do direito posto, não importando se veiculado por sentença, por acórdão, por ato administrativo ou por qualquer outro instrumento introdutório de normas individuais e concretas. Tratando-se de fato jurídico tributário, é o tempo em que o expediente próprio, realizado por quem detiver a competência e na conformidade do procedimento previsto em lei, for tido por ato jurídico válido. (...) Algo diverso, porém, é o tempo *no fato*, isto é, a ocasião a que alude o enunciado factual, dando conta da ocorrência concreta de um evento. Quando se diz que, no dia 1º

Publicada sete meses depois da Lei Complementar nº 104, a MP nº 2.158-35, no seu art. 74, estabeleceu o momento da disponibilidade do lucro da controlada no exterior, mas ao fazê-lo acabou por consagrar uma norma com ampla margem de alcance, tanto contra ações de diferimento da tributação, a partir da apuração dos resultados mediante intensa transparência fiscal – o que dispensou a distribuição de lucros ou dividendos para fins de cômputo tributário, dentro, pois, do regime contábil de competência[30] –, quanto para uma inclusão completa dos rendimentos auferidos. Talvez a sua hipótese jurídica revelasse a sua natureza antielisiva ou, na expressão usada por Heleno Torres, *antielusiva*, tal como uma norma CFC,[31] embora esta prática, até o presente momento,

---

de janeiro de 1996, realizou-se o fato de alguém ser proprietário de bem imóvel, em certa localidade do Município de São Paulo, o fragmento de linguagem constitui um fato sobre o qual incide IPTU. Se atribuirmos a data de 18 de maio, do mesmo ano, para que se tenha o relato acima como integrante do ato de lançamento tributário, celebrado por agente competente da Fazenda Pública e devidamente notificado ao sujeito passivo, será fácil perceber que 18 de maio é o *tempo do fato*, vale dizer, a unidade temporal em que o fato se configurou, ao passo que 1º de janeiro é o *tempo no fato*, quer significar, a marca de tempo a que se refere o enunciado fáctico." (CARVALHO, Paulo de Barros. *Direito tributário* – fundamentos jurídicos da incidência. 10. ed. rev. e atual. São Paulo: Saraiva, 2015, p. 199-200).

30. "no regime de competência, o que é o momento em que a receita ou o rendimento é ganho, ou acresce ao patrimônio, o que pode ocorrer tanto no recebimento da moeda quanto antes ou depois desse recebimento." (PEDREIRA, José Luiz Bulhões. *Imposto sobre a renda:* pessoas jurídicas. Rio de Janeiro: Justec, 1979, v. I, p. 167). E segundo o pronunciamento conceitual básico do Comitê de Pronunciamentos Contábeis (CPC) nº 00, item OB17: "O regime de competência retrata com propriedade os efeitos de transações e outros eventos e circunstâncias sobre os recursos econômicos e reivindicações da entidade que reporta a informação nos períodos em que ditos efeitos são produzidos, ainda que os recebimentos e pagamentos em caixa derivados ocorram em períodos distintos. Isso é importante em função de a informação sobre os recursos econômicos e reivindicações da entidade que reporta a informação, e sobre as mudanças nesses recursos econômicos e reivindicações ao longo de um período, fornecer melhor base de avaliação da performance passada e futura da entidade do que a informação puramente baseada em recebimentos e pagamentos em caixa ao longo desse mesmo período."

31. "Somente nos limites de servir como regra específica antielusiva, na prática, o art. 74, da MP nº 2.158-35/01 pode ser aplicado. É que ao não distinguir operações suspeitas daquelas legítimas, não se pode concebê-las como típica regra de equiparação, em termos rigorosos, superando a personalidade jurídica das empresas não residentes e supostamente autorizando tributar sócios nacionais, por

não encontre paralelo no direito comparado.[32] O art. 74 da MP nº 2.158-35, que fique claro, fez das hipóteses de exceção, na aplicação da legislação CFC, a regra, no Brasil.

Na forma do seu regulamento, que veio com a IN SRF nº 213/2002, para fins de determinação do lucro contábil da pessoa jurídica no Brasil, são considerados disponibilizados os lucros auferidos por controlada ou coligada no exterior, em que pese não terem sido distribuídos, na data do balanço no qual tiverem sido apurados.[33] Para tanto, a mencionada IN

---

transparência, diretamente, sem respeitar os limites da disponibilidade jurídica que a qualquer disponibilidade 'econômica' da renda deve ser pressuposta. Exatamente por não se ter por revogado o art. 1º, da Lei nº 9.532/97, para todas as operações legítimas, desprovidas dos vícios acima referidos, será no conteúdo desse texto normativo que se deverá buscar o critério de disponibilidade, ficando aquele como medida subsidiária, para todos os demais casos em que não se encontrem as condições suficientes para uma adequação aplicação de tais regimes, funcionando, assim, como típica espécie de *Controlled Foreig Corporations* (*CFC – legislation*)." (TORRES, Heleno Taveira. *Direito tributário internacional aplicado*. São Paulo: Quartier Latin, 2005, v. III, p. 165-166).

32. "Um breve exame do Direito comparado indica que nossas regras de tributação dos lucros auferidos no exterior são diferentes do padrão internacionalmente aceito e das melhores práticas adotadas nos demais países. (...) Em regra, algumas legislações estrangeiras conferem maior relevância ao fato da sociedade intermediária estar localizada em território de baixa tributação (*jurisdictional approach*), enquanto outras atribuem preponderância à natureza do rendimento (*transactional approach*), muito embora hoje, influenciadas reciprocamente com vistas a aperfeiçoar seus mecanismos, é difícil encontrar uma que opere exclusivamente sob um desses modelos. Nos países europeus, predomina-se o critério objetivo, dependendo da conjugação de alguns requisitos para que se apliquem as normas CFC, tais como: (i) participação de residente em pessoa jurídica não residente, em posição que caracteriza controle societário; (ii) natureza passiva dos investimentos; e (iii) domicílio tributário da empresa não residente em país com tributação favorecida. Mesmo os Estados Unidos da América, que tradicionalmente se valeram do critério subjetivo (sendo decisivamente importante a participação societária na empresa do exterior), não ignoram a natureza do rendimento, tributando apenas rendas passivas, salvo algumas exceções. Eis porque Alberto Xavier afirma que a tendência predominante é de as legislações 'CFC' atingirem os rendimentos passivos auferidos por sociedades controladas instaladas em território de baixa tributação." (BARRETO, Paulo Ayres; TAKANO, Caio Augusto. Tributação do resultado de coligadas e controladas no exterior, em face da Lei nº 12.973/2014. In: ROCHA, Valdir de Oliveira. Grandes Questões Atuais de Direito Tributário. 18º V. São Paulo: Dialética, 2014, p. 360-361).

33. Art. 2º. Os lucros auferidos no exterior, por intermédio de filiais, sucursais, controladas ou coligadas serão computados para fins de determinação do lucro real e da base de cálculo da CSLL no balanço levantado em 31 de dezembro do ano-calendário

estabeleceu o método de equivalência patrimonial (MEP)[34] como forma de avaliação dessa contrapartida do ajuste do valor do investimento em controlada, no exterior (art. 7°). Assim, com a equivalência patrimonial do valor do investimento, os lucros auferidos no exterior por intermédio de controlada seriam considerados disponíveis, no momento em que se constatassem na demonstração financeira da pessoa jurídica operante fora do Brasil. Em uma frase, era o fim do diferimento da tributação do IRPJ e da CSLL sobre o lucro apurado da controlada estrangeira, passando a considerá-los apenas com a apuração dos valores; e *ipso facto* estabeleceu-se o palco de divergências jurídicas entre contribuintes e a RFB, notadamente quanto à legalidade ou não deste procedimento, no que tange à disponibilidade do lucro à controladora brasileira, em virtude do resultado positivo de equivalência patrimonial.[35]

---

em que tiverem sido disponibilizados para a pessoa jurídica domiciliada no Brasil. (Revogado(a) pelo(a) Instrução Normativa RFB n° 1.520, de 04 de dezembro de 2014).

34. O Pronunciamento Técnico CPC n° 18 (R2) descreve o MEP da seguinte maneira: "*Método da equivalência patrimonial* é o método de contabilização por meio do qual o investimento é inicialmente reconhecido pelo custo e, a partir daí, é ajustado para refletir a alteração pós-aquisição na participação do investidor sobre os ativos líquidos da investida. As receitas ou as despesas do investidor incluem sua participação nos lucros ou prejuízos da investida, e os outros resultados abrangentes do investidor incluem a sua participação em outros resultados abrangentes da investida." Além disso, no que concerne à apuração do valor do investimento em controlada, são elucidativas são as palavras de Marco Antônio Chazaine Pereira: "O lucro (ou prejuízo) será apurado pela diferença entre o valor do patrimônio líquido da investida no momento da aquisição das participações e o valor do patrimônio líquido da investida no momento da equivalência. Esse resultado deve ser contabilizado no ativo da investidora, na subconta onde está registrado o investimento, como 'resultado de equivalência patrimonial', e a contrapartida no seu resultado, como receita (ou despesa). É o que a legislação denomina 'contrapartida do ajuste do valor do investimento'. A obrigação do cálculo de equivalência patrimonial não está prevista somente na legislação societária (Lei Federal n. 6.404/76, art. 248), mas também na legislação tributária (Decreto-lei n. 1.598/77, art. 67, XI)." (PEREIRA, Marco Antônio Chazaine. *A tributação de lucros auferidos no exterior.* São Paulo: LTr, 2010, p. 42).

35. "Até o advento da Lei n° 12.973/2014, muito se debateu, no âmbito acadêmico e jurisprudencial, sobre a possibilidade de se tributar os lucros auferidos no exterior por empresas coligadas e controladas apurados com base nos resultados positivos de equivalência patrimonial, como determinada o art. 7° da Instrução Normativa n° 213/2002, editada sob o pretenso argumento de regular o art. 74 da Medida Provisória n° 2.158/2001. Sobre esse tema, sustentamos em outras oportunidades que o

O jurista Paulo Ayres Barreto[36] concede uma boa síntese da questão brasileira referente à tributação em bases universais, como também estabelece hipóteses quanto à natureza (e validade) do art. 74 da MP nº 2.158-35/2001, questionando se o citado artigo, ao considerar disponibilizado à controladora brasileira o lucro da controlada no momento de sua apuração, sem que haja a efetiva distribuição, estaria estabelecendo uma hipótese de: *(i)* desconsideração da personalidade jurídica; *(ii)* ficção; ou *(iii)* presunção legal. Confira:

> Este tema [lucro de controladas e coligadas no exterior] tem sido objeto de sucessivas alterações legislativas: 1) a Instrução Normativa 38/96, que prevê o "diferimento" da tributação para o momento em que os lucros auferidos por sociedades estrangeiras forem colocados à disposição da controladora ou coligada brasileira; 2) a Lei nº 9.532/97, que atribui caráter legal à prescrição contida na IN 38/96; 3) a Lei Complementar 104/01, que, ao acrescentar dois novos parágrafos no art. 43 do CTN, prescreve caber à lei estabelecer as condições e o momento em que se dará

---

resultado de equivalência patrimonial da empresa brasileira jamais poderia ser considerado lucro disponibilizado, tendo em vista que (i) contém outros elementos além do lucro, como variação cambial, correção monetária e reservas; (ii) a legislação expressamente excluía da tributação o resultado e equivalência patrimonial; e (iii) possibilita a tributação diante de situações em que o lucro é zero e mesmo em situações que a controlada ou coligada apure prejuízos. Destaque-se que esse mesmo entendimento prevaleceu na jurisprudência do Superior Tribunal de Justiça que, nas oportunidades em que foi instado a se manifestar sobre o tema, reconhecer a ilegalidade do art. 7º, parágrafo 1º, da IN nº 213/2002, na medida em que este inovou em relação à lei federal. Em recente julgamento, o Ministro Ari Pargendler entendeu que tanto o art. 25, parágrafo 6º, da Lei nº 9.249/1995 quanto o art. 23 do Decreto-lei nº 1.598/1977 seriam normas complementares a integrar o núcleo da norma do art. 74 da MP nº 2.158/2001, não se alterando, portanto, o regime jurídico então em vigor, no qual o Método de Equivalência Patrimonial era neutro do ponto de vista fiscal. Também no Supremo Tribunal Federal a tributação dos resultados de avaliação dos investimentos não foi acolhida. No julgamento da ADIn 2.588/DF, a grande maioria dos Ministros refutou, implícita ou explicitamente, a tributação dos resultados de equivalência patrimonial." (BARRETO, Paulo Ayres; TAKANO, Caio Augusto. Tributação do resultado de coligadas e controladas no exterior, em face da Lei nº 12.973/2014. In: ROCHA, Valdir de Oliveira. *Grandes Questões Atuais de Direito Tributário*. 18º V. São Paulo: Dialética, 2014, p. 364-365).

36. BARRETO, Paulo Ayres. Imposto sobre a Renda – Pessoa Jurídica. In: SANTI, Eurico Marcos Diniz de (coord.). *Curso de especialização em direito tributário:* estudos analíticos em homenagem a Paulo de Barros Carvalho. Rio de Janeiro: Forense, 2005, p. 786.

> a disponibilidade de receita ou rendimento oriundo do exterior; e, por fim, 4) a Medida Provisória 2158-35/01, contendo previsão normativa que restabelece o mesmo teor daquela inserta na Lei nº 9.429/95, por força da qual há a incidência do imposto sobre a renda sobre os lucros auferidos no exterior por coligadas e controladas de empresa brasileira, independentemente de sua efetiva distribuição. A principal mudança legislativa, no que toca ao imposto sobre a renda, ocorrida após a publicação da LC 104/01, foi veiculada por intermédio da Medida Provisória 2158-35, de 24.08.2001. O art. 74 deste diploma normativo prevê que "os lucros auferidos por controlada ou coligada no exterior serão considerados disponibilizados para a controladora ou coligada na data do balanço no qual tiverem sido apurados, na forma do regulamento." Nos termos do citado dispositivo, devem ser considerados disponibilizados os lucros que não estão disponíveis. A consideração de que os lucros apurados na data de encerramento do balanço da controlada ou coligada sejam tidos como disponibilizados pode ser vista, de uma perspectiva eminentemente jurídica, como: a) desconsideração da personalidade jurídica; b) ficção; ou c) presunção legal.

Então, inúmeras consequências derivaram das discordâncias dessa norma brasileira, dentre as quais se destacam: *(i)* o posicionamento do Conselho Administrativo de Recursos Fiscais (CARF) no tocante aos planejamentos fiscais por meio de acordos de bitributação; *(ii)* o julgamento no Supremo Tribunal Federal (STF) da Ação Direta de Inconstitucionalidade (ADI) nº 2.588/DF concernente à constitucionalidade do art. 74 da MP nº 2.158-35/2001; e *(iii)* a decisão do Superior Tribunal de Justiça (STJ) com relação à ilegalidade da base tributária constante do método de equivalência patrimonial, bem como a prevalência do art. 7 dos acordos de bitributação da CM-OCDE sobre a apuração do lucro das controladas.

1.1.2.1 CARF e a norma jurídica do §6º, do art. 1º, da IN SRF nº 213/2002

Resumidamente, o planejamento fiscal através de acordos de bitributação ou *treaty shopping*[37] consistia no emprego

37. "Podemos, portanto, para fins do presente estudo, dizer que o *Treaty Shopping*

do art. 1º, §6º, da IN SRF nº 213/2002, porquanto, para efeito de determinação do lucro real e da base de cálculo da CSLL, permitia-se que os resultados auferidos por intermédio de uma terceira pessoa jurídica, na qual a filial, sucursal, controlada ou coligada, no exterior, mantivesse qualquer tipo de participação societária, fossem consolidados no balanço da filial, sucursal, controlada ou coligada vinculada à pessoa jurídica no Brasil.

Portanto, no cenário da terceira pessoa jurídica ser uma controlada ou coligada indireta da pessoa jurídica no Brasil, visto que a sua controlada direta, possivelmente uma *holding*,[38] seria a controladora dela, o resultado da controlada ou

---

ocorre quando, com a finalidade de obter benefícios de um acordo de bitributação, um contribuinte que, de início, não estaria incluído entre seus beneficiários, estrutura seus negócios, interpondo, entre si e a fonte do rendimento, uma pessoa ou um estabelecimento permanente, que faz jus àqueles benefícios. Por outro lado, excluímos do conceito do *Treaty Shopping* as hipóteses em que o benefício fiscal não decorreu da existência do acordo de bitributação, mas de outro artifício de que se valeu o contribuinte e que, independentemente daquele acordo, já traria a vantagem. Assim, por exemplo, os casos de simulação não se incluem no conceito de *Treaty Shopping*, já que nestes casos, a vantagem não decorre da existência do acordo, mas do mero 'manto jurídico' criado pelo contribuinte, que produziria igual efeito, se o 'planejamento' não envolvesse um país signatário de um acordo de bitributação." (SCHOUERI, Luís Eduardo. *Planejamento Fiscal Através de Acordos de Bitributação (Treaty Shopping)*. São Paulo: Ed. Revista dos Tribunais, 1995, p. 21-22).

38. "Uma *holding* é geralmente uma sociedade de capital, uma sociedade anônima (mas existem formas de *holding* como sociedade de pessoas etc.,) concebida como um centro financeiro apto para gerir o capital acionário controlado ou operar em setores econômicos mediante as entidades controladas, numa estratégia unitária. Trata-se, enfim, da sociedade que figura como controlante do grupo de sociedades. A função da empresa controlante, *ex vis*, é aquela de *exercitar o controle*, trâmite as participações, sobre as várias sociedades que perfazem o grupo, aos fins, e no âmbito, de uma estratégia unitária de empresa. Entre os tipos possíveis de grupos transnacionais, persiste a distinção entre os mesmos em razão da *relação de controle*, na medida em que tais relações se fundam na posse do 'pacote de ações'; mesmo não sendo necessário que o controle acionário de todas as empresas esteja nas mãos de uma única empresa (formação estrelar). Existem formas nas quais uma empresa controla outras empresas que, por sua vez, possuem controle de outras – forma piramidal. Trata-se, a *holding*, de uma estrutura multifacetária, e um discurso assim linear parece não ser compatível com sua configuração. Ela desempenha, sem dúvidas, a principal direção unitária do grupo, além de ser a sociedade operativa apta a desenvolver atividade de pulmão financeiro do grupo (centralizando e redistribuindo os recursos financeiros disponíveis, independentemente da sociedade que os produziu), mas tudo a depender da estrutura de organização do grupo." (TORRES, Heleno Taveira. *Pluritributação internacional sobre as rendas de empresas*. São Pau-

coligada indireta seria consolidado no balanço da controlada direta, e se esta se situa em país com o qual o Brasil possui acordo de bitributação, então o lucro da controlada ou coligada indireta não seriam, em tese, tributados no Brasil, por força do art. 7, na forma do acordo de bitributação da CM-OCDE.

Um dos casos mais emblemáticos nesse sentido foi julgado no CARF, o que ficou conhecido como caso *Eagle II* (processo nº 16327.000530/2005-28), envolvendo autuações de IRPJ do ano-calendário de 2002, ou seja, o exercício-financeiro subsequente à publicação da MP nº 2.158-35/2001. Naquela ocasião, o CARF, na lavra do seu conselheiro à época Valmir Sandri, responsável pelo voto vencedor (acórdão nº 101-97.070), decidiu que o termo "controlada" constante do art. 74 da MP em questão cobre igualmente as controladas indiretas, tanto para efeitos fiscais quanto societários, nos termos, na devida ordem, do art. 243, §2º, da Lei nº 6.404/1976,[39] e do art. 61, parágrafo único, do Decreto-lei nº 1.598/1977.[40]

Sendo assim, afastados os argumentos referentes ao acordo de bitributação e à desconsideração da personalidade jurídica, reconheceu-se a legalidade da adição dos resultados contabilizados por equivalência patrimonial no lucro líquido da controladora

lo: Editora Revista dos Tribunais, 1997, p. 193-195).

39. Art. 243. O relatório anual da administração deve relacionar os investimentos da companhia em sociedades coligadas e controladas e mencionar as modificações ocorridas durante o exercício.
(...)
§ 2º Considera-se controlada a sociedade na qual a controladora, diretamente ou através de outras controladas, é titular de direitos de sócio que lhe assegurem, de modo permanente, preponderância nas deliberações sociais e o poder de eleger a maioria dos administradores.

40. Art. 61. Se a pessoa ligada for sócio controlador da pessoa jurídica, presumir-se-á distribuição disfarçada de lucros ainda que os negócios de que tratam os itens I a VII do artigo 60 sejam realizados com a pessoa ligada por intermédio de outrem, ou com sociedade na qual a pessoa ligada tenha, direta ou indiretamente, interesse.
Parágrafo único. Para os efeitos deste artigo, sócio ou acionista controlador é a pessoa física ou jurídica que diretamente, ou através de sociedade ou sociedades sob seu controle, seja titular de direitos de sócio que lhe assegurem, de modo permanente, a maioria de votos nas deliberações da sociedade.

brasileira, para fins de apuração do lucro real e conseguinte tributação, em função dos lucros obtidos através da controlada indireta, tal como prescrito no art. 74 da MP nº 2.158-35/2001.

Mas outro caso emblemático julgado no CARF, o caso *Gerdau* (processo nº 16643.000276/2010-42), tomou um rumo diverso do acima apresentado, envolvendo autuações de IRPJ e CSLL do ano-calendário de 2005. Pela lavra do conselheiro Carlos Eduardo de Almeida Guerreiro, responsável pelo voto vencedor (acórdão nº 1101-000.811), ficou estabelecido que o termo "controlada" constante do art. 74 da MP nº 2.158-35/2001 não cobre as controladas indiretas, e quando a legislação assim dê a entender, como faz o art. 243, §2º, da Lei nº 6.404/1976, fá-lo para fins de relatório anual da administração, até porque o art. 16, I, da Lei nº 9.430/1996[41] trata de forma individualizada os lucros auferidos por essas pessoas jurídicas, contrastando as diretas das indiretas.

Ademais, nas palavras do conselheiro Marcos Shigueo Takata: "os resultados da avaliação dos investimento [sic] no exterior pelo MEP só são os relativos às investidas diretas (só elas constam no ativo da investidora), sendo que o resultado de equivalência patrimonial das controladas indiretas (investidas da investida) está contido." Logo, se o acordo de bitributação é aplicado no resultado da controlada direta, então o resultado da controlada indireta nela verificável por equivalência patrimonial também comunga desse tratamento tributário.

Os posicionamentos tão díspares dos julgados acima, cada qual conselheiro dotado de contundentes argumentos em sua defesa, demonstram o quão complexo e controverso é o tema referente à tributação dos lucros auferidos por controladas, diretas ou indiretas, sediadas em país com o qual o Brasil possui acordo de bitributação.

---

41. Art. 16. Sem prejuízo do disposto nos arts. 25, 26 e 27 da Lei nº 9.249, de 26 de dezembro de 1995, os lucros auferidos por filiais, sucursais, controladas e coligadas, no exterior, serão:
I - considerados de forma individualizada, por filial, sucursal, controlada ou coligada;

1.1.2.2 STF e a constitucionalidade da norma jurídica do art. 74 da MP nº 2.158-35/2001

No ano seguinte à vigência do art. 74 da MP nº 2.158-35/2001, no mês de dezembro, para ser exato, iniciou-se o julgamento da ADI nº 2.588/DF acerca da tributação da renda em bases universais, nos moldes legais estabelecidos. E no curso de mais de 11 anos, até ser concluído em 10 de abril de 2013, foi preciso enfrentar princípios e definições conceituais do direito, a exemplo do princípio da irretroatividade e da expressão "disponibilidade econômica ou jurídica", a fim de examinar a constitucionalidade do lucro apurado no exterior por meio de controlada ou coligada ser considerado disponível no balanço da controladora brasileira.[42]

Dentre tantas variáveis jurídicas suscitadas, o STF destacou as seguintes: *(i)* a aplicação do princípio da irretroatividade; *(ii)* a relação societária entre a pessoa jurídica no Brasil e a pessoa jurídica no exterior, se esta é uma controlada ou coligada; e *(iii)* a tributação praticada no país em que a controlada está sediada, se é um país com tributação favorecida[43] ou não. No seu desfecho chegou-se ao seguinte resultado com efeitos vinculantes e *erga omnes*: *(i)* a inconstitucionalidade do art. 74

42. QUEIROZ, Luís Cesar Souza de. *A tributação de lucros auferidos no exterior por controladas e coligadas: a posição do STF e a Lei nº 12.973/2014*. Tributação Atual da Renda: estudos da Lei nº 12.973/2014: da harmonização jurídico contábil à tributação de lucros do exterior. (Org. Daniele Souto Rodrigues; Natanael Martins). São Paulo: Noeses, 2015, p. 210-211.

43. Os países considerados de tributação favorecida ou intitulados de "paraíso fiscal" são aqueles que tributam a renda à alíquota inferior a 20% (vinte por cento) ou então dispõe de legislação interna que não permite acesso a informações relativas à composição societária de pessoas jurídicas ou à sua titularidade. Esses países eram listados pela IN RFB nº 188/2002, até a sua revogação por meio da IN RFB nº 1.037/2010, a qual passou a prescrever os países considerados "paraísos fiscais". Também convém registrar que, em 2016, a Lei nº 13.254 criou o Regime Especial de Regularização Cambial e Tributária (RERCT), destinado a estimular o contribuinte, no Brasil, que se valia do uso de "paraísos fiscais" para manter recursos não declarados ou declarados incorretamente, mas desde que de origem lícita, a declará-los ou corrigi-los, respectivamente, perante a RFB, devendo para tanto pagar 15% de imposto de renda sobre o valor em questão, na forma de ganho de capital, além de uma multa de 100% sobre o valor do imposto apurado.

da MP nº 2.158-35/2001 em relação ao lucro de coligada situada em país sem tributação favorecida, como também a sua irretroatividade para alcançar lucros apurados até 31 de dezembro de 2001, não obstante a conexão societária e a tributação do país onde a coligada ou controlada está sediada; e *(ii)* a constitucionalidade do art. 74 da MP nº 2.158-35/2001 em relação ao lucro de controlada situada em país com tributação favorecida.

Finalmente, em novembro de 2013, a decisão pela constitucionalidade do art. 74 da MP nº 2.158-35/2001, bem como a sua aplicação a partir de critérios concernentes à relação societária e à pressão fiscal exercida na jurisdição em que reside a pessoa jurídica controlada ou coligada encontrariam no legislador ordinário brasileiro a sua relevância legal, ao passo que, com a publicação da MP nº 627, no dia 12 do mês mencionado, a qual se converterá na Lei nº 12.973/2014, essas divisões seriam empregadas.

Porém, antes de uma análise acerca desse diploma, convém destacar que o STF não se debruçou sobre os casos que dizem respeito à tributação do lucro de controlada ou coligada situada em país com o qual o Brasil possui acordo de bitributação. Mas o mesmo não dá para dizer do STJ, que por sua vez, ao examinar o caso da Companhia Vale do Rio Doce, a partir de eventos anteriores à vigência da Lei nº 12.973/2014, no Recurso Especial (REsp) nº 1.325.709/RJ, decidiu aplicar o acordo de bitributação sobre o lucro de controladas estabelecidas em países que adotam o acordo de bitributação segundo os parâmetros da CM-OCDE.

1.1.2.3 STJ e a prevalência da norma jurídica do art. 7 do acordo de bitributação da CM-OCDE sobre a norma jurídica do art. 74 da MP nº 2.158-35/2001

Na lavra do ministro relator Napoleão Nunes Maia Filho, do STJ, "O julgamento deste RESP [nº 1.325.709/RJ] centra-se no raciocínio jurídico da prevalência (ou não) dos Tratados Internacionais Tributários", e prossegue afirmando:

> A argumentação a ser enfrentada por este Colegiado diz respeito à alegada incompatibilidade do regime de tributação de lucros de controladas e coligadas da recorrente no Exterior, previsto no art. 25, § 2º, II da Lei 9.249/95 e no art. 74 da MP 2.158-35/01, com o art. VII dos Tratados Internacionais contra a Dupla Tributação, firmados entre o Brasil e a Bélgica (Decreto 72.542/73), o Brasil e a Dinamarca (Decreto 75.106/74) e o Brasil e o Principado de Luxemburgo (Decreto 85.051/80), todos eles seguindo o Modelo OCDE.

O caso *in concreto* ficou circunscrito a uma análise da tributação sobre o lucro auferido por controladas sediadas na Bélgica, na Dinamarca e no Principado de Luxemburgo, países com os quais o Brasil possui acordo de bitributação, nos parâmetros da CM-OCDE, bem como nas Bermudas, país este sem acordo com o Brasil.

Ao examinar o art. 7º, §1º, da IN SRF nº 213/2002, no tocante à equivalência patrimonial como método para destilar o resultado tributável do ajuste dos valores do investimento, o STJ reconheceu um rompimento dos limites legais prescritos no art. 25, § 2º, II, da Lei nº 9.249/95 e no art. 74 da MP 2.158-35/01, porquanto o legislador ordinário elegeu estritamente o lucro auferido por controlada como base de tributação do IRPJ e CSLL, não sendo outra a *base imponível*, para se usar o termo empregado por Geraldo Ataliba.[44] Diante disso, a conclusão não poderia ser outra senão aplicar o art. 7 dos acordos de bitributação para as controladas sediadas na Bélgica, na Dinamarca e no Principado de Luxemburgo, pois, sendo o lucro auferido por estas pessoas jurídicas a riqueza a ser tributada, a competência é restrita ao Estado de residência delas, sob pena de violação do princípio da força obrigatória de aplicabilidade dos contratos ou, no brocardo em latim, *pacta sunt servanda.*[45]

---

44. "Base imponível é uma perspectiva dimensível do aspecto material da h.i. [hipótese de incidência] que a lei qualifica, com finalidade de fixar critério para a determinação, em cada obrigação tributária concreta, do *quantum debetur*." (ATALIBA, Geraldo. *Hipótese de incidência tributária.* 6ª ed., 5ª tiragem. São Paulo: Malheiros, 2004).

45. A relação entre o Comitê de Assuntos Fiscais da OCDE (CAF-OCDE) e a

Conquanto o STF tenha reconhecido a constitucionalidade do art. 74 da MP 2.158-35/2001, o STJ não admitiu a legalidade do método de equivalência patrimonial prescrito no art. 7º, §1º, da IN SRF nº 213/2002, resultando para as controladoras brasileiras a prevalência do art. 7º do acordo de bitributação da CM-OCDE sobre o lucro de suas controladas sediadas em países com o qual o Brasil possuía a convenção fiscal firmada. Mas é importante esclarecer que este posicionamento ficou restrito às partes relacionadas no processo, eis que foi submetido ao rito do art. 543-C do Código de Processo Civil (CPC) à época em vigor (Lei nº 5.869/1973).

Entretanto, no final do ano de 2013, como já dito, a legislação tributária foi mais uma vez alterada, afetando diretamente o art. 74 da MP nº 2.158-35/2001, como também as instruções normativas que com ele relacionam-se. Foi publicada a MP nº 627, posteriormente convertida na Lei nº 12.973/2014, e após inúmeras mudanças na legislação relativas ao tema da tributação da renda em bases universais, não sem a companhia de querelas judicial e administrativa, novamente se prescreveu a maneira com a qual se tributará o lucro auferido por controlada sediada no exterior, sem dúvidas levando em conta todo o contexto jurídico acima apresentado.

---

primazia do princípio *pacta sunt servanda* nos acordos de bitributação é bem exposta por Luís Flavio Neto: "Note-se que o CAF-OCDE, em seu estudo sobre o tema do *treaty shopping* (1987), observou que a ausência de cláusulas de salvaguarda contra o uso abusivo de seus benefícios obrigaria cada um dos Estados contratantes, por força do princípio '*pacta sunt servanda*', a tolerar estruturar como de *treaty shopping*. Nessa linha, os Comentário à CM-OCDE da época já suscitavam que os Estados poderiam concordar em incluir o acordo de dupla tributação com a previsão, por exemplo em seu art. 10, cláusula restritiva de benefícios. Os Comentários à CM-OCDE caminharam, contudo, para o entendimento de que os Estado 'devem acatar escrupulosamente as obrigações específicas que decorrem das convenções fiscais para eliminar as duplas tributações desde que não exista prova evidente de uso abusivo destas convenções'." (NETO, Luís Flávio. *Direito tributário internacional:* "Contextos" para Interpretação e Aplicação de Acordos de Bitributação – Série Doutrina Tributária Vol. XXI. São Paulo: Quartier Latin, 2018, p. 226-227).

1.2 A SISTEMÁTICA DE TRIBUTAÇÃO EM BASES UNIVERSAIS DA NORMA JURÍDICA DO ART. 77 DA LEI Nº 12.973/2014

As mudanças legais relativas à tributação do lucro auferido por controlada no exterior, se resumem da seguinte forma: *(i)* as Leis nº 9.249/1995 e nº 9.532/1997 estenderam o princípio da universalidade para, na apuração do lucro real da pessoa jurídica, computar o lucro auferido por controlada situada no exterior, elegendo o momento da distribuição como critério temporal da tributação no Brasil; e *(ii)* a MP nº 2.158-35/2001 considerou disponibilizado o lucro auferido por controlada na data do balanço no qual tiver sido apurado, dispensada a ocorrência de distribuição dos valores, cabendo ao MEP avaliar o resultado positivo do investimento, nos termos da IN SRF nº 213/2002.

Quanto às decisões judiciais e administrativas referentes ao lucro de controladas no exterior, assim podem ser resumidas: *(i)* o CARF decidiu que o termo "controlada" constante da MP nº 2.158-35/2001 contemplava também a controlada indireta, adicionando o resultado dela na apuração do lucro real da controladora brasileira, não obstante a controlada direta constar em país com o qual o Brasil possua acordo de bitributação; *(ii)* o STF reconheceu, de modo vinculante e *erga omnes*, a constitucionalidade da MP nº 2.158-35/2001 ao dispor do lucro da controlada estrangeira situada em "paraíso fiscal" e; *(iii)* o STJ entendeu, sob o rito do art. 543-C do CPC à época em vigor, que a IN SRF nº 213/2002 extrapolou os limites da Lei nº 9.249/1995 e da MP nº 2.158-35/2001 por considerar a tributação sobre a variação patrimonial positiva do investimento através do MEP, porquanto a base de cálculo tributária consiste na apuração do lucro da controlada, e, residindo em país com o qual o Brasil possua acordo de bitributação, prevalece a convenção internacional.

A MP nº 627/2013 emerge no direito brasileiro em meio a esse ambiente de leis e decisões, adotando para si prescrições que se revelam nitidamente sensíveis ao contexto jurídico na qual foi inserida, ocupando-se especificamente de uma nova sistemática de tributação em bases universais da pessoa jurídica.

1.2.1 MP nº 627/2013 e a revogação do art. 74 da MP nº 2.158-35/2001

Em 1º de janeiro de 2015, foi revogado o polêmico art. 74 da MP nº 2.158-35/2001. A MP nº 627/2013 [posteriormente convertida na Lei nº 12.973/2014] deu cabo dessa tarefa, visto que se propôs a conduzir as relações atinentes à tributação em bases universais da pessoa jurídica, abrangendo os lucros oriundos dos vínculos com controlada, direta ou indiretamente.[46] Mas se comparar o texto do art. 74 da MP nº 2.158-35/2001 com o texto do art. 73 da MP nº 67/2013, no qual se trata da tributação em bases universais da pessoa jurídica, logo se constata que existem mudanças significativas na *proposição jurídica*[47] da norma tributária.

Se antes o art. 74 da MP 2.158-35/2001 era categórico ao considerar disponibilizado o lucro auferido por controlada situada no exterior na data do balanço no qual tiver sido apurado, em que pese não ter sido distribuído, agora, para fim de determinação do cálculo do IRPJ e da CSLL, a MP nº 627/2013,[48]

46. Art. 72. A pessoa jurídica controladora domiciliada no Brasil ou a ela equiparada, nos termos do art. 79, deverá registrar em subcontas da conta de investimentos em controlada direta no exterior, de forma individualizada, o resultado contábil na variação do valor do investimento equivalente aos lucros ou prejuízos auferidos pela própria controlada direta e suas controladas, direta ou indiretamente, no Brasil ou no exterior, relativo ao ano-calendário em que foram apurados em balanço, observada a proporção de sua participação em cada controlada, direta ou indireta.

47. "A proposição jurídica não *descreve* como fisicamente, biologicamente, psicologicamente, um homem está engajado num ir-e-vir no espaço físico e social, relacionando esse movimento como efeito de causas físicas, biológicas, psicológicas e sociológicas para depois formular a função: $x = f(y'y''y''')$. A proposição do direito positivo, integralmente explicitada, dirá: 'dado o fato de ser pessoa, deve-ser o direito de ir-e-vir' correlativo (vê-se) do dever geral de não impedir. Já, por sua vez, a proposição antecedente 'dado o fato de ser pessoa', quem tem *função descritiva* de *pressuposto* de *consequência*, é consequência de outro antecedente: dado o fato de ser homem, deve-ser a pessoa." (VILANOVA, Lourival. *As estruturas lógicas e o sistema de direito positivo*. São Paulo, Noeses, 2005. p. 33).

48. Posteriormente convertida na Lei nº 12.973/2014.

no *caput* do art. 73,[49] foi mais sofisticada ao estabelecer que, do lucro apurado da controlada na data do balanço, o que se irá avaliar, para fins de cômputo do lucro real, é a parcela do ajuste do valor do investimento nela feito. Então se antes o signo presuntivo de riqueza era o lucro auferido por controlada, agora passa a ser legalmente a parcela do ajuste do valor do investimento em controlada, alterando radicalmente a sistemática de tributação em bases universais.

A conversão da MP nº 627/2013 na Lei nº 12.973/2014, portanto, se deu, a princípio, de forma a estabelecer uma nova sistemática respeitante à apuração do lucro real da controladora brasileira vis-à-vis o lucro auferido por sua controlada no exterior, embora nada tenha sido prescrito, neste diploma, sobre aquelas situadas em país com o qual o Brasil possua acordo de bitributação.

1.2.2 A norma jurídica do art. 77 da Lei nº 12.973/2014 e a tributação sobre a parcela do ajuste do valor do investimento em controlada no exterior

O que se constata da passagem do art. 74 da MP nº 2.158-35/2001 ao art. 77 da Lei nº 12.973/2014 é uma nova redação

49. Art. 73. A parcela do ajuste do valor do investimento em controlada, direta ou indireta, domiciliada no exterior equivalente aos lucros por ela auferidos antes do imposto sobre a renda, deverá ser computada na determinação do lucro real e na base de cálculo da Contribuição Social sobre o Lucro Líquido - CSLL da pessoa jurídica controladora domiciliada no Brasil, observado o disposto no art. 72.
§ 1º O prejuízo acumulado da controlada, direta ou indireta, domiciliada no exterior referente a anos-calendário anteriores à produção de efeitos desta Medida Provisória poderá ser compensado com os lucros futuros da mesma pessoa jurídica no exterior que lhes deu origem.
§ 2º Observado o disposto no § 1º do art. 91 da Lei nº 12.708, de 17 de agosto de 2012, a parcela do lucro auferido no exterior, por controlada direta, correspondente às atividades de afretamento por tempo ou prestação de serviços diretamente relacionados à prospecção e exploração de petróleo e gás, em território brasileiro, não será computada na determinação do lucro real e na base de cálculo CSLL da pessoa jurídica controladora domiciliada no Brasil.
§ 3º O disposto no § 2º aplica-se somente nos casos de controlada direta contratada por pessoa jurídica detentora de concessão ou autorização, nos termos da Lei nº 9.478, de 6 de agosto de 1997.

eleita pelo legislador, mais minuciosa, relativa à tributação de renda em bases universais, ao definir um signo presuntivo de riqueza sensível contabilmente ao lucro auferido por controlada no exterior, tanto direta como indireta,[50] para se apurar o lucro real da controladora no Brasil, não mais envolvendo os conceitos jurídicos de "disponibilidade" do lucro.

Se o art. 74 da MP nº 2.158-35/2001 comprometia, para fins de tributação, a disponibilidade do lucro da controlada, em que pese não fossem efetivamente distribuídos, os arts. 76 e 77 da Lei nº 12.973/2014 dispensam a menção feita à disponibilidade do lucro, e se encarregam de tratar detidamente do reflexo patrimonial positivo oriundo dele, no valor do investimento da controladora, ou, se preferir *ipsis litteris*, "o resultado contábil na variação do valor do investimento equivalente aos lucros ou prejuízos auferidos pela própria controlada direta e suas controladas, direta ou indiretamente". Se por um lado, portanto, os ajustes do valor do investimento em controlada, no exterior, por meio do MEP, passaram a conferir uma base legal à tributação de IRPJ e de CSLL sobre os lucros da controladora, no Brasil, por outro lado, restringiu-se o cômputo destas exações às parcelas advindas dos lucros auferidos no período, o que significa somente os valores passíveis de distribuição, fazendo excluir demais elementos não compreendidos nessa situação.[51]

---

50. Na crítica de Alberto Xavier seria uma tributação *per saltum*, uma vez que se desconsidera a pessoa jurídica direta mediadora das sociedades para se apurar os reflexos no lucro da controladora oriundos do lucro da controlada indireta. (XAVIER, Alberto. A Lei nº 12.973, de 3 de maio de 2014, em Matéria de Lucros no Exterior: Objetivos e Características Essenciais. In: ROCHA, Valdir de Oliveira. *Grandes questões atuais de direito tributário*. 18º V. São Paulo: Dialética, 2014, p. 13).

51. "Esse cenário [do art. 74 da MP nº 2.1588/2001] modificou-se, no entanto, com a edição da Lei nº 12.973/2014. Ao examinar o teor de seus enunciados, depara-se o intérprete com uma redação curiosa. Se, de um lado, houve clara intenção de conferir-se uma base legal à tributação da renda, fundada nos ajustes do valor do investimento pelo Método de Equivalência Patrimonial, prescrevendo ser a parcela do ajuste do valor do investimento em controlada que deverá ser computada na determinação do lucro real e na base de cálculo da CSLL da controladora, de outro, especificando que apenas será computada a parcela referente aos lucros auferidos no período. Assim, numa primeira aproximação com a novel legislação, é possível sustentar que, embora

O que se computa, finalmente, na determinação do lucro real da pessoa jurídica no Brasil passou a ser a parcela do ajuste do valor do investimento em controlada sediada no exterior, de maneira individualizada e proporcional ao lucro por ela auferido, ou, dito de outra maneira, a equivalência patrimonial dos lucros da controlada. Este resultado contábil quando apurado em balanço não é, para fins de fato jurídico, o mesmo signo presuntivo de riqueza do lucro da controlada, tampouco a sua disponibilidade para a controladora, tal como é explicado pela doutrina de Luís Cesar Souza de Queiroz.[52] E

continue a utilizar os ajustes pelo Método de Equivalência Patrimonial como parâmetro para determinação da base de cálculo do IRPJ e da CSLL, sua dicção retira a possibilidade de se tributar resultados positivos que não se refiram especificamente ao lucro passível de distribuição, excluindo-se da tributação outros elementos como reservas, correções monetárias, ganho decorrente da variação de percentual de participação societária etc. A exclusão da variação cambial não seria, em rigor, necessária, mas foi expressamente prevista no texto legal com o escopo de encerrar as disputas com os contribuintes nos tribunais e, ao mesmo tempo, não permitir também a dedução de sua variação negativa." (BARRETO, Paulo Ayres; TAKANO, Caio Augusto. Tributação do resultado de coligadas e controladas no exterior, em face da Lei nº 12.973/2014. In: ROCHA, Valdir de Oliveira. *Grandes questões atuais de direito tributário.* 18º V. São Paulo: Dialética, 2014, p. 365-366).

52. "O art. 74 da MP nº 2.158-35/2001 adotou a sistemática de considerar o lucro obtido no exterior por controlada ou coligada disponibilizado para a controladora ou coligada no Brasil na data do balanço no qual tivessem sido apurados, independentemente de efetiva distribuição. Tal sistemática acabou por equiparar duas situações distintas: uma – lucros auferidos e distribuídos; outra – lucros auferidos e não distribuídos. A primeira situação revela hipótese que não tem suscitado maiores dúvidas acerca da possibilidade de informar positivamente a base de cálculo do imposto sobre a renda, por se conceber que se encontra caracterizada a denominada 'disponibilidade econômica', nos termos do art. 43 do CTN. A segunda situação – que corresponde ao previsto no art. 74 da MP nº 2.158-35/2001 – teve a sua constitucionalidade discutida no julgamento da ADI 2.588/DF, quando se debateu acerca da possibilidade de os lucros auferidos e não distribuídos informarem positivamente (fato-acréscimo) a base de cálculo do imposto sobre a renda da controladora brasileira. Por sua vez, há que se destacar que a Lei nº 12.973/2014, quanto às controladas, não mais alude à figura dos 'lucros disponibilizados' em decorrência de sua mera apuração em balanço, mas sim trata dos reflexos decorrentes do lucro ou prejuízo auferido pela controlada no exterior no valor dos investimentos da controladora no Brasil." (QUEIROZ, Luís Cesar Souza de. *A tributação de lucros auferidos no exterior por controladas e coligadas: a posição do STF e a Lei nº 12.973/2014.* Tributação Atual da Renda: estudos da Lei nº 12.973/2014: da harmonização jurídico contábil à tributação de lucros do exterior. (Org. Daniele Souto Rodrigues; Natanael Martins). São Paulo: Noeses, 2015, p. 234).

depois, essa mesma lei deu nova redação ao art. 25 da Lei nº 9.249/1995, dispondo que "os lucros serão apurados segundo as normas da legislação comercial do país de domicílio", prescrição essa reproduzida mais detalhadamente no §1º, art. 8º, da IN RFB nº 1.520/2014.

Então, a princípio, assim se consegue resumir: *(i)* na vigência do art. 74 da MP nº 2.158-35/2001, a sistemática de tributação em bases universais parte da disponibilidade do lucro auferido por controlada no exterior; e *(ii)* na vigência do art. 77 da Lei nº 12.973/2014, a sistemática de tributação em bases universais leva em consideração o reflexo positivo oriundo da parcela do ajuste do valor do investimento em controlada no exterior, cujo lucro por ela apurado é dado segundo as normas da legislação comercial de seu domicílio.

Em que pese haver uma aparente mudança de sistemática, a questão justificadamente ainda persiste na doutrina,[53] pois, o que se tributa, afinal, é a parcela do valor do investimento apurada no lucro real da pessoa jurídica no Brasil, por meio do MEP, ou é o lucro auferido por controlada estrangeira antes dos impostos, nos termos da legislação comercial de seu domicílio?

Como se vê, outros questionamentos poderiam ser levantados, mas esta obra limita-se à relação tributária entre controladora brasileira e o lucro da controlada sediada em país com o qual o Brasil possui acordo de bitributação, haja vista que, a depender da resposta, caberá ou não a aplicação do tratado internacional. Todavia, para responder à questão ora suscitada é preciso antes compreender o alcance semântico dos signos jurídicos "lucros de empresas" e "dividendos" constantes dos acordos de bitributação, segundo os parâmetros da CM-OCDE, designadamente nos arts. 7 e 10, dado que seus significados organizam, no que lhes concerne, o alcance

53. Nesse sentido: TAKATA, Marcos Shigueo. Lucros no Exterior, Equivalência e Tributação da "Parcela do Ajuste do Valor do Investimento" à Luz dos Acordos de Bitributação Brasileiros. In: MOSQUERA, Roberto Quiroga; LOPES, Alexsandro Broedel. *Controvérsias Jurídico-Contábeis* (Aproximações e Distanciamentos). V. 6. São Paulo: Dialética, 2015.

da legislação tributária interna brasileira,[54] nos termos do art. 98 do CTN.[55]

Assim sendo, a tarefa de conhecer a extensão de seus significados na relação tributária da pessoa jurídica brasileira com sua controlada estrangeira é fundamental para que se admita ou não a aplicação do art. 77 da Lei nº 12.973/2014, quando da apuração dos lucros da controladora no Brasil. E para compreender os significados de lucro e dividendos prescritos na CM-OCDE, é preciso antes se inteirar dos fundamentos e competências deste instrumento internacional.

---

54. "Como ele expressa um dever ser, deve-se interpretá-lo no seguinte sentido: os tratados e as convenções internacionais devem ser observados pela legalidade das pessoas constitucionais (União, Estados-membros, DF e Municípios). E nesse ponto o CTN está em consonância com a CF, art. 5º, parágrafo 2º, em cujos termos os tratados internacionais serão celebrados não pela União, mas pela República Federativa do Brasil. É por esse motivo que os tratados isentantes de impostos estaduais e municipais vinculam os Estados-membros, DF e Municípios." (BORGES, José Souto Maior. Direitos Humanos e Tributação. In TORRES, Heleno Taveira (coord.). *Direito tributário internacional aplicado.* Vol. II. São Paulo: Quartier Latin, 2004, p. 82).

55. Art. 98. Os tratados e as convenções internacionais revogam ou modificam a legislação tributária interna, e serão observados pela que lhes sobrevenha.

2. A TRIBUTAÇÃO DE LUCROS E DIVIDENDOS NO ACORDO DE BITRIBUTAÇÃO DA CM-OCDE

Para uma possível compreensão do alcance semântico dos termos empregados nos acordos de bitributação da CM--OCDE, é primeiramente salutar que se entenda o contexto histórico e, até mesmo, geopolítico[56] pelos quais se desenvolveram, como também os *objetivos* e *propósitos*[57] que se propõem a alcançar, afinal, estes são elementos teleológicos[58] presentes

56. "Não são poucas as obras que abordam o estudo das relações internacionais a partir de um enfoque geopolítico. A análise de tais relações beneficia-se, assim, de um certo capital de cientificidade, na medida em que a geopolítica é apresentada como um instrumento técnico - portanto relativamente neutro - que garante uma certa objetividade nas conclusões tiradas do exame das relações interestatais." (CAUBET, Christian. *A Geopolítica como teoria das relações internacionais*: uma avaliação crítica. In: Revista Sequência, Florianópolis, v. 8, 1986, p. 57).

57. "Ao acolher todas essas teorias existentes, a CVDT estabeleceu, em seus arts. 31 a 33, uma 'única e combinada operação de interpretação' (*'a closely integrated single rule of interpretation'*): o *texto* do acordo internacional deve influenciar a identificação de seu *objetivo e propósito* para evitar que a intepretação redunde em extremos da perspectiva teleológica, bem como deve o *objetivo e propósito* iluminar o acesso ao *texto*, a fim de evitar os excessos de uma rigidez equivocada." (NETO, Luís Flávio. *Direito tributário internacional*: "Contextos" para Interpretação e Aplicação de Acordos de Bitributação – Série Doutrina Tributária Vol. XXI. São Paulo: Quartier Latin, 2018, p. 104).

58. "Insta fazer uma observação aqui: o que se está afirmando é que em termos lógicos *os elementos* que lastreiam a interpretação dos tratados internacionais são os mesmos que pautam qualquer processo jurídico de intepretação, o que não significa que estejamos defendendo que a interpretação de tais diplomas seja feita a partir dos marcos domésticos. (...) Esses elementos, insta reiterar, *não são um caminho*

no processo hermenêutico das normas constantes das convenções internacionais, como se verá, na busca de um sentido contextualizado ("*ordinary meaning*"), tal como preconiza o art. 31 da Convenção de Viena sobre Direito dos Tratados (CVDT),[59] promulgada no Brasil pelo Decreto nº 7.030/2009.

Além do mais, vem ao caso lembrar as lições hermenêuticas de Hans-Georg Gadamer,[60] no que diz respeito ao contexto

---

para a interpretação correta de um tratado internacional, mas sim alguns *topoi* a serem considerados no processo hermenêutico, com vistas à justificação da norma *criada* pelo intérprete a partir do texto do tratado. Além desses elementos, há outros *topoi* de interpretação no âmbito do direito internacional, como os princípios do da boa-fé e do efeito útil. Tais cânones interpretativos encontram-se positivados nos artigos sobre interpretação constantes na Convenção de Viena sobre Direito dos Tratados (CVDT) (...)." (ROCHA, Sergio André. *Interpretação dos tratados para evitar a bitributação da renda*. 2ª ed. São Paulo: Quartier Latin, 2013, p. 138-139).

59. 1. Um tratado deve ser interpretado de boa fé segundo o sentido comum atribuível aos termos do tratado em seu contexto e à luz de seu objetivo e finalidade.

60. "Quem quiser adaptar adequadamente o sentido de uma lei precisa conhecer também o seu conteúdo de sentido originário. Ele tem de pensar também em termos histórico-jurídicos. Só que nesse caso a compreensão histórica não mais do que um meio para um fim. (...) Ernst Forsthoff demonstrou numa valiosa investigação que, por razões estritamente jurídicas, foi necessário refletir sobre a mudança histórica das coisas, através do que se distinguiu entre o sentido original do conteúdo de uma lei e o que se aplica na práxis jurídica. É verdade que o jurista sempre tem em mente a lei em si mesma. Mas seu conteúdo normativo deve ser determinado em relação ao caso em que deve ser aplicado. E para determinar com exatidão esse conteúdo não se pode prescindir de um conhecimento histórico do sentido originário, e é por isso que o intérprete jurídico leva em conta o valor posicional histórico atribuído a uma lei em virtude do ato legislador. No entanto, ele não pode prender-se ao que informam os protocolos parlamentares sobre a intenção dos que elaboraram a lei. Ao contrário, deve admitir que as circunstâncias foram mudando, precisando assim determinar de novo a função normativa da lei. (...) Só existe conhecimento histórico quando em cada caso o passado é entendido na sua continuidade com o presente, e isto é o que realiza o jurista na sua tarefa prático-normativa, quando procura 'assegurar a sobrevivência do direito como um *continuum* e salvaguardar a tradição do pensamento jurídico'. (...) A hermenêutica jurídica está em condições de recordar em si mesma o autêntico procedimento das ciências do espírito. Nela temos o modelo de relação entre passado e presente que estávamos procurando. Quando o juiz adapta a lei transmitida às necessidades do presente, quer certamente resolver a tarefa prática. O que de modo algum quer dizer que sua interpretação da lei seja uma tradução arbitrária. Também sem seu caso, compreender e interpretar significam conhecer e reconhecer um sentido vigente. O juiz procura corresponder à 'ideia jurídica' da lei, intermediando-a com o presente. Claro que ali se trata de uma mediação jurídica. O que tenta reconhecer é o significado jurídico da lei, mão o significado histórico de sua promulgação ou certos casos quaisquer de sua

histórico para o intérprete do direito, o que significa "pensar em termos histórico-jurídicos", sem para isso precisar perscrutar a intenção do legislador à época da publicação das leis, tampouco admitir uma tradução arbitrária delas. Como explica este filósofo alemão, trata-se deveras de reconhecer o translado dos termos legais, no curso do tempo, competindo ao intérprete construir os sentidos jurídicos vigentes, intermediando-os com o movimento do passado para o presente, garantindo assim a sobrevivência do direito em um *continuum* do seu dogmatismo.

2.1 FORMAÇÃO DE ESTADOS IMPORTADORES E EXPORTADORES DE CAPITAL NO ACORDO DE BITRIBUTAÇÃO DA CM-OCDE

A respeito do contexto histórico e geopolítico nos quais se forjaram os acordos de bitributação da CM-OCDE, definindo, aqui, um termo de início para se estabelecer um fluxo de registros históricos comunicáveis entre si, foi decidido começar pelas reminiscências do século XIX, em especial um fenômeno macroeconômico que permitiria a integração de cadeias globais de produção e serviço, bem como impulsionaria fluxos de capital entre os países sob uma dinâmica nunca antes vista: o padrão-ouro. E como se sucedeu? O império britânico exercia naquela época o predomínio econômico entre os países da Europa, sobretudo na esfera financeira, fazendo da sua moeda corrente, a libra esterlina, cujo lastro era o ouro, reserva de valor para os demais países. Pois foi se valendo da posição central que ocupava nas trocas internacionais, que a Grã-Bretanha deu razões suficientes para que as demais nações aderissem ao padrão-ouro, já que ter uma moeda com o mesmo lastro da libra garantiria dinâmica e facilidade nas transações comerciais. Em poucas palavras, por meio do

aplicação." (GADAMER, Hans-Georg. *Verdade e método I* – Traços fundamentais de uma hermenêutica filosófica. 15ª ed. Petrópolis, RJ: Vozes, 2015, p. 428-430).

padrão-ouro, o império britânico conferiu estabilidade a um sistema monetário internacional.[61]

Entre 1870 e 1914, outros agentes da economia internacional protagonizaram com êxito a comercialização de seus manufaturados: Estados Unidos da América (EUA), Alemanha e Japão, arrogados dos valores tanto nacional como protecionista, como explica Bertrand Russell,[62] conquistaram significativa fração do mercado global, o que, dentre outras causas, culminou na tensão geopolítica que condenou a Europa à Primeira Guerra Mundial. Ao fim da guerra, o desgaste da libra esterlina causado por mecanismos de empréstimos análogos à emissão de moedas[63] pôs em xeque a manutenção do padrão-ouro e, consigo, a estabilidade do sistema monetário internacional.[64] Líderes do cenário europeu reuniram-se no que se intitulou de Liga das Nações, também conhecida como Sociedade das Nações para, juntamente com os EUA, perseguir a recomposição das bases de um sistema de câmbio fixo, tal como praticada no século XIX, para preservar a pujança das transações comerciais.

Nessa época aparecem os primeiros esforços internacionais para a elaboração de um modelo de acordo de bitributação, através do Comitê de Assuntos Fiscais da Liga das Nações; esforços estes compatíveis com a adoção pela maioria dos países

61. SAES, Flávio Azevedo Marques de; SAES, Alexandre Macchione. *História econômica geral.* São Paulo: Saraiva, 2013, p. 182.

62. RUSSEL, Bertrand. *Liberdade e organização.* São Paulo: Cia Editora Nacional, 1959, p. 197-199.

63. SAES, Flávio Azevedo Marques de; SAES, Alexandre Macchione. *História econômica geral.* São Paulo: Saraiva, 2013, p. 312.

64. "O colapso do padrão-ouro internacional foi o elo invisível entre a desintegração da economia mundial na virada do século e a transformação de toda uma civilização na década de 1930. (...) o padrão-ouro era o único pilar remanescente da economia mundial tradicional; quando ele ruiu, o resultado teria de ser imediato. Para os economistas liberais, o padrão-ouro era uma instituição puramente econômica; eles se recusavam a vê-lo, sequer, como parte do mecanismo social. Os países democráticos foram, assim, os últimos a compreender a verdadeira natureza da catástrofe, e os mais demorados no combate aos seus efeitos." (POLANYI, Karl. *A grande transformação.* Rio de Janeiro: Elsevier, 2012, p. 21).

envolvidos à sistemática de tributação em bases universais.[65] O modelo concebido continha, no seu art. 1º, a definição de sua abrangência e finalidade, a saber, evitar que contribuintes de dois Estados contratantes sofressem a exigência de uma dupla tributação sobre um mesmo rendimento produzido.[66]

No entanto a Liga das Nações não se sustentou, principalmente porque a política cambial por ela estabelecida pagou um preço muito alto, eis que, do lado EUA, tendo que manter os juros baixos para conter o ouro nos cofres britânicos, condição da paridade da libra esterlina, experenciou, no auge da especulação dos mercados imobiliário e de capitais, a quebra da bolsa de valores de Nova Iorque em 1929 e, na busca por liquidez, a Grande Depressão em 1930; e do lado da Liga das Nações, na esteira de um desencanto com as premissas liberais e do reconhecimento de uma falsa "harmonia dos interesses", como demonstra o historiador Edward H. Carr,[67] deu-se atenção aos valores socialistas, fascistas e nacional-socialistas por toda a Europa, empurrando os países em direção à Segunda Guerra Mundial.

Após a guerra os principais países vitoriosos, dentre eles os EUA, maior credor entre os aliados, põe em marcha políticas internacionais na Europa Ocidental, a começar pelo emprego de um modelo keynesiano de Estado de Bem-Estar desenvolvido pelos políticos norte-americanos do *New Deal*.[68] Assim se

---

65. "Após o fim da Primeira Guerra Mundial, diversos países deixaram de adotar exclusivamente o princípio da territorialidade formal – em que a soberania fiscal do Estado se volta apenas para a tributação de rendimentos auferidos dentro de seu território – e passaram a conceber a tributação em bases mundiais ou universais ("*world wide taxation*"), cuja gênese teria sido concebida por Wagner." (NETO, Luís Flávio. *Direito tributário internacional:* "Contextos" para Interpretação e Aplicação de Acordos de Bitributação – Série Doutrina Tributária Vol. XXI. São Paulo: Quartier Latin, 2018, p. 81-82).

66. TORRES, Heleno Taveira. *Pluritributação internacional sobre as rendas de empresas*. São Paulo: Editora Revista dos Tribunais, 1997, p. 340-341.

67. CARR, Edward Hallett. *Vinte anos de crise: 1919-1939* – uma introdução ao estudo das relações internacionais. Brasília, DF: Ed. da UnB, 2001, p. 63-64.

68. JUDT, Tony. *Pós-guerra* – História da Europa desde 1945. Lisboa, Edições 70, 3ª. ed., 2009, p. 123.

conseguiu uma integração tanto política quanto econômica,[69] edificado em cima do Plano de Recuperação Europeu (PRE), cujo dispêndio de recursos dos EUA foi na importância de US$ 13 bilhões, entre 1948 e 1952, o "que corresponderia a cerca de US$ 130 bilhões do começo do século XXI, realizado o ajuste pela inflação desse período".[70] Finalmente entram em cena uma constelação de organizações e instituições internacionais, dentre elas a Organização para a Cooperação Econômica Europeia (OCEE), em 1948, que veio a ser, em 1961, a Organização para a Cooperação e Desenvolvimento Econômico (OCDE).

A respeito da OCEE, as primeiras realizações na elaboração de um modelo de acordo de bitributação inicia-se com o resgate dos trabalhos desenvolvidos pelo Comitê de Assuntos Fiscais da Liga das Nações, até instituir, em 1955, o seu próprio Comitê Fiscal em matéria de dupla tributação. Ato contínuo, em 1958, a OCEE confere competência ao Comitê para que realize um "Projeto de Convenção para eliminar a dupla tributação em matéria de impostos sobre a renda e sobre o patrimônio". Se contar até o ano de 1961, o Comitê havia elaborado 4 relatórios, cada qual contendo 25 artigos, cujo título dado foi "a eliminação das bitributações".[71]

Em que pese ter havido a substituição da OCEE pela OCDE, em 1961, o Comitê Fiscal continuou o trabalho para o qual foi criado, e apresenta para o Conselho desta organização *o projeto de convenção de dupla tributação concernente à renda e ao patrimônio*, o qual foi adotado com a recomendação de 30 de julho de 1963.[72] Com isso se propiciava um ambiente

69. VAROUFAKIS, Yanis. *O Minotauro Global* – A verdadeira origem da crise financeira e o futuro da economia global. Editora Autonomia Literaria: São Paulo, 2016, p. 106.

70. SAES, Flávio Azevedo Marques de; SAES, Alexandre Macchione. *História econômica geral.* São Paulo: Saraiva, 2013, p. 440.

71. TORRES, Heleno Taveira. *Pluritributação internacional sobre as rendas de empresas.* São Paulo: Editora Revista dos Tribunais, 1997, p. 342.

72. Com relação à CM-OCDE de 2014, no site da organização descreve-se a sua origem na recomendação do Conselho Fiscal em 1963: "Esta publicação é a nona edição da versão completa do Modelo de Convenção Fiscal sobre o rendimento e

jurídico auspicioso para a conclusão de acordos de bitributação, tais como os que foram assinados e incorporados na legislação interna brasileira, cuja estrutura jurídica endereça-se diretamente à CM-OCDE. Ademais, importante destacar que, a partir de 1969, a CVDT formalizou o direito internacional consuetudinário,[73] cuja vigência deu-se em 1980, no curso do aperfeiçoamento da CM-OCDE.

Isso porque de 1963 para cá, muitos modelos da OCDE foram reanalisados ou revisados pontualmente, e passaram a ser acompanhados de Comentários, o que incluiu tanto a sistemática de "folhas soltas", a partir de 1992, de modo que o estudo feito dos artigos da convenção fiscal não comprometia novos exames acerca do seu texto, quanto à adoção, a partir de 1997, das manifestações oficiais dos Estados não membros ou convidados, a exemplo do Brasil.[74]

---

patrimônio da OCED. Esta edição contém o texto integral do Modelo de Convenção Fiscal sobre o rendimento e o patrimônio, tal como foi lido em 15 de julho de 2014, incluindo artigos e comentários relacionados, as posições de economias não membros, a Recomendação do Conselho da OCDE, as notas históricas (que remontam até 1963), a lista detalhada de convenções concluídas entre países membros da OCDE e relatórios anteriores." (tradução nossa) Disponível em: http://www.oecd.org/fr/ctp/conventions/modele-de-convention-fiscale-concernant-le-revenu-et-la--fortune-2014-version-complete-9789264239142-fr.htm. Acesso em: 9 fev. 2019.

73. ROCHA, Sergio André. *Interpretação dos tratados para evitar a bitributação da renda*. 2ª ed. São Paulo: Quartier Latin, 2013, p. 139-141).

74. "Constituída em 1960 para suceder a então Organização para a Cooperação Econômica Europeia (*Organization for European Economic Cooperation* – "OEEC"), a OCDE publicou, em 1963, seu primeiro esboço de um modelo (acompanhado de comentários) para a celebração de acordos de dupla tributação por seus Estados membros, incentivando que, aos pares, estes entrassem em negociação e formalmente os celebrassem. Em 1971, o modelo passou a ser reanalisado pela CAF-OCDE, especialmente diante de demandas e constatações práticas surgidas. Em 1977, por sua vez, foi publicado um modelo mais completo e revisado, acompanhado de Comentários a respeito de cada um de seus dispositivos. A partir de 1992, o CAF-OCDE passou a publicar periodicamente – e cada vez com mais frequência – revisões pontuais à CM-OCDE e aos seus comentários, sob a sistemática de "folhas soltas", ou seja, sem que se aguarde a conclusão de estudos para alterações em seu texto como um todo. Assim, seguiram-se revisões à CM-OCDE e aos seus Comentários, publicadas em 1992, 1994, 1995, 1997, 2000, 2003, 2008, 2010 e 2014. Note-se que, desde 1997, a posição oficial de Estados não membros da OCDE (convidados), manifestada por meio de reservas e observações, passou a acompanhar a CM-OCDE e seus respectivos Comentários, o que é especialmente relevante ao Brasil,

Porém, da forma com a qual foi estruturada a convenção fiscal em questão, deduz-se que, em termos de política para evitar a dupla tributação, por ser uma convenção construída no bojo da OCDE, reunião dos países desenvolvidos economicamente, existe uma divisão internacional muito clara entre os Estados importadores de capital, países onde se instala a residência da pessoa jurídica, e os Estados exportadores de capital, países onde se produzem os rendimentos transnacionais, de forma a privilegiar o financiamento tributário dos Estados mais ricos.

Essa divisão é a expressão geopolítica da relação estabelecida entre os países no século XX, haja vista que, em razão dos países desenvolvidos deterem os fatores de produção mais avançados tecnologicamente, sem falar na moeda corrente com a qual são financiados, o que significa uma maior competitividade para avançar sobre novos mercados, sobretudo nos países emergentes, a riqueza transnacional na sua maioria é tributada no Estado importador de capital, local de residência da pessoa jurídica (Estado da residência), exceto se ela manter um estabelecimento permanente no Estado exportador de capital, local de fonte do rendimento (Estado da fonte). Em última análise, a CM-OCDE determina que os Estados da residência sejam financiados com os rendimentos produzidos nos Estados da fonte.[75] Não é difícil encontrar autores das linhas teóricas do marxismo ou do realismo político que enxergam nestas relações contratualmente estabelecidas entre países

---

que, como país não membro, assume o papel observador convidado naquela organização." (NETO, Luís Flávio. *Direito tributário internacional: "contextos" para interpretação e aplicação de acordos de bitributação* – Série Doutrina Tributária Vol. XXI. São Paulo: Quartier Latin, 2018, p. 83-84).

75. "Tal como concebida, a estrutura da CM-OCDE privilegia o Estado da residência, importado de capitais: (*i*) a renda do trabalho ou de serviços pode ser tributada no Estado em que estes são executados; (*ii*) a renda passiva, como juros e dividendos, pode ser tributada pelo Estado da fonte até um determinado limite; (*iii*) o lucro das atividades empresariais será tributada no Estado da residência, salvo no que se refere aos lucros atribuíveis a um estabelecimento permanente no Estado da fonte." (NETO, Luís Flávio. *Direito tributário internacional:* "Contextos" para Interpretação e Aplicação de Acordos de Bitributação – Série Doutrina Tributária Vol. XXI. São Paulo: Quartier Latin, 2018, p. 85).

como um instrumento de poder internacional, em que o interesse e a força de alguns (talvez poucos) prevalecem sobre a de (talvez muitos) outros.[76] Outros autores, a exemplo de Betina Treiger Grupenmacher, sugerem o reconhecimento de um novo paradigma das relações internacionais, no qual se dê um outro conceito ao termo clássico de soberania.[77]

Finalmente, é importante esclarecer que, apesar do Brasil adotar atualmente nos seus 34 acordos de bitributação[78] uma estrutura predominantemente compatível com a da CM-OCDE, estas convenções ratificadas possuem peculiaridades

---

76. "A terceira consideração, por vezes invocada para negar o caráter moralmente obrigatório dos tratados internacionais, é de tipo mais abrangente. Visa *(sic)* levantar dúvidas sobre o crédito moral não de tratador particulares, mas de todos os tratados, por serem, por sua natureza, instrumentos de poder desprovidos de valor moral. Um autor marxista argumentou que, na sociedade capitalista, a obrigatoriedade legal dos contratos é apenas um método de usar o poder do Estado para proteger e ampliar os interesses das classes dominantes. Do mesmo modo, pode-se sustentar, com considerável dose de razão, que a instância na validade legal dos tratados internacionais seja uma arma usada pelas nações dominantes para manter sua supremacia sobre as nações mais fracas, a quem os tratados são impostos. Tal argumento está implícito na visão realista do direito como um instrumento opressivo do poder divorciada da ética." CARR, Edward Hallett. *Vinte anos de crise: 1919-1939* – uma introdução ao estudo das relações internacionais. Brasília, DF: Ed. da UnB, 2001, p. 179-180).

77. "Hodiernamente, há uma forte tendência para a integração dos povos, o que conduz a um estreitamento das relações entre os Estados e consequentemente a uma revisão do conceito de soberania. O conceito de Estado soberano passa a subordinar-se, de maneira direta, a uma revisão do conceito de soberania. Assim, não havendo no Texto Constitucional a necessária abertura ao Direito Internacional, como realidade inafastável e ainda diante da importância crescente das relações internacionais e bem assim de interdependência, cada vez mais marcante, entre os Estados, deve-se atribuir à soberania conceito compatível com tal realidade, à medida que, por força da mutação que sofreu, nela não se verifica o caráter absoluto que em tempos passados e perante uma realidade internacional diversa, lhe era próprio. A acepção clássica de soberania deve, portanto, ser revista, pois de apresenta incompatível com a integração econômica pretendida pelo constituinte. Os processos de integração entre os Estados impõem a releitura do conceito de soberania." (GRUPENMACHER, Betina Treiger. *Tratados internacionais sobre direitos humanos e tributação.* In: SCHOUERI, Luís Eduardo (Coord.). Direito Tributário: Homenagem a Paulo de Barros Carvalho. São Paulo: Quartier Latin, 2008, p. 822).

78. Disponível em: https://receita.economia.gov.br/acesso-rapido/legislacao/acordos-internacionais/acordos-para-evitar-a-dupla-tributacao/acordos-para-evitar-a-dupla-tributacao. Acesso em: 18 fev. 2019.

próprias, eis que adotam nas suas estruturas a influência de outros modelos, tal como a convenção modelo da ONU, fazendo com que sejam documentos singulares nas suas confecções.

2.2 A NORMA JURÍDICA DE INTERPRETAÇÃO DO ART. 3 DO ACORDO DE BITRIBUTAÇAO DA CM-OCDE

2.2.1 Sistemas de Direito doméstico e Direito internacional

Toda análise exige do intérprete que defina critérios hermenêuticos sem os quais não há processo cognitivo possível, ainda que ele não se sinta ou se reconheça sob essa tarefa. Com o Direito não é diferente, devendo o agente competente, pelo qual se imprimem as *interpretações autênticas*, na acepção kelseniana, perquirir quais critérios o ordenamento jurídico define como legítimos no processo de construção das normas jurídicas possíveis, segundo a *moldura* do Direito.[79] Por este

79. "Através deste ato de vontade se distingue a interpretação jurídica feita pelo órgão aplicador do Direito de toda e qualquer outra interpretação, especialmente da interpretação levada a cabo pela ciência jurídica. A interpretação feita pelo órgão aplicador do Direito é sempre autêntica. Ela cria Direito. Na verdade, só se fala de interpretação autêntica quando esta interpretação assuma a forma de uma lei ou de um tratado de Direito internacional e tem caráter geral, quer dizer, cria Direito não apenas para um caso concreto, mas para todos os casos iguais, ou seja, quando o ato designado como interpretação autêntica represente a produção de uma norma geral. Mas autêntica, isto é, criadora de Direito é-o a interpretação feita através de um órgão aplicador do Direito ainda quando cria Direito apenas para um caso concreto, quer dizer, quando esse órgão apenas crie uma norma individual ou execute uma sanção. A propósito importa notar que, pela via da interpretação autêntica, quer dizer, da interpretação de uma norma pelo órgão jurídico que a tem de aplicar, não somente se realiza uma das possibilidades reveladas pela interpretação cognoscitiva da mesma norma, como também se pode produzir uma norma que se situe completamente fora da moldura que a norma a aplicar representa. Através de uma interpretação autêntica deste tipo pode criar-se Direito, não só no caso em que a interpretação tem caráter geral, em que, portanto, existe interpretação autêntica no sentido usual da palavra, mas também no caso em que é produzida uma norma jurídica individual através de um órgão aplicador do Direito, desde que o ato deste órgão já não possa ser anulado, desde que ele tenha transitado em julgado. E fato bem conhecido que, pela via de uma interpretação autêntica deste tipo, é muitas vezes criado Direito novo - especialmente pelos tribunais de última instância. Da interpretação através de um

motivo, para fins de interpretação das normas tributárias, o Direito prescreve estes critérios nos seus arts. 107 a 112, com os quais o agente competente deverá lançar mão ao construir os significados jurídicos que dizem respeito à prescrição de condutas intersubjetivas para as quais a norma se encaminha.

Ocorre que o art. 3º da CM-OCDE igualmente prescreve critérios de interpretação e ainda propõe significados jurídicos pelos quais as normas proibitivas da bitributação devem ser construídas, sob pena de desobediência a uma convenção internacional sustentada principalmente no princípio da *pacta sunt servanda.*[80] Sendo assim, esta é a dúvida: posto um plexo de comandos oriundos dos Direitos doméstico e internacional, cada qual com seus próprios critérios hermenêuticos, qual deles deve ter o seu método de interpretação preferido? Dito de outra forma, e sendo ainda mais específico: diante de um termo jurídico a ser interpretado na baliza de relações internacionais assumidas por meio de um acordo de bitributação, nos parâmetros da CM-OCDE, o Estado contratante, no caso o Estado brasileiro, deve aplicar o método de interpretação dos arts. 107 a 112 do CTN ou do art. 3º da referida convenção internacional?

Diante dessa pergunta, concepções e critérios apresentam-se na doutrina, dentre as quais se destacam (i) as concepções *monistas* e *dualistas* da relação entre Direito internacional e Direito doméstico, e *(ii)* os critérios da especialidade

---

órgão aplicador do Direito distingue-se toda e qualquer outra interpretação pelo fato de não ser autêntica, isto é, pelo fato de não criar Direito." (KELSEN, Hans. *Teoria pura do direito.* 7. ed. São Paulo: M. Fontes, 2006, p. 394-395).

80. "O Direito internacional consta de normas que originariamente foram criadas através de atos de Estados - quer dizer, dos órgãos para o efeito competentes segundo as ordens jurídicas dos Estados singulares - para regulamentação de relações interestaduais, atos esses que operaram tal efeito pela via do costume. São estas as normas do Direito internacional geral - geral porque impõe deveres e atribui direitos a todos os Estados. Entre elas tem particular importância a norma que usualmente é designada pela fórmula *pacta sunt servanda*. Ela autoriza os sujeitos da comunidade jurídica internacional a regular, através de tratados, a sua conduta recíproca, quer dizer, a conduta dos seus órgãos e súditos em relação aos órgãos e súditos dos outros." (KELSEN, Hans. *Teoria pura do direito*. 7. ed. São Paulo: M. Fontes, 2006, p. 359).

e da excepcionalidade quanto ao modo de expressão daquele quando integrado neste.

2.2.1.1 *Concepções monista e dualista*

A concepção *monista* destaca-se por reverenciar o Direito internacional[81] em face do Direito doméstico, de tal forma a privilegiar os critérios estabelecidos nos acordos de bitributação. A razão estaria na ideia de um único sistema e, portanto, na natureza do fato a ser subsumido: se os fatos dizem respeito a relações internacionais, então as normas jurídicas, bem como os seus critérios hermenêuticos deverão ser aqueles previstos na convenção internacional, dispensada a relação de comandos prescritos no Direito doméstico, que por sua vez está restrito à prescrição de normas jurídicas sobre fatos domésticos.[82]

Dada essa condição, o método de interpretação do Direito internacional constante da CM-OCDE é preferido ao método de interpretação do Direito doméstico.

Doutro giro, a concepção *dualista* destaca-se por dar preferência ao sentido inverso, donde o agente competente, enquanto vinculado obrigatoriamente ao Direito doméstico, não estaria autorizado a abrir mão dos critérios hermenêuticos deste sistema em favor dos critérios prescritos no sistema do Direito internacional, incluindo aqueles expostos na CM-OCDE.[83]

---

81. "O Direito internacional é – de acordo com a habitual determinação do seu conceito – um complexo de normas que regulam a conduta recíproca dos Estados – que são os sujeitos específicos do Direito internacional." (KELSEN, Hans. *Teoria pura do direito.* 7. ed. São Paulo: M. Fontes, 2006, p. 355).

82. "Concepções *monistas* podem levar à conclusão de que apenas as normas do Direito tributário internacional seriam relevantes na escolha dos métodos de interpretação dos acordos de dupla tributação: como o operador aplicaria diretamente o acordo de dupla tributação, sem considerar normas domésticas como intermediárias, então apenas o recurso aos métodos de interpretação típicos de acordos internacionais seriam justificáveis." (NETO, Luís Flávio. *Direito tributário internacional:* "Contextos" para Interpretação e Aplicação de Acordos de Bitributação – Série Doutrina Tributária Vol. XXI. São Paulo: Quartier Latin, 2018, p. 124).

83. "Concepções *dualistas*, por sua vez, poderiam conduzir à ideia de que a interpretação dos Acordos de dupla tributação seria governada exclusivamente por normas

Portanto, o método de interpretação do Direito doméstico é preferido ao método de interpretação do Direito internacional.

Diante do impasse de concepções distintas sobre a preferência do método de interpretação a ser empregado, parte da doutrina convergiu para estabelecer a concepção que se intitulou de *monismo moderado.*

2.2.1.1.1 Concepção monista moderada do direito brasileiro

A concepção *monista* situa os Direitos doméstico e internacional dentro de um mesmo sistema unitário de proposições prescritivas, haja vista que participam de uma mesma unidade cognoscitiva ou teorética-gnosiológica a qual obriga incluir todas as normas jurídicas válidas constitutivias do Direito.[84] A concepção *dualista*, de maneira diversa, consigna os Direitos doméstico e internacional dentro de sistemas próprios, ambos apoiados por normas fundamentais distintas, no sentido kelseniano. A questão essencial que distingue estas concepções reside na possibilidade de existir conflitos normativos irresolúveis entre normas válidas dispostas tanto no Direito doméstico quanto no Direito internacional.

---

do Direito doméstico dos Estados contratantes: como o operador aplicaria uma norma jurídica emanada por fontes internas e não o acordo internacional que serviu de base para a sua produção, os métodos de interpretação comuns a todas as demais normas domésticas seriam pertinentes." (NETO, Luís Flávio. *Direito tributário internacional:* "Contextos" para Interpretação e Aplicação de Acordos de Bitributação – Série Doutrina Tributária Vol. XXI. São Paulo: Quartier Latin, 2018, p. 125).

84. "Toda a evolução técnico-jurídica apontada tem, em última análise, a tendência para fazer desaparecer a linha divisória entre Direito internacional e ordem jurídica do Estado singular, por forma que o último termo da real evolução jurídica, dirigida a uma centralização cada vez maior, parece ser a unidade de organização de uma comunidade universal de Direito mundial, quer dizer, a formação de um Estado mundial. Presentemente, no entanto, ainda não se pode falar de uma tal comunidade. Apenas existe uma unidade cognoscitiva de todo o Direito, o que significa que podemos conceber o conjunto formado pelo Direito internacional e as ordens jurídicas nacionais como um sistema unitário de normas – justamente como estamos acostumados a considerar como uma unidade a ordem jurídica do Estado singular." (KELSEN, Hans. *Teoria pura do direito.* 7. ed. São Paulo: M. Fontes, 2006, p. 364).

A concepção *dualista*, como se pode perceber, ao estabelecer a incomunicabilidade normativa entre estes Direitos, acaba por conviver com ela sem contradição teorética-gnosiológica, pois admite a validade simultânea de normas que se confrontam na substância de seus modais deônticos, como aquelas prescrevem métodos de interpretação, ao definir para cada uma delas um sistema correspondente.[85] A concepção *monista*, noutro giro, para enfrentar esta ocorrência antitética de normas, reconheceu uma moderação em grau na relação estrutural dos Direitos doméstico e internacional – daí a concepção *monista moderada*, como explica Luís Eduardo Schoueri[86] –, admitindo-os enquanto uma unidade de proposições prescritivas, porém, com a possibilidade de prescrições conflitantes e simultaneamente válidas, em que pese ser uma situação precária, pois se revelará insustentável no curso de

85. "Do que especialmente se trata, ao determinar a relação existente entre Direito estadual e Direito internacional, é da questão de saber se podem existir conflitos insolúveis entre os dois sistemas de normas. Somente quando esta questão tenha de ser respondida afirmativamente é que fica excluída a unidade do Direito estadual e do Direito internacional. Neste caso, sim, só é efetivamente possível uma construção dualista ou pluralista das relações entre Direito estadual e Direito internacional. Mas, em tal hipótese, também não se pode falar de uma validade simultânea de ambos." (KELSEN, Hans. *Teoria pura do direito*. 7. ed. São Paulo: M. Fontes, 2006, p. 365).

86. "Finalmente, à questão da estrutura diversa de 'ambos' os sistemas é contraposto o argumento de que não se trata de estruturas diversas em sua natureza, mas apenas em grau. Concordamos com esse argumento, já que também no direito interno, há estruturas diversas, em virtude da existência de esferas independentes em uma federação, p. ex., sem que este fato sirva de suporte para que se pretenda concluir pela existência de diversos sistemas jurídicos. (...) Contrapondo-se ao 'dualismo', o 'monismo' entende que direito interno e direito internacional público são ramos integrantes de um único sistema. (...) Mais forte é a crítica feita ao 'monismo', no que se refere ao fato de ignorar ser possível a existência de leis internas, contrárias à ordem internacional que, entretanto, são válidas no âmbito do Estado. Em virtude desta falha em seu raciocínio, os 'monistas' evoluíram para o que se chama, hoje, 'monismo moderado' (*gemilderten 'ou' gemäBigten Monismus*), à semelhança do 'dualismo moderado', acima referido. Esse reconhece ser possível que, ao mesmo tempo, haja normas internas e de direito internacional contrárias, ambas em vigor. No entanto, tal situação é vista como precária (*nicht endgültig*), devendo o conflito ser resolvido de acordo com procedimento previsto no direito internacional público (Verdross e Simma, 1976/67; Menzel e Ipsen, 1962/52). Mössner (1977/55-56) se manifesta no sentido de que o 'monismo moderado' é, hoje, o que prevalece na doutrina." (SCHOUERI, Luís Eduardo. *Planejamento fiscal através de acordos de bitributação (treaty shopping)*. São Paulo: Ed. Revista dos Tribunais, 1995, p. 90-92).

construção dos significados jurídicos pelo intérprete autêntico, ao passo que se recorrerá aos procedimentos previstos no Direito de resolução de conflitos normativos.

O jusfilósofo Hans Kelsen, atribuindo veracidade à concepção *monista* de descrição da relação cognoscitiva entre Direito doméstico e Direito internacional, e reconhecendo o exercício da soberania do Estado como pedra de toque para a validade das obrigações contraídas junto a outros Estados, menciona um "Direito estadual externo"[87] como forma de reportar-se ao Direito internacional. Assim sendo, dentro de um único sistema de proposições nomoempíricas prescritivas, cuja validade de uma norma é concebida a partir de uma outra de hierarquia superior,[88] o fundamento de validade do Direito internacional está no seu reconhecimento pelo Direito doméstico, o que não significa a perda do seu conteúdo normativo supraordenado ao Direito doméstico, por conta desse movimento integrativo.

---

87. "O Direito internacional, que do ponto de vista do primado da ordem jurídica estadual – ou da soberania do Estado – apenas vale na medida em que um Estado o reconhece como vinculante em relação a si, surge, por conseguinte, não como uma ordem jurídica supraestadual, e também não como uma ordem jurídica independente da própria ordem estadual, isolada em face desta, mas – na medida em que seja Direito – como uma parte integrante da própria ordem jurídica estadual. Tem-se-lhe chamado 'Direito estadual externo', partindo da suposição de que regula as relações do Estado com o 'exterior', as suas relações com outros Estados. (...) Com efeito, se o Direito internacional apenas vale como parte integrante de uma ordem jurídica estadual, ele não pode ser uma ordem jurídica diferente daquela, independente dela na sua validade; e, nessa hipótese, não pode haver conflitos entre ambas, já mesmo porque ambas se apoiam – para nos exprimirmos na linguagem da jurisprudência tradicional – sobre a 'vontade' de um e mesmo Estado" (KELSEN, Hans. *Teoria pura do direito*. 7. ed. São Paulo: M. Fontes, 2006, p. 373).

88. "O sistema do direito oferece uma particularidade digna de registro: suas normas estão dispostas numa estrutura hierarquizada, regida pela fundamentação ou derivação, que se opera tanto no aspecto material quanto no formal ou processual, o que lhe imprime possibilidade dinâmica, regulando, ele próprio, sua criação e suas transformações. Examinando o sistema de baixo para cima, cada unidade normativa se encontrada fundada, *material* e *formalmente*, em normas superiores. Invertendo-se o prisma de observação, verifica-se que das regras superiores derivam, *material* e *formalmente*, regras de menor hierarquia. Todas as normas do sistema convergem para um único ponto – a norma fundamental –, que dá fundamento de validade à constituição positiva. (...) Não só o direito positivo se apresenta como sistema, mas a ciência que dele se ocupa assume fotos sistemáticos. O direito positivo é um sistema nomoempírico prescritivo, onde a racionalidade do homem é empregada com objetivos diretivos e vazada em linguagem técnica." (CARVALHO, Paulo de Barros. *Curso de direito tributário*. 22ª edição. São Paulo: Editora Saraiva, 2010, p. 174-175)

Nas palavras de Kelsen:

> O Direito internacional, cujo reconhecimento por parte de um Estado é, do ponto de vista do primado da ordem jurídica estadual, pressuposto da sua validade em relação a esse Estado, e que, portanto, somente vale como parte integrante de uma ordem jurídica estadual, é, quanto ao conteúdo, o mesmo Direito internacional que, do ponto de vista do primado da ordem jurídica internacional, vale como uma ordem jurídica supraordenada a todas as ordens jurídicas estaduais, as quais seriam ordens delegadas daquela. A diferença entre as duas construções monistas das relações entre o Direito internacional e o Direito estadual respeita apenas ao fundamento da validade do Direito internacional, não ao seu conteúdo.[89]

Nesse sentido, "o Estado que reconhece o Direito internacional submete-se, por isso mesmo, ao Direito internacional",[90] tal como ordem supraestadual pela qual o Estado fica vinculado, não obstante o conteúdo normativo integrado ao Direito doméstico para o qual conflitos normativos endereçados, como os que compreendem ao método de interpretação, outorgam a prevalência ao Direito internacional ou, na expressão empregada por Kelsen, ao Direito estadual exterior.[91]

---

89. KELSEN, Hans. *Teoria pura do direito.* 7. ed. São Paulo: M. Fontes, 2006, p. 378.

90. "O Direito internacional, que forma uma parte integrante desta ordem jurídica estadual, determina, através do seu princípio da efetividade, o fundamento de validade de toda ordem jurídica estadual, tanto daquela que não é o ponto de partida da construção como também daquela que o é e que, por isso, tem o Direito internacional como sua parte integrante. Mas, neste último caso, ele - como parte integrante da ordem jurídica estadual em sentido lato - desempenha esta função com referência à ordem jurídica estadual em sentido estrito. Em consequência disso, a relação das duas partes constitutivas desta ordem jurídica estadual em sentido amplo não deve ser considerada como uma relação de coordenação, mas como relação de supra-infra-ordenação. A parte desta ordem jurídica estadual que representa o Direito internacional situa-se acima da parte que representa uma ordem jurídica estadual em sentido estrito. Figuradamente, exprime-se isso dizendo: o Estado que reconhece o Direito internacional submete-se, por isso mesmo, ao Direito internacional." (KELSEN, Hans. *Teoria pura do direito.* 7. ed. São Paulo: M. Fontes, 2006, p. 379).

91. "Contudo, se o Estado reconheceu o Direito internacional e este vale, por isso, em relação a este Estado, então vale da mesma forma como se vigorasse enquanto ordem jurídica supraestadual. E, sendo assim, vale a norma de Direito internacional segundo a qual os Estados ficam vinculados aos tratados por eles celebrados,

Atualmente, na doutrina brasileira, há o reconhecimento da primazia de uma concepção *monista moderada* para descrever o sistema brasileiro, de modo que as normas intercionais prevalecem em face dos conflitos com norma internas, o que inclui as prescrições relativas aos métodos de interpretação, bastando as lições de Luís Eduardo Schoueri,[92] Luís Roberto Barroso[93] e Sérgio André Rocha[94] para escudarem este ponto.

2.2.1.2 Os critérios da especialidade e da excepcionalidade

Sob o princípio da especialidade, cravado no brocardo latino *lex specialis derogat legi generali*, tal como prescrito no art. 2º, §2º, da Lei de Introdução às normas do Direito Brasileiro (Decreto-Lei nº 4.657/1942), parece perder a importância definir por qual concepção (se *monista* ou *dualista*) apresenta-se o fenômeno jurídico do Direito internacional vis-à-vis o Direito doméstico. Não somente, pois parece também não ter relevância se há primazia ou não do Direito internacional em relação ao Direito doméstico, como também se é ou não

---

qualquer que seja o conteúdo que eles deem às normas pacticiamente criadas. Nenhum conteúdo pode, segundo o Direito internacional, ser excluído de uma norma criada por tratado internacional com o fundamento de que é inconciliável com a natureza do Estado que celebra o tratado, especialmente com a sua soberania. O fato de a soberania do Estado não ser limitada por qualquer Direito internacional situado acima dele é perfeitamente conciliável com o fato de um Estado, pela circunstância de, por força da sua soberania, reconhecer o Direito internacional e, assim, o tornar parte constitutiva da ordem jurídica estadual, limitar ele próprio a sua soberania, ou seja, neste caso, a sua liberdade de ação, assumindo as obrigações estatuídas pelo Direito internacional geral e pelos tratados por ele concluídos." (KELSEN, Hans. *Teoria pura do direito.* 7. ed. São Paulo: M. Fontes, 2006, p. 382-383).

92. SCHOUERI, Luís Eduardo. *Planejamento fiscal através de acordos de bitributação (treaty shopping).* São Paulo: Ed. Revista dos Tribunais, 1995, p. 90-92.

93. "No Brasil não existe disposição constitucional a respeito do tema, o que tem suscitado críticas diversas. Não obstante, no que diz respeito ao conflito entre tratado internacional e norma interna *infraconstitucional*, a doutrina, como assinalamos pouco atrás, é amplamente majoritária no sentido do monismo jurídico, com primazia para o direito internacional." (BARROSO, Luís Roberto. *Interpretação e aplicação da Constituição.* 3. ed. São Paulo: Saraiva, 1999, p. 18).

94. ROCHA, Sergio André. *Interpretação dos tratados para evitar a dupla tributação.* São Paulo: Quartier Latin, 2013, p. 53.

compatível o art. 98 do CTN com a Constituição Federal de 1988,[95] ou até se haveria necessidade de sua existência no ordenamento jurídico brasileiro.[96]

Todos esses embates teóricos, segundo Gerd Willi Rothmann, no prefácio da obra de Sérgio André Rocha,[97] ficam

---

95. No que diz respeito à incompatibilidade do art. 98 do CTN com a Constituição, ver: ROCHA, Sergio André. *Interpretação dos tratados para evitar a dupla tributação*. São Paulo: Quartier Latin, 2013, p. 64-71.

96. "Assim, são demarcadas as duas funções do art. 98 do CTN: *recepção* sistêmica das normas convencionais e, quanto à *execução* destas, um comando comportamental – modalizado deonticamente como 'proibido' – destinado ao legislador ordinário, de veto a qualquer pretensão de alteração *in fieri*, por via unilateral, do que fora pactuado, nos termos do princípio *pacta sunt servanda intra pars* – o que confirma o princípio da *prevalência de aplicabilidade* das normas internacionais sobre o direito interno. Mas se ele (art. 98) não existisse, pelas características do sistema brasileiro, supradescritas, em nada se alteraria o mecanismo de recepção." (TORRES, Heleno Taveira. *Pluritributação internacional sobre as rendas de empresas*. São Paulo: Editora Revista dos Tribunais, 1997, p. 400).

97. "O fato de tanto Alberto Xavier como Heleno Torres defenderam a supremacia dos tratados internacionais mostra, claramente, que a dicotomia entre **monismo** e **dualismo** das ordens jurídicas, deixou de ser relevante. O monismo com primado do direito internacional leva ao mesmo resultado do dualismo de Heleno Tôrres, que não mais se caracteriza pela 'transformação' das convenções internacionais em lei interna com o mesmo conteúdo, mas pela sua **recepção** como norma de direito internacional. E, pela Constituição Federal, esta norma internacional tem a natureza de '***lex superior***', que prevalece sobre as leis internas. No momento em que se reconhece que o acordo internacional não é transformado em **lei interna**, mas continua sendo norma de Direito Internacional, a rigor torna-se irrelevante se o CTN lhe confere a posição de 'lex superior' ou não. Pois em caso de conflito com uma lei interna, pela especialidade da matéria objeto dos acordos internacionais, aplica-se o já mencionado princípio da 'lex specialis derogat legi priori'. Portanto, a primazia cabe ao acordo internacional. E mesmo sem o comando contido no artigo 98 do CTN, o acordo internacional não pode se revogado por lei interna posterior, mas somente por instrumento da mesma espécie, ou seja, como diz Alberto Xavier, por ato de competência conjunta do chefe do Estado e do Congresso Nacional. Daí podemos concluir que, no fundo, as discussões relativas ao dualismo e monismo jurídico, primazia do acordo internacional ou paridade com a lei interna, constitucionalidade ou não do Artigo 98 do CTN, praticamente passam a ser irrelevantes, em vista do procedimento de celebração dos tratados previsto na Constituição Federal, do qual decorre claramente que não há '**transformação**' mas **recepção** plena dos trados, que valem na ordem interna como **normas internacionais de natureza especial** e não como leis ordinárias federais. E, em assim sendo, as hipóteses de conflito entre estas duas ordens de normas são resolvidas pela aplicação dos princípios da especialidade e da competência legislativa, sem necessidade de recorrer ao princípio da 'lex superior'." (ROCHA, Sergio André. *Interpretação dos tratados para evi-*

debilitados ante o procedimento estabelecido na Constituição Federal para a qual os tratados celebrados são repecionados ao invés de transformados, passando a integrar o sistema do direito brasileiro como normas internacionais de natureza especial, não se confundindo, portanto, com leis ordinárias federais.

Ou seja, tendo em vista o fenômeno jurídico de recepcionamento do Direito internacional pelo Direito doméstico, não o desligando da ordem jurídica internacional e tampouco o transformando em um outro conjunto de normas, porquanto o toma como prescrições internacionais a serem executas, ante o ato do Presidente da República, conforme expõe Luís Eduardo Schoueri,[98] o debate do *dualismo vs. monismo* resta, ao que tudo indica, prejudicado.

A relação integrada do Direito internacional com o Direito doméstico, de forma a se valer sobre os fatos hipotéticos que lhe concernem a subsunção,[99] ao dispor, por convenção ou tratado internacional, a prescrição a ser executada, tornando todas as demais previstas, naquilo que lhe é especial ou excepcional regular, técnica ou sintaticamente ineficazes,[100] se preferir, funcionalmente

---

tar a dupla tributação. São Paulo: Quartier Latin, 2013, p. 14.).

98. "Apresentadas as teorias da 'transformação' e da 'adoção', concluímos que, no Brasil, o ato do Presidente da República, publicando o acordo de bitributação, é mera 'ordem de execução' e, deste modo, não desliga o acordo de bitributação da ordem internacional, de onde se originou." (SCHOUERI, Luís Eduardo. *Planejamento fiscal através de acordos de bitributação (treaty shopping)*. São Paulo: Ed. Revista dos Tribunais, 1995, p. 111).

99. "Desse modo, só é possível definir o regime tributário da imponibilidade de certo fato-evento (com elemento de estraneidade), ante o ordenamento, se o mesmo for identificado, localizado, qualificado e conectado com o respectivo sistema jurídico (integração interna) ou acordo internacional, cujas disposições se reportem àquele fato-evento." (TORRES, Heleno Taveira. *Pluritributação internacional sobre as rendas de empresas*. São Paulo: Editora Revista dos Tribunais, 1997, p. 81).

100. "Sob a rubrica de eficácia técnica vemos a condição que a regra de direito ostenta, no sentido de descrever acontecimentos que, uma vez ocorridos no plano do real-social, tenham o condão de irradiar efeitos jurídicos, já removidos os obstáculos que impediam tal propagação. Pode acontece que u´a norma válida assuma o inteiro teor de sua vigência, mas por falta de outras regras regulamentadoras, de igual ou inferior hierarquia, ou, pelo contrário, na hipótese de existir no ordenamento outra norma inibidora de sua incidência, não possa juridicizar o fato,

revogadas,[101] é muito bem ilustrada por Klaus Vogel na expressão de um estêncil ou máscara: o Direito internacional "cobre" aquela parte relativa à renúncia de poder do Estado, do Direito doméstico.[102] O que não for "coberto" continua aplicável.

Constata-se daí que não é relevante a ordem de aplicação das normas, uma vez que, ante a determinados fatos excepcionais a serem subsumidos, o resultado prescritivo de condutas intersubjetiva, se são domésticas ou internacionais, será o mesmo. Em sua obra, Luís Eduardo Schoueri expõe um debate entre Klaus Vogel e Helmut Debatin, em que aquele defende, em termos práticos, a prescindibilidade quanto à ordem de exame das normas de natureza internacional frente à doméstica, e este preserva a imposição lógica de se examinar primeiramente as normas de direito internacional, enquanto *lex specialis*. Veja-se:

> 13.8.1 Numa explicação figurativa bastante feliz, Vogel ensina que os acordos de bitributação servem como uma máscara,

---

inibindo-se a propagação de seus efeitos. Ou ainda, pensemos em normas que façam previsão de ocorrências factuais possíveis, mas, tendo em vista dificuldades de ordem material, inexistam condições para que se configure em linguagem a incidência jurídica. Em ambas as hipóteses teremos norma válida dotada de vigência plena, porém impossibilitada de atuar. Chamemos a isso de 'ineficácia técnica'." (CARVALHO, Paulo de Barros. *Direito tributário - linguagem e método*. 6ª ed. São Paulo: Noeses, 2015, p. 475). "Uma norma também se diz eficaz quando estão presentes certos requisitos técnicos. A dogmática supõe, nesse caso, a necessidade de enlaces entre diversas normas, sem os quais a norma não pode produzir seus efeitos. (...) Fala-se, então de eficácia ou ineficácia técnica. A exigência desses enlaces nos permite dizer que a eficácia técnica tem uma relevância sintática (relação de signo/signo, norma/norma)." (FERRAZ JUNIOR, Tercio Sampaio. *Introdução ao estudo do direito:* técnica, decisão, dominação. 4. ed. São Paulo: Atlas, 2003, p. 200).

101. "Mesmo nos parecendo desnecessário, é preciso dizer que não existe, neste procedimento supramencionado, uma revogação *stricto sensu* das normas que compõem o ordenamento interno em vigor; tal revogação opera-se apenas de modo funcional, para os fatos com elementos de estraneidade provocados por sujeitos residentes dos países signatários da respectiva convenção. Temos, na verdade, uma limitação da eficácia normativa, uma vez que tais normas internas se tornam relativamente inaplicáveis, como diz Xavier, com relação a certas pessoas, coisas ou situações, fáticas ou jurídicas." (TORRES, Heleno Taveira. *Pluritributação internacional sobre as rendas de empresas*. São Paulo: Editora Revista dos Tribunais, 1997, p. 401).

102. VOGEL, Klaus. *Klaus Vogel on Double Taxation Conventions*. Kluwer: London, 1999, p. 31-32.

> colocada sobre o direito interno, tapando determinadas partes deste. Os dispositivos do direito interno que continuarem visíveis (por corresponderem aos buracos recortados no cartão) são aplicáveis; os demais, não. Pouco interessa se a pesquisa se inicia a partir da máscara ou do texto, já que o resultado é o mesmo; logicamente inexiste qualquer preferência, devendo a pesquisa seguir, caso a caso, o caminho que for mais prático.
>
> 13.8.2 Helmut Debatin, sustentando que o direito interno serve de fundamento para o nascimento da obrigação tributária, enquanto os acordos de bitributação, enquanto lex specialis, servem para limitá-la, gera uma polêmica com Vogel, concluindo ser imposição lógica que primeiro se examine a lex specialis (os acordos). Somente depois de comprovado, a partir do acordo de bitributação, que o Estado Contratante teve preservado pelo acordo seu direito de tributar ou, nos termos como os acordos costumam dizer, os rendimentos "podem ser tributados", é que se deve examinar a lei interna, para ver se, efetivamente, ocorre a tributação.
>
> 13.8.3 Respondendo às críticas, Vogel esclarece que a questão da ordem da prova, i.e., se o início da pesquisa deve dar-se no direito interno ou no acordo de bitributação, não tem qualquer consequência prática, demonstrando, entretanto, que não há qualquer regra lógica que imponha um início pelos acordos nem pelo direito interno. Debatin publicou uma réplica que, por não trazer novos argumentos, não foi respondida por Vogel.[103]

Ato contínuo, é apresentado o posicionamento metodológico de Jörg Mafred Mössner, enaltecendo o critério da excpecionalidade quanto à aplicação do Direito internacional, o que dispensaria qualquer imposição lógica e cronológica quanto à ordem de, primeiramente examinar leis especiais (*lex specialis*), sob o critério da especialidade, dado que, como já dito, normas de Direito internacional seriam exceções dentro do Direito doméstico. Confira:

> 13.8.4 O tema voltou a ser tratado com cuidado por Mössner. Este autor, em rigor científico, alerta que no sentido restrito

---

103. SCHOUERI, Luís Eduardo. *Preços de transferência do direito tributário brasileiro.* São Paulo. Dialética, 1999, p. 168.

> da metodologia jurídica, não se pode falar que um acordo de bitributação seja lex specialis em relação à lei tributária interna. Uma norma só se coloca em relação de especialidade em relação à outra se apresentar uma hipótese de incidência completa, à qual acrescenta requisitos adicionais. As normas dos acordos de bitributação, entretanto, são incompletas, exigindo serem completadas por meio do direito interno. Materialmente, trata-se, pois, de normas de exceção a regras do direito nacional. Assim sendo, conclui Mössner no mesmo sentido de Vogel, que pouco interessa a ordem com que se enfoca a questão. Pode-se, assim, deixar de lado a regra de exceção se estiver evidente a situação fática não se enquadraria na regra geral. O caminho inverso, entretanto, também é viável. Evidencia-se, aqui, que a polêmica criada por Debatin perde o sentido quando se conclui que não se está diante de uma lei especial, mas de uma regra que excepciona a aplicação do direito interno.
>
> 13.8.5 Assim, é lícito ao jurista examinar o direito interno ou o acordo de bitributação, conforme o caso prático revelar mais fácil. Somente da (i) existência de uma norma de direito tributário interno, prevendo a incidência tributária no caso em análise e, cumulativamente, da (ii) ausência de norma de acordo de bitributação excluindo aquela tributação é que se pode concluir pelo nascimento da obrigação tributária no caso concreto.[104]

Não obstante o debate sobre os critérios da especialidade e da excepcionalidade, ao que parece, dando razão a Klaus Voguel, não há diferença alguma entre estes, exceto, talvez, quanto à facilidade de, reconhecido o fato individual e concreto, despender menos tempo no exame da sua subsunção às normas a serem aplicadas, como concluiu Luís Eduardo Schoueri.

Mas, em que pese existir a questão teórica acerca dos critérios da especialidade e da excepcionalidade, nada dessa reflexão prejudica ou levanta dúvida quanto ao emprego da CVDT nas relações entre Estados contratantes de acordos de bitributação, o que significa reconhecer: *(i)* o emprego dos termos jurídicos definidos na referida convenção internacional,

104. SCHOUERI, Luís Eduardo. *Preços de transferência do direito tributário brasileiro*. São Paulo. Dialética, 1999, p. 169.

quando incorporados ao Direito doméstico,[105] não os afetando *a priori* mudanças legislativas interna; e *(ii)* quando não definidos expressamente, então as evidências intrínsecas e extrínsecas em seu contexto conferirão, se suficientes forem, o significado jurídico sob questão.

O significados constantes do acordo de bitributação, portanto, enquanto expressões do Direito internacional, seja por especialidade ou excepcionalidade, prevalecem sobre os significados constantes do Direito doméstico, salvo se, resumidamente: *(i)* nenhum conceito foi contextualmente formado, obviamente quando não expressamente consignados, a exemplo dos termos "juros" ("*interest*") ou "*royalties*", no caso da CM-OCDE, ou *(ii)* a própria convenção expressamente reenvie[106] às normas internas a referida tarefa hermenêutica. Se o acordo de bitributação da CM-OCDE não define expressamente os significados de "contexto" ("*context*"), "lucros de

105. "Embora inicialmente tenha compreendido que os acordos de dupla tributação, assim que incorporados ao sistema jurídico brasileiro, deveriam ser interpretados conforme os arts. 107 a 112 do CTN, Gerd W. Rothmann reviu sua posição. Em seus últimos trabalhos, assume o professor que a ausência de transformação do acordo em Direito doméstico – que permanece como parte do Direito Internacional Público, tal como em sua origem – faz com que sejam aplicáveis exclusivamente os métodos de interpretação previstos neste, salvo exceção expressa no texto do acordo. (...) Ambas as conclusões de Gerd. W. Rothmann parecem partir da premissa de que os acordos de dupla tributação pertencem a duas ordens: *(i)* internacional, na qual há um acordo firmado entre dois ou mais Estados soberanos e; *(ii)* nacional, na qual o referido acordo é 'adotado', 'aprovado', 'incorporado' pelo respectivo Poder Legislativo interno. No Brasil, a incorporação do acordo internacional decorrente de sua promulgação por decreto presidencial o transformaria em lei e, ainda, 'superior às demais leis' devido ao seu caráter de *lex specialis*." (NETO, Luís Flávio. Direito Tributário Internacional: "Contextos" para Interpretação e Aplicação de Acordos de Bitributação – Série Doutrina Tributária Vol. XXI. São Paulo: Quartier Latin, 2018, p. 137).

106. "Para compreender como se dá o 'reenvio' no Direito Internacional privado, suponha-se, por exemplo, que a legislação doméstica de um Estado ('A') preveja que o Direito de herança sobre determinada propriedade será regido pela legislação atinente ao local do último domicílio do *de cujus*, no caso, um outro Estado ('B'). Seria necessário àquele Estado ('A'), então, analisar a legislação desse outro Estado ('B') para encontrar a solução. Se esse sistema jurídico estrangeiro ('B') possuísse a previsão de que o Direito de regência fosse daquele primeiro Estado ('A'), então esta seria aplicada." (NETO, Luís Flávio. *Direito tributário internacional*: "Contextos" para Interpretação e Aplicação de Acordos de Bitributação – Série Doutrina Tributária Vol. XXI. São Paulo: Quartier Latin, 2018, p. 142-143).

empresas" ("*business profit*") e "dividendos" ("*dividends*"), embora sejam signos presentes no seu corpo normativo, cujo significado não é expressamente reenviado ao Direito doméstico, resta para o presente trabalho perquirir todo o plexo de proposições prescritivas contempladas dentro do Direito internacional relativas à interpretação para defini-los, o que contempla as normas gerais previstas na CVDT.[107]

2.2.2 Significados de "contexto", "lucros de empresas" e "dividendos"

Os significados dos termos "lucros das empresas" e "dividendos" funcionam como qualificativos de signos presuntivos de riqueza, sem os quais não se vertem em linguagem jurídica os fatos do meio fenomênico a serem subsumidos às regras dos arts. 7 e 10 da CM-OCDE, respectivamente. Portanto, para construir a aplicação destas obrigações jurídicas, como também em especial as normas de tributação de lucros da controlada estrangeira e da controladora brasileira, antes é preciso definir *contextualmente* os significados com os quais se constituirão as hipóteses jurídicas em questão.

Acontece que, antes de tudo ainda, é preciso se ter uma definição do signo linguístico "contexto" presente no art. 3 da

---

107. "Pelo critério da especialidade, teriam precedência sobre o art. 3(2) da CM-OCDE, geralmente afastando a sua aplicabilidade: *(i)* cláusulas de interpretação autêntica de termos utilizados no texto da convenção, a exemplo do art. 11(3), em que se define o sentido a ser atribuído ao termo 'juros' ('*interest*'), ou do art. 12(2), que veicula a definição de '*royalties*'; *(ii)* cláusulas com remissão expressa ao Direito doméstico de um dos Estados contratantes, a exemplo do art. 4(1), que define a expressão 'residente de um Estado Contratante', do art. 6(2) que trata dos termos 'bens imóveis' e do art. 10(3), que cuida do termo 'dividendos', aos quais deve ser aplicado o sentido conforme a legislação do Estado contratante; *(iii)* cláusulas que não tratam do tema da interpretação, mas que requerem a aplicação do próprio Direito doméstico dos Estados contratantes, como por exemplo o art. 23 (A e B), que remete ao Direito doméstico a questão de como o crédito em relação ao imposto pago no outro Estado contratante será concedido. Ademais, é fundamental sublinhar que o próprio exercício de interpretação do art. 3(2) da CM-OCDE deve ser realizado necessariamente com base nas normas gerais da CVDT." (NETO, Luís Flávio. *Direito tributário internacional*: "Contextos" para Interpretação e Aplicação de Acordos de Bitributação – Série Doutrina Tributária Vol. XXI. São Paulo: Quartier Latin, 2018, p. 141).

CM-OCDE, isto é, compreender todo o seu alcance semântico para que se delimite as normas de Direito internacional envolvidas no processo de construção das normas tributárias do art. 7 e 10, e os correspondentes signos linguísticos "lucros das empresas" e "dividendos", do mencionado acordo de bitributação.

A respeito dos signos linguísticos, convém destacar que o semiólogo Ferdinand de Saussure lança mão de noções correlatas referentes à língua e à fala, de forma a associá-las dinamicamente por meio de eixos estruturantes do fenômeno da linguagem.[108] Dentre estes eixos estruturantes, destaca-se, para o propósito desta obra, o eixo *significante-significado* pelo qual os signos linguísticos, como "contexto", "lucros das empresas" e "dividendos" são estruturados.

Compreender o eixo *significante-significado* demanda que se parta da ideia segundo a qual a língua faz a unidade da linguagem,[109] uma vez que é constituída a partir de um conjunto de palavras articuladas cujas representações psíquicas no indivíduo vêm atrelar um sentido a uma imagem acústica socialmente instituída.[110] O sentido e a imagem acústica, por sua vez, são os fenômenos psíquicos constitutivos do signo

108. SAUSSURE, Ferdinand de. *Curso de linguística geral.* 34. ed. São Paulo: Cultrix, 2013, p. 26.

109. "Para atribuir à língua o primeiro lugar no estudo da linguagem, pode-se, enfim, fazer valer o argumento de que a faculdade – natural ou não – de articular palavras não se exerce senão com ajuda de instrumento criado e fornecido pela coletividade; não é, então, ilusório dizer que é a língua que faz unidade da linguagem" (SAUSSURE, Ferdinand de. *Curso de linguística geral.* 34. ed. São Paulo: Cultrix, 2013, p. 18).

110. "O signo linguístico une não uma coisa e uma palavra, mas um conceito e uma imagem acústica. Esta não é o som material, coisa puramente física, mas a impressão (*empreinte*) psíquica desse som, a representação que dele nos dá o testemunho de nossos sentidos; tal imagem é sensorial e, se chegamos a chama-la 'material', é somente neste sentido, e por oposição ao outro termo da associação, o conceito, geralmente mais abstrato. O caráter psíquico de nossas imagens acústicas aparece claramente quando observamos nossa própria linguagem. Sem movermos os lábios nem a linguagem, podemos falar conosco ou recitar mentalmente um poema. E porque as palavras da língua são para nós imagens acústicas, cumpre evitar falar dos 'fonemas' de que se compõem. Esse termo, que implica uma ideia de ação vocal, não pode convir senão à palavra falada, à realização da imagem interior no discurso." (SAUSSURE, Ferdinand de. *Curso de linguística geral.* 34. ed. São Paulo: Cultrix, 2013, p. 80).

linguístico, em que o sentido é o seu *significado* e a imagem acústica na mente, o seu *significante*[111]. Segue ilustração:

SIGNOS LINGUÍSTICOS

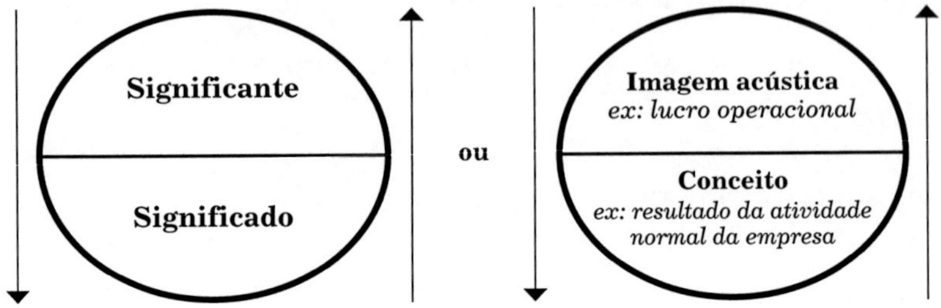

O direito, deste ponto de vista teórico, é um fenômeno da linguagem, resumidamente, é texto,[112] porquanto constituído mediante signos linguísticos com os quais o intérprete autêntico constrói os significados integrantes da norma jurídica, por intermédio do seu contato com um específico *suporte físico,* que é o conjunto de fenômenos intuídos, no campo psíquico, como signos jurídicos. O intérprete, nesse sentido, como veremos oportunamente, formula, na sua consciência, as palavras que são de natureza normativa, o que significa

111. "Segundo noção proposta por Saussure, o signo linguístico surge como um objeto que apresenta estreita unidade (como as duas faces de uma folha de papel) entre *significante* e *significado*: o signo linguístico une não uma coisa e uma palavra, mas um conceito e uma imagem acústica. O significado não é a coisa (o significado 'cão' não é o objeto real cão, estudado pela Zoologia); o significante não é a forma fônica do nome (a emissão vocal 'cão' estudada pela Fonética e passível de registro em aparelhos eletromagnéticos). O significante é a imagem da forma fônica, ao passo que o significado é uma imagem mental da coisa, a que pode ter relação onomasiológica com outros significados (tais como arbor, tree, baum, arbre, etc.)." (ECO, Umberto. *A estrutura ausente.* São Paulo: Perspectiva, 2013, p. 24).

112. "a prova palpável de que o direito é texto está em que todo ordenamento jurídico é suscetível de ser escrito, isto é, de ser convertido em palavras. Até mesmo as normas que não nascem escritas, aquelas que são consuetudinárias, têm essa característica. O direito é linguagem no sentido de que sua forma de expressão consubstancial é a linguagem verbalizada suscetível de ser escrita. Isto aparece especialmente no direito moderno, que já nasce escrito." (ROBLES, Gregorio. *O direito como texto.* São Paulo: Manole, 2005, p. 2)

serem tuteladas pelo Estado, e ao *falá-las,*[113] ou, se preferir, ao *enunciá-las,*[114] vem constituir, por meio de veículos injetores de normas – verdadeiros canais da mensagem prescritiva – o sistema comunicacional do Direito.[115]

Colocado esses termos, os signos linguísticos "contexto", "lucros" e "dividendos" são signos jurídicos contemplados no sistema do direito dos quais os arts. 3, 7 e 10 da CM-OCDE conferem o suporte físico para as suas representações no campo psíquico do agente competente. Então, para que se avance no terreno hermenêutico de construção das normas jurídicas dispostas nos acordos de bitributação da CM-OCDE, especialmente aquelas dirigidas para conduzir o recolhimento

113. O fenômeno da fala "é um ato individual de vontade e inteligência" (SAUSSURE, 2013) pela qual, no emprego da língua, se enuncia a linguagem no sistema de comunicação social, ou, no caso do Direito, a linguagem jurídica (a norma) no sistema do Direito. Não há, por isso, fala sem língua ou língua sem fala, uma vez que é por intermédio da introjeção psíquica do instituto da língua que se adquire a substância ou repertório para a atividade física da fala, e é através da fala que se cria, nas fissuras do sistema da língua, novos signos ou sentidos. Assim se dá o processo dialético entre língua e fala constitutivo da linguagem. Nas palavras de Paulo de Barros Carvalho: "Atrelados num processo dialético, não pode haver língua sem fala, e a recíproca é verdadeira. A dicotomia língua/fala, que Hjelmslev prefere substituir por esquema/uso e Jakobson por código/mensagem, é de grande relevância para a compreensão do assunto de que tratamos, de tal modo que podemos aceitar a proposição afirmativa segundo a qual a língua é, praticamente, a linguagem menos a fala, com o que R. Barthes nos indica a forma de abstração que permite alcançar o conceito de língua. Noções correlatas, *linguagem, língua* e *fala* são indissociáveis" (CARVALHO, Paulo de Barros. *Direito tributário* - linguagem e método. 6ª ed. São Paulo: Noeses, 2015, p. 32.)

114. "Como já repetimos em inúmeras passagens deste trabalho, separam-se os mundos do direito e da realidade social pela linguagem jurídica. O fato jurídico é resultado da incidência da linguagem normativa sobre a linguagem da realidade social, o que, como já vimos, só é possível por um ato de aplicação do direito, isto é, pela construção de uma nova linguagem jurídica. É certo que 'não há fato jurídico fora do sistema normativo'. Com base nestas premissas, a atividade de enunciação, considerada no tempo e no espaço de sua realização (processo), é um acontecimento da ordem social e ainda não jurídico. Com o seu fim, que culmina na publicação dos enunciados produzidos em canal credenciado pelo sistema (i.e. diário oficial, edital), surge a linguagem jurídica (produto)." (CARVALHO, Aurora Tomazini de. *Curso de teoria geral do direito – o constructivismo* lógico-semântico. 5ª ed. São Paulo: Noeses, p. 686).

115. CARVALHO, Paulo de Barros. *Direito tributário - linguagem e método.* 6ª ed. São Paulo: Noeses, 2015, p. 168-171.

tributário sobre os lucros e dividendos entre Estados contratantes, primeiramente se deve definir os significados dos referidos significantes jurídicos, de acordo com os parâmetros do Direito internacional integrado ao Direito brasileiro.

2.2.2.1 A norma jurídica do art. 3 do acordo de bitributação da CM-OCDE e o significado de "contexto"

Primeiramente, é preciso destacar que o presente trabalho se vale da CM-OCDE constante da 10ª edição da versão condensada de 2017,[116] enquanto modelo de tratado internacional a ser referência para os acordos de bitributação assinados pelo Brasil. Aliás, assim já é, pois, em que pese o Brasil não ser um integrante da OCDE, seus acordos, como já dito alhures, incorporam as estruturas dispostas nos acordos de bitributação da CM-OCDE.

Dito isso, existem inúmeras teorias a respeito do significado do termo "contexto" presente no art. 3(2) do acordo de bitributação da CM-OCDE. É preciso, então, ter em mente a posição que este signo jurídico "contexto" ocupa no texto da convenção internacional. Confira:

> 2. No que diz respeito à aplicação da Convenção a qualquer momento por um Estado Contratante, qualquer termo não definido na mesma, salvo se o contexto impor de outra forma ou as autoridades competentes concordarem com um significado diferente, em conformidade com as disposições do Artigo 25, terá o significado que tenha, naquele tempo, sob a lei desse Estado para os fins dos impostos aos quais a Convenção se aplica, qualquer significado

---

116. "This is the tenth edition of the condensed version of the publication entitled *Model Tax Convention on Income ando n Capital*, first published in 1992 and periodically update since then. This condensed version includes the texto f the Model Tax Convention as it read on 21 November 2017 after the adoption of the tenth update by the Council of the OECD. Historical notes included in Volume I of the full version and the background reports that are included in Volume II of the full version have not been reproduced in this version." (OECD (2017), Model Tax Convention on Income and on Capital: Condensed Version 2017, OECD Publishing, Paris, https://doi.org/10.1787/mtc_cond-2017-en, p. 3).

> sob as leis fiscais aplicáveis desse Estado prevalecendo o significado dado ao termo sob outras leis desse Estado. (tradução nossa)

Dada a maneira a qual o signo "contexto" está alocado na sentença, atribuindo a prevalência do contexto na construção dos significados jurídicos, deduz-se que, para os termos ou signos linguísticos não definidos no acordo de bitributação, o campo de significantes jurídicos com os quais o intérprete deve se confrontar para construir os significados presentes nas normas tributárias está, em ordem de investigação: *(i)* no contexto ou nos acordos amigáveis mutuamente estabelecidos, na forma do art. 25; ou *(ii)* nas leis do Estado contratante que aplica o acordo, na forma do mecanismo de reenvio ao Direito doméstico.

Mas qual o significado do signo jurídico "contexto" constante do art. 3(2) do acordo de bitributação da CM-OCDE? A resposta a essa pergunta pode ser desenvolvida sobre cinco teorias para as quais o sentido de "contexto" possui diferentes alcances. São elas: *(i)* a teoria do contexto exclusivamente intrínseco; *(ii)* a teoria da posição oficial do CAF-OCDE; *(iii)* a teoria da correlação do "contexto" com os comentários à CM-OCDE e demais documentos do CAF-OCDE; *(iv)* a teoria do "contexto" internacional amplo; *(v)* a teoria da cumulação dos "contextos" internacional e nacional; e *(vi)* a teoria funcional sobre o sentido ordinário contextualizado dos termos dos acordos de dupla tributação, a qual se adotará nesta obra. Diante dessas teorias, cabe alguns comentários sobre cada uma delas.

2.2.2.2 Teoria do contexto exclusivamente intrínseco

A teoria do contexto exclusivamente intrínseco, ao adotar a perspectiva do art. 31(2) da CVDT,[117] restringe o alcance se-

117. 2. Para os fins de interpretação de um tratado, o contexto compreenderá, além do texto, seu preâmbulo e anexos:
a) qualquer acordo relativo ao tratado e feito entre todas as partes em conexão com a conclusão do tratado;
b) qualquer instrumento estabelecido por uma ou várias partes em conexão com a conclusão do tratado e aceito pelas outras partes como instrumento relativo ao tratado.

mântico do signo linguístico "contexto" do acordo de bitributação da CM-OCDE às evidências intrínsecas encontradas no corpo do seu texto, preâmbulo e anexos, incluindo qualquer instrumento relativo ao acordo em conexão com a sua conclusão, seja estabelecido por todas as partes ou por uma ou várias partes e aceito pelas outras.

Dada essas condições, à medida que são excluídas as evidências extrínsecas do art. 31 da CVDT, ocorre uma identificação perfeita entre o signo linguístico "contexto" do art. 31(2) da CVDT e o signo linguístico "contexto" do art. 3(2) da CM-OCDE.[118]

2.2.2.3 Teoria da posição oficial do CAF-OCDE

A teoria da posição oficial do CAF-OCDE concerne ao princípio da reciprocidade, em que o sentido do signo "contexto" congrega tanto as intenções dos Estados contratantes ao assumirem o acordo de bitributação quanto o sentido conferido ao termo "contexto" no Direito doméstico dos mesmos.[119]

O contexto, nessas condições, faz menção às intenções recíprocas das partes, o que significa certo grau de subjetividade na produção de suas *evidências legais,*[120] como também

118. "A teoria do contexto exclusivamente intrínseco sustenta que apenas evidências intrínsecas ao texto do acordo de dupla tributação estariam sob o escopo do 'contexto': o seu texto, o conjunto de signos linguísticos que lhe são próximos, preâmbulo, anexos, qualquer acordo, instrumento relativo ao tratado e feito entre todas as partes em conexão com a sua conclusão. Sob tal perspectiva, o art. 31(2) da CVDT ditaria o sentido do 'contexto' referido no art. 3(2) da CM-OCDE, isolando-se de todas as demais evidências providas pelo parágrafo (3) desse dispositivo, bem como do art. 32 e 33 da CVDT. Pode-se observar que o critério da identidade do signo linguístico seria fundamental para sustentar tal teoria: o 'contexto' referido no art. 3(2) da CM-OCDE seria exclusivamente o 'contexto' definido no art. 31(2) da CVDT." (NETO, Luís Flávio. *Direito tributário Internacional:* "Contextos" para Interpretação e Aplicação de Acordos de Bitributação – Série Doutrina Tributária Vol. XXI. São Paulo: Quartier Latin, 2018, p. 161).

119. XAVIER, Alberto. *Direito tributário internacional do brasil.* Rio de Janeiro: Forense, 2010, p. 139.

120. "Evidência legal, no entanto, é tipicamente baseada em premissas que não são conclusivamente conhecidas como verdadeiras. Em vez disso, diz-se que elas têm peso probatório. Em evidência legal, o peso probatório é deslocado das premissas para a conclusão de uma inferência, desde que a inferência tenha uma certa forma

relega às autoridades fiscais uma medida significativa de discricionariedade em sua construção de sentido do que representa o "contexto" do art. 3(2) da CM-OCDE, compreendendo o sentido atribuído ao termo pelo Direito doméstico, sujeitando-o às mudanças legais deste sistema.[121]

2.2.2.4 Teoria da correlação do "contexto" com os comentários à CM-OCDE e demais documentos do CAF-OCDE

A teoria da correlação do "contexto" com os comentários à CM-OCDE e demais documentos do CAF-OCDE traz consigo uma dimensão de pragmatismo teórico, ou seja, a "verdade pelo resultado das coisas",[122] ao conceder um grau de juridicidade aos Comentário à CM-OCDE, tal como se fossem normas com força de serem tuteladas pelos Estados contratantes, uma vez que, levado a cabo, não raramente são empregadas por juízes na fundamentação de suas decisões.[123]

---

que seja estruturalmente correta. Em outras palavras, dizer que algo é evidência de alguma proposição é mais do que apenas dizer que há um argumento para isso. É dizer que há um argumento para isso, e que este argumento tem premissas plausíveis." (tradução nossa) (WALTON, Douglas. *Legal argumentation evidence.* Pennsylvania State Press: Pennsylvania, 2002, p. 206).

121. "O 'contexto', na perspectiva do CAF-OCDE, consistiria na intenção dos Estados contratantes com a celebração do acordo internacional e no sentido atribuído ao termo em questão no Direito doméstico dos Estados contratantes, como uma forma de referência implícita ao princípio da reciprocidade em que o acordo de dupla tributação se baseia. Essa também é a posição assumida por autores como Alberto Xavier. O CAF-OCDE assume como posição, ainda que o art. 3(2) da CM-OCDE atribuiria às autoridades fiscais certa discricionariedade ou *margem de manobra* em sua aplicação. Note-se que Roy Rohatgi abstrai dos referidos Comentários ao art. 3(2) da CM-OCDE que, diante das condições ali estabelecidas, os Estados não estariam autorizados a recorrer aos seus respectivos sistemas jurídicos domésticos sem uma prévia investigação quanto ao sentido do termo em questão no sistema jurídico do outro Estado contratante, o que se mostraria como uma salvaguarda ao permanente cumprimento da convenção com boa-fé. De outra forma, observa o autor indiano, mudanças no sistema jurídico interno de um dos Estados contratantes poderiam tornar o acordo bilateral inoperante." (NETO, Luís Flávio. *Direito tributário internacional:* "Contextos" para Interpretação e Aplicação de Acordos de Bitributação – Série Doutrina Tributária Vol. XXI. São Paulo: Quartier Latin, 2018, p. 167).

122. MAQUIAVEL, Nicolau. *O príncipe/Escritos políticos*. São Paulo: Nova Cultural, 2004, p. 99.

123. NETO, Luís Flávio. *Direito tributário internacional:* "Contextos" para Interpretação

2.2.2.5 *Teoria do "contexto" internacional amplo*

De outra forma apresenta-se a teoria do "contexto" internacional amplo, em que o significado de "contexto" do art. 3(2) da CM-OCDE amplia-se para incluir semanticamente o contexto intrínseco ("*internal context*") e o contexto extrínseco ("*external context*"), estendendo o significado do signo linguístico "contexto" do acordo de bitributação.[124] de tal sorte a encobrir todas as proposições prescritivas compreendidas nos arts. 31, 32 e 33 da CVDT responsáveis pelo método de interpretação de tratados. Sob essa teoria, o signo linguístico "contexto" do art. 3(2) da CM-OCDE, ao adotar evidências tanto intrínsecas quanto extrínsecas, vem contrastar, na sua amplitude semântica, do signo linguístico "contexto" do art. 31(2) da CVDT, eis que este se limita às evidências intrínsecas.[125]

---

e Aplicação de Acordos de Bitributação – Série Doutrina Tributária Vol. XXI. São Paulo: Quartier Latin, 2018, p. 169.

124. VOGEL, Klaus. *Klaus Vogel on Double Taxation Conventions*. Kluwer: London, 1999, p. 214-215.

125. "(...) o 'contexto', tal como referido no art. 3(2) da CM-OCDE, seria amplo o suficiente para abarcar o contexto intrínseco, o contexto extrínseco primário e o contexto extrínseco secundário, relacionados nos arts. 31, 32 e 33 da CVDT. (...) Geralmente, a amplitude do 'contexto' sustentada por essa corrente não extravasa a CVDT, nem o limita a qualquer dos elementos dispostos nos diversos enunciados dos arts. 31 a 33 daquele tratado multilateral. Para o autor da passagem em epígrafe, não fosse assim a CM-OCDE o limitaria de um modo contrário à própria CVDT. Nessa linha, Luc De Broe aponta que o termo 'contexto' referido no art. 3(2) da CM-OCDE não se presta aos mesmos propósitos do 'contexto' aludido no art. 31(2) da CVDT, bem como teriam dimensões bastantes distintas: enquanto este se limitaria ao contexto intrínseco ('*internal context*'), aquele primeiro comportaria tanto o contexto intrínseco ('*internal context*') quanto o contexto extrínseco ('*external context*'). (...) Como as cláusulas do 'contexto' e do reenvio seriam alternativas, o 'contexto compreenderia quaisquer evidências de que o sentido provido pelo Direito doméstico não seria consistente com o acordo de dupla tributação, bem como evidências que demonstrassem qual sentido, então, seria o mais adequado. Sob tal perspectiva, a norma especial de interpretação veiculada pelo art. 3(2) da CM-OCDE estabeleceria duas fontes de sentidos distintas e bem definidas: o contexto e o Direito doméstico dos Estados contratantes." (NETO, Luís Flávio. *Direito tributário internacional*: "Contextos" para Interpretação e Aplicação de Acordos de Bitributação – Série Doutrina Tributária Vol. XXI. São Paulo: Quartier Latin, 2018, p. 171-172).

2.2.2.6 Teoria da cumulação dos "contextos" internacional e nacional

Aliado à teoria do "contexto" internacional amplo, isto é, além da adoção de todo o método de interpretação de tratados da CVDT, o que significa procurar evidências intrínsecas (art. 31(2)) e extrínsecas (art. 31(3), 32 e 33), o agente competente ou intérprete autêntico ainda se serviria do suporte físico oferecido por conta do Direito doméstico, aumentando assim o repertório de signos jurídicos com os quais construirá os significados não definidos expressamente no acordo de bitributação, para a aplicação das suas normas tributárias.

Então, o agente competente abarca no seu campo cognitivo de significação dos termos jurídicos não somente o método de interpretação do Direito internacional disposto nos arts. 31, 32 e 33 da CVDT, mas também o conjunto de normas constantes do Direito doméstico, para a construção da norma tributária relativa ao acordo de bitributação da CM-OCDE.[126]

2.2.2.7 Teoria funcional sobre o sentido ordinário contextualizado dos termos dos acordos de dupla tributação

A teoria funcional sobre o sentido ordinário contextualizado dos termos dos acordos de bitributação segue a linha exposta e defendida por Luís Flávio Neto, na obra "Direito Tributário Internacional: 'Contextos' para Interpretação e Aplicação

---

126. "Por essa teoria, às evidências acolhidas pela teoria do *contexto internacional amplo* deveriam ser somadas outras mais provenientes do Direito doméstico dos Estados contratantes. Sob essa perspectiva, considera-se que o intérprete real está livre em sua atividade cognitiva e, como tal, certamente acessaria ao menos o seu sistema jurídico doméstico à procura de sentidos para os termos não definidos em um acordo de dupla tributação. Ou seja: ao mesmo tempo em que o intérprete voltaria os seus olhos para as suas normas domésticas à procura de significações, simultaneamente recorreria ao Direito Internacional, em uma análise conjunta. Como forma de justificar essa postura, argumentar-se-ia que o 'contexto' em que o operador do Direito Tributário Internacional está imerso para a colheita de elementos que o auxiliem na composição de sentido de termos insertos em acordos de dupla tributação não está limitado pela CVDT." (NETO, Luís Flávio. *Direito tributário internacional:* "Contextos" para Interpretação e Aplicação de Acordos de Bitributação – Série Doutrina Tributária Vol. XXI. São Paulo: Quartier Latin, 2018, p. 178).

de Acordos de Bitributação", cujo significado de "contexto" constrói-se sobre três formulações: *(i)* formulação funcional; *(ii)* formulação constitutiva e *(iii)* formulação diferencial.[127]

A partir dessas formulações, conclui-se que, embora tenham o mesmo significante, o significado do signo "contexto" do art. 3(2) da CM-OCDE concebe uma amplitude semântica ainda maior do que o significado do signo "contexto" do art. 31(2) da CVDT. Aliás, o signo linguístico "contexto" da CM-OCDE transborda, no seu significado, as evidências exclusivamente intrínsecas, sendo que estas perfazem o significado do signo "contexto" da CVDT. O signo "contexto" da CM-OCDE, em última análise, tal como na teoria do "contexto" internacional amplo, alcança o contexto intrínseco e o contexto extrínseco, o que significa contemplar uma amplitude semântica que se estende até as regras de interpretação dos arts. 31, 32 e 33 da CVDT.

A propósito, o dever incumbido ao intérprete de perscrutar o conjunto de normas constitutivas do Direito internacional como um amplo contexto a ser considerado na construção de sentidos jurídicos presentes nas convenções internacionais pode ser encontrado nos julgados da Corte Internacional de Justiça (CIJ), a exemplo do julgado, na década de 1950, sobre o tratado referente ao direito de passagem entre Portugal e Índia. Nas palavras do Juiz Helge Klaestad:

> Por envolver a interpretação de um tratado, ele se refere a uma questão de direito internacional. O Governo de Portugal invoca ainda uma Convenção de 1785 celebrada com o governante Mahratha. Por esta Convenção, foi estabelecido que Portugal era obrigado a reprimir qualquer rebelião que pudesse irromper nos enclaves. Argumenta-se que esta disposição pressupõe o acesso de Portugal aos enclaves, afirmando assim o seu direito de passagem sobre o território Mahratha. Se esta opinião é ou não justificada pode depender de uma interpretação desta Convenção

127. NETO, Luís Flávio. *Direito tributário internacional*: "Contextos" para Interpretação e Aplicação de Acordos de Bitributação – Série Doutrina Tributária Vol. XXI. São Paulo: Quartier Latin, 2018, p. 204.

> e, consequentemente, se relacionar com uma questão de direito internacional.[128] (tradução nossa)

Se a interpretação jurídica dos tratados internacionais é uma questão de envolvimento com o Direito internacional, então o intérprete, quando diante de termos não definidos em acordo de bitributação, deve lançar mão do método de interpretação da CVDT e, à vista disso, envolver todos os signos jurídicos compreendidos como evidências intrínsecas e extrínsecas para a construção de sentidos contextualizados ("*ordinary meaning*"), resguardada as hipóteses em que os Estados contratantes definem um método de interpretação especial para a construção de suas normas tributárias.[129]

Entretanto, distinguindo-se da teoria do "contexto" internacional amplo, a teoria funcional sobre o sentido ordinário contextualizado leva em consideração tanto os arts. 31, 32 e 33 da CVDT como também a especificidade da cláusula de reenvio ao Direito doméstico presente no art. 3(2) dos acordos de bitributação da CM-OCDE. Sendo o objetivo da convenção internacional a interpretação harmônica dos signos jurídicos entre os Estados contratantes sem a qual não se atinge o seu propósito, a lembrar, dentre outros motivos, obstar a bitributação, a mencionada teoria formula, como foi dito, fatores de funcionalidade, constituição e diferenciação do signo "contexto" do art. 3(2) da CM-OCDE.

O signo "contexto", sob as formulações de funcionalidade, constituição e diferenciação, define-se como um repertório constitutivo de evidência legal mediante a qual é capaz de estruturar, no campo da enunciação da norma, os argumentos dirigidos à significação dos termos do acordo de bitributação, de tal sorte a promover funcionalmente, entre os Estados

---

128. Disponível em: https://www.icj-cij.org/files/case-related/32/032-19571126-JUD--01-02-EN.pdf Acesso em: 13 fev. 2019.

129. NETO, Luís Flávio. *Direito tributário internacional:* "Contextos" para Interpretação e Aplicação de Acordos de Bitributação – Série Doutrina Tributária Vol. XXI. São Paulo: Quartier Latin, 2018, p. 204-205.

contratantes, o efeito útil do Direito internacional, bem como da sua interpretação harmônica, observada as normas de Direito doméstico de importância fundamental.[130] Confira a ilustração:

SIGNO LINGUÍSTICO "CONTEXTO" DA CM-OCDE

A formulação diferencial reside justamente no fato do signo "contexto" diferenciar-se *(i)* do signo "contexto" do art. 31(2) da CVDT, com o qual se identifica, mas não se limita; *(ii)* do Direito doméstico dos Estados contratantes, cujo emprego está adstrito à inoperância de um sentido ser contextualmente construído e *(iii)* de compreensões liberais ou extensivas do Direito internacional.[131]

130. "Em síntese, o 'contexto' referido no art. 3(2) da CM-OCDE, adotado ao longo deste livro, será considerado como 'repertório', 'acervo', 'conjunto', 'coleção' de evidências (formulação constitutiva) capazes de servir de argumento quanto ao sentido contextualizado dos termos dos acordos de dupla tributação, de modo a promover o efeito útil e a interpretação harmônica deste, com a observância das normas de fundamental importância de ambos os Estados contratantes (formulação funcional), que não se confunde com os elementos indicados pela formulação diferencial aduzida no parágrafo anterior." (NETO, Luís Flávio. *Direito tributário internacional:* "Contextos" para Interpretação e Aplicação de Acordos de Bitributação – Série Doutrina Tributária Vol. XXI. São Paulo: Quartier Latin, 2018, p. 209).

131. NETO, Luís Flávio. *Direito tributário internacional*: "Contextos" para Interpretação e Aplicação de Acordos de Bitributação – Série Doutrina Tributária Vol. XXI. São Paulo: Quartier Latin, 2018, p. 208-209.

Entretanto, visto que a pedra de toque do que se apresenta como "contexto" é a evidência legal por que argumentos estruturam o sentido contextualizado ("*ordinary meaning*") dos termos inscritos nos acordos de bitributação,[132] então o signo linguístico "evidências" reclama igualmente uma definição que, a começar por critérios de reconhecimento do intérprete, confira o êxito na tarefa de identificação do sentido de "contexto", nos casos individuais e concretos. Dito isso, ainda na esteira das lições de Luís Flavio Neto, os critérios de reconhecimento das evidências a serem operados pelo intérprete na busca de um sentido comum entre Estados contratantes são estabelecidos nas suas expressões *(i)* formal, *(ii)* funcional e *(iii)* material, como se verá doravante.

---

132. É conhecida as defesas de Chaïm Perelman com relação ao uso do que ele chamou de argumentação racional, na formação de uma linguagem a base de evidências para o seu emprego intersubjetivo: "Assim é que, a propósito da evidência como critério de verdade e fundamento do conhecimento, surgiu o problema da definição e, de um modo mais geral, o da linguagem. Se queremos evitar as dificuldades disso resultantes e, de modo mais particular, a obrigação de definir um após o outro todos os termos introduzidos, cumpre que o fundamento de toda evidência se encontre numa intuição de naturezas, de ideias ou de termos simples, indefiníveis, em que signo e significado se corresponda sem erro e sem ambiguidade. (...) Em vez de separarmos, no domínio da prova, a evidência do sujeito que a prova e a razão das outras faculdades do indivíduo, propomos, quanto a nós, uma concepção da argumentação racional, que, por comprometer tanto o homem que a elabora quanto aquele que a admite, pode, por esse motivo, ser submetida ao imperativo categórico de Kant; deveríamos admitir e propor à adesão alheia apenas enunciados e meios de provas que possam, perante o juiz que somos, ao mesmo tempo valer sempre no ponto de vista de uma universalidade dos espíritos. Somos juízes do valor, da força e da pertinência dos argumentos e somos guiados em nosso juízo pelos argumentos que nos pareceram convincentes no passado e pela regra de justiça que exige de nós que tratemos da mesma forma situações que nos parecem essencialmente idênticas. Essas regras que guiam assim a nossa argumentação não bastam, a maior parte do tempo, para eliminar qualquer discussão e qualquer desacordo. Mas, à mingua de um critério absoluto e impessoal, fornecido pela evidência e pela prova fundamentada na evidência, podemos justificar nossas decisões na área da ação e do pensamento mediante argumentações que não são mecânicas nem coercitivas, e que são garantidas, em última instância, pela solidariedade que seu emprego e sua avaliação estabelecem com a pessoa de quem as constrói e de quem lhes concede a adesão: a responsabilidade do homem participante é, como sempre, o corolário de sua liberdade." (PERELMAN, Chaïm. *Retóricas*. São Paulo: Martins Fontes, 1997, p. 155-165).

2.2.2.8 Critérios formais, funcionais e materiais de reconhecimento das evidências

Como já dito, citando Douglas Walton, as evidências legais são, em última análise, o resultado de premissas plausíveis, razão esta que as faz contarem com um peso probatório na conclusão de suas inferências. De acordo com os parâmetros da CVDT, no que tange ao método de construção de um sentido contextualizado dos signos linguísticos em tratados internacionais, os arts. 31, 32 e 33 prescrevem, enquanto manifestações da boa-fé para o entendimento comum entre Estados contratantes à luz da finalidade do instrumento (31(1)), duas espécies de evidência legal: *(i)* as evidências intrínsecas (art. 31(1) e (2)); e *(ii)* as evidências extrínsecas, (arts. 31(3), 32 e 33).[133]

No seu voto como conselheiro do CARF, no caso *Petrobras* (Processo nº 11052.000921/201063), Luís Flávio Neto, perante a Câmara Superior de Recursos Fiscais, confere um bom resumo ao definir três fontes provedoras de evidências presentes nos arts. 31 a 33 da CVDT, das quais se constroem os sentidos dos termos em acordos de bitributação. Nas palavras dele:

> Para levar a termo essa interpretação conforme o "contexto" dos acordos de bitributação, ao menos três fontes provedoras de evidências quanto aos sentido [sic] de seus termos devem ser consultadas.
>
> **- contexto intrínseco:** deve ser investigado o texto do acordo de bitributação, seu preâmbulo e anexos, documentos elaborados em conexão com o tratado, protocolos e acordos posteriores celebrados pelos Estados contratantes. Para tanto, podem ser adotadas expedientes tais como métodos de análise sintática e semântica, a interpretação do texto do acordo como um todo, testes comparativos da função e do sentido dos termos no acordo de dupla

133. "O art. 31(1) aponta que os tratados devem ser interpretados de boa-fé e segundo o *sentido contextualizado* (sentido consentido, 'sentido comum', '*ordinary meaning*') atribuível aos termos em seu *contexto*, à luz de seu objetivo e finalidade. Os demais enunciados indicam quais elementos podem ser acessados pelo intérprete para a construção do referido *sentido contextualizado*. No caso, o art. 31 (2) faz referência às *evidências intrínsecas* quanto ao *sentido contextualizado* dos termos adotados em acordos internacionais, enquanto os arts. 31 (3), 32 e 33 trazem referências a *evidências extrínsecas*." (NETO, Luís Flávio. *Direito tributário internacional:* "Contextos" para Interpretação e Aplicação de Acordos de Bitributação – Série Doutrina Tributária Vol. XXI. São Paulo: Quartier Latin, 2018, p. 106).

tributação como um todo, a identificação dos objetivos e propósitos do acordo a partir de detalhes de cada uma de suas partes;

- **contexto extrínseco primário:** deve ser investigada a existência de procedimentos amigáveis, dos chamados *parallel treaties* e, ainda, de práticas adotadas pelos Estados por meio de suas autoridades administrativas, judiciárias e legislativas;

- **contexto extrínseco secundário:** deve ser investigada a existência de decisões de Cortes nacionais de terceiros Estados, doutrina dos publicitas mais qualificados das diferentes Nações, Convenção Modelo da OCDE e os seus respectivos Comentários, trabalhos preparatórios, atos unilaterais quanto à intenção dos Estados contratantes e circunstâncias relacionadas à conclusão da convenção fiscal.

As fontes provedoras de evidências intrínsecas e extrínsecas, portanto, contemplam todas as situações prescritas nos arts. 31, 32 e 33 da CVDT, a saber: *(i)* as evidências intrínsecas do art. 31(1) e (2); *(ii)* as evidências extrínsecas primárias do art. 31(3), "b" e "c"; e *(iii)* as evidências extrínsecas secundárias dos arts. 32 e 33. Todavia, as evidências intrínsecas e extrínsecas demandam critérios de reconhecimento sem os quais há uma ampla abertura no método de interpretação que, levada a cabo, é prejudicial ao entendimento comum quanto ao objetivo e à finalidade do acordo de bitributação. Sendo assim, Luís Flavio Neto apresenta, para essa tarefa hermenêutica, os critérios formal, funcional e material de identificação das evidências legais, de forma que se assegure um mínimo de segurança jurídica para o qual o intérprete deve-se voltar ao apresentar argumentos que fundamentem os significados contextuais de termos constantes dos tratados internacionais.

O critério formal destina-se a identificar, na sua essência, a legitimidade do consentimento do Estado contratante. Ao renunciar parte de seu poder de tributar com o propósito de estabelecer relações de bitributação, o consentimento manifestado de um Estado, na forma do art. 11 da CVDT, é não somente a fonte[134] do Direito internacional ("*pacta sunt*

---

134. "Por *fontes do direito* havemos de compreender os focos ejetores de regras jurídicas, isto é, os órgãos habilitados pelo sistema para produzirem normas, numa organização escalonada, bem como a própria atividade desenvolvida por esses entendes, tendo em vista a criação de normas. Significa dizer, por outros torneios, que

servanda"),[135] mas também o fundamento para que se investigue a legitimidade da renúncia vis-à-vis as normas de importância fundamental do seu Direito doméstico, como se observa do art. 46 da CVDT.[136] Desta forma, o critério formal de reconhecimento das evidências, dito de outra forma, critério de reconhecimento da fonte jurídica, relaciona-se com processos de identificação dos procedimentos legais de enunciação das normas jurídicas, no plexo normativo do Direito internacional, como também da conciliação destas em relação às normas internas de fundamental importância ou de mais altos vetores axiológicos,[137] no conjunto normativo do Direito doméstico.[138]

---

não basta a existência do órgão, devidamente constituído, tornando-se necessária sua atividade segundo as regras aqui previstas no ordenamento. E órgão credenciado para legislar, entrando em movimentação, dá ensejo ao acontecimento de um facto. Eis a fonte de que promana o direito." (CARVALHO, Paulo de Barros. *Curso de direito tributário*. 22ª edição. São Paulo: Editora Saraiva, 2010, p. 79).

135. "O próprio princípio 'pacta sunt servanda', contudo, não é absoluto, admitindo exceções impostas por normas cogentes do Direito Internacional (*jus cogens*), bem como por normas de fundamental importância de cada Estado contratante, já que tratados firmados pelos Estados em afronta a tal conjunto de normas não seriam reconhecidos juridicamente. Apoiado na ideia de soberania, o consentimento seria um dos fatores mais importantes – senão o único necessário – para vincular dois Estados por meio de um acordo internacional, como se observa do art. 11 da CVDT. Enquanto em um sistema jurídico doméstico a Constituição assume o papel de fonte formal, o seu substitutivo no Direito Internacional seria o consentimento dos Estados." (NETO, Luís Flávio. *Direito tributário internacional:* "Contextos" para Interpretação e Aplicação de Acordos de Bitributação – Série Doutrina Tributária Vol. XXI. São Paulo: Quartier Latin, 2018, p. 216)

136. NETO, Luís Flávio. *Direito tributário internacional:* "Contextos" para Interpretação e Aplicação de Acordos de Bitributação – Série Doutrina Tributária Vol. XXI. São Paulo: Quartier Latin, 2018, p. 119.

137. "Tudo isso, porém, não nos impede de declarar que conhecer o direito é, em última análise, compreendê-lo, interpretá-lo, *construindo* o conteúdo, sentido e alcance da comunicação legislada. Tal empresa, que nada tem de singela, como vimos, requer o envolvimento do exegeta com as proporções inteiras do todo sistemático, incursionando pelos escalões mais altos e de lá regressando com os vetores axiológicos ditados por juízos que chamamos de *princípios*." (CARVALHO, Paulo de Barros. *Curso de direito tributário*. 22ª edição. São Paulo: Editora Saraiva, 2010, p. 145).

138. "No que se refere à interpretação, incluímo-nos entre aqueles que julgam que os acordos de bitributação devem ser aplicados segundo as regras válidas no direito internacional público. O único limite ao emprego de tais normas é o imposto pelo

Ao critério funcional, no que lhe concerne, cabe o reconhecimento pelo intérprete das evidências referentes à dimensão teleológica do critério formal, que é: *(i)* promover um efeito útil ao Direito internacional integrado, na forma de tratado, e; *(ii)* proporcionar uma interpretação harmônica entre os Direitos domésticos dos Estados contratantes, sem a qual não se alcança a utilidade do referido instrumento. Isso porque, se a fonte jurídica dos acordos de bitributação está no consentimento de renunciar parte do exercício de soberania, propiciando desta maneira a repartição de receitas tributárias entre Estados contratantes,[139] uma expressão incontestável de vínculos obrigacionais forjados sob os princípios axiológicos da boa-fé[140] e "*pacta sunt servanda*" (CVDT, art. 31(1)),

---

respeito à Constituição, cujas normas devem ser respeitadas pelo aplicador da lei, ainda que este se valha do direito internacional. (...) O recurso às normas do direito interno, para a interpretação dos tratados internacionais, em complementação àquelas do Direito Internacional é, aliás, também defendido por Wengler (1964/365), que propõe que se deve procurar uma interpretação que concilie os princípios do direito internacional, com aqueles do direito interno." (SCHOUERI, Luís Eduardo. *Planejamento fiscal através de acordos de bitributação (treaty shopping).* São Paulo: Ed. Revista dos Tribunais, 1995, p. 37).

139. "Como já deixamos registrado em outra oportunidade, temos que a principal finalidade de uma CDTR, ao concretizar o dito princípio da não bitributação, é a repartição de receitas tributárias entre os países contratantes, já que este parece ser o único dos propósitos que não pode ser alcançado mediante a adoção de medidas unilaterais por parte dos Estados." (ROCHA, Sergio André. *Interpretação dos tratados para evitar a dupla tributação.* São Paulo: Quartier Latin, 2013, p. 53, p. 78).

140. "O reconhecimento do princípio da boa-fé, no direito internacional público já é antigo. Já em Bynershoek, em seu *Questionum iuris publici libri duo*, Verdross e Simma (1976/61) encontraram o reconhecimento de que se for desconsiderado o princípio da boa-fé, estar-se-á destruindo, igualmente, o direito internacional. Para Verdross e Simma (1976/61), o princípio da boa-fé (*Treu und Glauben*) é a própria base do direito internacional público, já que a comunidade internacional não se estabeleceu com base em uma relação de dominação (*Herrschaftsverband*), mas num desejo comum de cooperação (*auf dem einvernehmlichen Zusammenwirken der Staaten*). Do mesmo, Cheng (1953/124) se manifesta no sentido de que o princípio da boa-fé se estende às relações contratuais do Estado, enquanto uma limitação geral ao exercício de seus direitos. Tal reconhecimento pela Doutrina, da existência do princípio da boa-fé, no Direito internacional Público, foi corroborado pela Convenção de Viena, cujo art. 31 (1), acima transcrito, impõe a consideração da boa-fé, na interpretação dos tratados interacionais." (SCHOUERI, Luís Eduardo. *Planejamento fiscal através de acordos de bitributação (treaty shopping).* São Paulo: Ed. Revista dos Tribunais, 1995, p. 124-125).

enquanto *mandamentos de otimização*,[141] na expressão de Robert Alexi, então o propósito dessa atividade de integração do Direito internacional ao Direito doméstico são necessariamente evidências extrínsecas ao sentido contextualizado. Ante, pois, um termo em acordo de bitributação não definido expressamente, o efeito útil do instrumento, que é a *raison* d´être do consentimento entre os Estados contratantes, bem como a harmonia decisória,[142] pela qual o efeito útil é atingido, são as evidências legais a serem reconhecidas ou identificadas no campo do entendimento comum. Não sem motivos o Parecer PGFN/CAT nº 2.636/2013, no direito brasileiro, defende o dever do intérprete de buscar o significado aos termos que se prestem à "máxima efetividade possível"[143] do acordo de bitributação, em menção clara ao critério funcional de identificação das evidências legais.

Finalmente, o critério material, que por seu turno diz respeito à necessidade de reconhecimento da plausibilidade com o qual se estrutura as premissas constitutivas das evidências. Em outras palavras, o critério material reside na identificação da plausibilidade de uma evidência quanto ao sentido contextual dos termos em acordos de bitributação, não se esquecendo de que, nas lições de Douglas Walton e Luís Flávio Neto,

---

141. "O ponto decisivo na distinção entre regras e princípios é que *princípios* são normas que ordenam que algo seja realizado na maior medida possível dentro das possibilidades jurídicas e fáticas existente. Princípios são, por conseguinte, mandamentos de otimização, que são caracterizados por poderem ser satisfeitos em graus variados e pelo fato de que a medida devida de sua satisfação não depende somente das possibilidades fáticas, mas também das possibilidades jurídicas." (ALEXY, Robert. *Teoria dos direitos fundamentais*. 2. ed. São Paulo: Malheiros, 2017, p. 90).

142. "13.15.8 O acordo de bitributação, já se disse, interpreta-se de acordo com as normas internacionais. Estas, por sua vez, levam à finalidade do acordo o que implica, em última análise, harmonia decisória." (SCHOUERI, Luís Eduardo. *Preços de transferência do direito tributário brasileiro*. São Paulo. Dialética, 1999, p. 181).

143. "É de se considerar, também, que os países signatários devem conferir aos termos pactuados a máxima efetividade possível, desde que adequados, no caso do Brasil, aos nossos ditames constitucionais." Parecer PGFN/CAT nº 2363 /2013. Disponível em: http://dados.pgfn.fazenda.gov.br/dataset/pareceres/resource/23632013 Acesso em: 24 jul. 2020.

a plausibilidade da premissa do argumento equivale ao seu peso probatório.[144]

Diante desses critérios, é possível, desde já, identificá-los pela maneira com a qual decisões judiciais são fundamentadas, ao passo que fundamentam, por exemplo, em evidências extrínsecas, como as evidências legais do efeito útil (critério funcional) ou da plausibilidade (critério material), definindo o conteúdo semântico de signos linguísticos inscritos em acordos de bitributação, cujos significados, por não se apresentarem expressamente definidos, dirigem-se ao "contexto" do art. 3(2) da CM-OCDE, a exemplo dos signos "lucros de empresas" (CM-OCDE, art. 7º) e "dividendos" (CM-OCDE, art. 10).

2.2.2.9 A norma jurídica do art. 7 do acordo de bitributação da CM-OCDE e o significado de "lucros de empresas"

O significado de "lucros de empresas", enquanto signo linguístico do Direito internacional, não se apresenta expressamente a partir do contato com o acordo de bitributação da CM-OCDE, o que se impõe ao intérprete a tarefa hermenêutica de, para construí-lo contextualmente, nos termos do art. 3(2), reconhecer os critérios que imprimam as evidências legais de seu sentido. Veja-se:

> **ARTIGO 7**
>
> **LUCROS DE EMPRESAS**
>
> 1. Os lucros de uma empresa de um Estado Contratante são tributáveis apenas nesse Estado, a não ser que a empresa exerça sua atividade no outro Estado Contratante por meio de um estabelecimento permanente aí situado. Se a empresa exercer sua atividade na forma indicada, seus lucros são tributáveis no outro Estado, mas unicamente na medida em que forem atribuíveis a esse estabelecimento permanente.

144. NETO, Luís Flávio. *Direito tributário internacional:* "Contextos" para Interpretação e Aplicação de Acordos de Bitributação – Série Doutrina Tributária Vol. XXI. São Paulo: Quartier Latin, 2018, p. 259.

> 2. Com ressalva do disposto no parágrafo 3, quando uma empresa de um Estado Contratante exercer sua atividade no outro Estado Contratante através de um estabelecimento permanente aí situado, serão atribuídos em cada Estado Contratante a esse estabelecimento permanente os lucros que obteria se constituísse uma empresa distinta e separada, exercendo atividades idênticas ou similares, em condições idênticas ou similares, e transacionando com absoluta independência com a empresa de que é um estabelecimento permanente.
>
> 3. No cálculo dos lucros de um estabelecimento permanente é permitido deduzir as despesas que tiverem sido feitas para a consecução dos objetivos do estabelecimento permanente, incluindo as despesas de administração e os encargos gerais de direção assim realizados.
>
> 4. Nenhum lucro será atribuído a um estabelecimento permanente pelo simples fato de comprar mercadorias para a empresa.
>
> 5. Quando os lucros compreenderem elementos de rendimentos tratados separadamente nos outros Artigos do presente Acordo, as disposições desses Artigos não serão afetadas pelas disposições deste Artigo.[145]

Ou seja, tendo em vista a falta de um significado expresso no acordo de bitributação da CM-OCDE, o agente competente deverá buscá-lo, no seu horizonte hermenêutico, ao passo em que concatena os argumentos plausíveis com os quais se evidenciará o significado de "lucros de empresas", os critérios funcionais de promoção do efeito útil e de harmonia decisória dos tratados internacionais, enquanto elementos constitutivos do sentido contextualizado prescrito no art. 3(2) da CM-OCDE.

Diante disso, passando neste momento para o exame de um concreto da jurisprudência brasileira, convém apresentar o critério empregado pelo Ministro Castro Moreira, do Superior Tribunal de Justiça, no caso *Copesul* (REsp nº 1.161.467/RS). Defronte dos acordos de bitributação dispostos, respectivamente, no Decreto nº 92.318/86 (acordo Brasil-Canadá) e Decreto nº 76.988/76 (acordo Brasil-Alemanha), o STJ teve de consagrar uma definição relativa ao signo linguístico "lucros

145. Disponível em: https://bit.ly/33nL7Oa Acesso em: 14 jul. 2020.

de empresas", do art. 3(2) da CM-OCDE, porquanto era preciso definir o local da tributação – se no Brasil, enquanto Estado de fonte do lucro, ou no Canadá e Alemanha, Estados de residência das pessoas jurídicas para as quais o lucro se destinava.

A Fazenda Nacional, interessada em manter a tributação no Brasil, ou seja, no Estado de fonte do lucro, defendia, em síntese, a violação dos art. 7º da Lei nº 9.779/99, cuja tributação é retida na fonte dos rendimentos destinados a remunerar residente ou domiciliado no exterior por conta da prestação de serviço, e também porque as remessas destinadas ao estrangeiro, no caso em tela, não correspondia ao significado de "lucros de empresas", previsto no art. 7 da CM-OCDE, mas, na falta de melhor definição, caía no art. 21 da CM-OCDE, a saber, "rendimentos não expressamente mencionados", apoiado, a propósito, no Ato Declaratório COSIT nº 1/2000. Em suma, os valores remetidos ao Canadá e à Alemanha não se subsomem ao conceito de "lucros", sobretudo porque, em termos ontológicos, conforme os arts. 6º, 11, 12 e 13 do Decreto-lei nº 1.598/1977, o signo linguístico "lucros" consiste no valor apurado ao final do exercício, a começar com os ajustes das adições e subtrações juridicamente estabelecidos. Percebe-se, que, em última análise, a Fazenda Nacional recorreu ao conceito do signo linguístico "lucro real" para definir o signo linguístico "lucros de empresas" constante do art. 3(2) da CM-OCDE.

Ao enfrentar este posicionamento da Fazenda Nacional, o Ministro Castro Meira avança, não desacompanhado, como se verá, sobre o critério funcional para o reconhecimento de evidências constitutivas do sentido contextualizado do termo "lucros de empresas" do art. 7 da CM-OCDE. A interpretação formada nos moldes da Fazenda Nacional criará um significado de "lucros de empresas" tecnicamente ineficaz vis-à-vis o propósito de obstar o fenômeno jurídico da bitributação, isto é, o efeito útil da referida convenção internacional, ao passo que, se toda remessa for submetida a uma etapa posterior de apuração, tal como ocorre na definição do lucro real, para que se considere lucros de empresas, nas relações internacionais sujeitas aos acordos de bitributação, jamais, então, o valor remetido subsumir-se-á à regra do art. 7 da CM-OCDE. O elemento temporal de se ajustar em fase jurídica posterior ao valor líquido com vistas à apuração do lucro real é um significado de "lucros de empresas" que confere a inaplicabilidade técnica ou sintática do art. 7 da CM-OCDE. Nas palavras do Ministro Castro Meira, lançando mão do critério funcional de identificação das evidências legais do sentido contextualizado:

> Portanto, "lucro da empresa estrangeira" deve ser interpretado em acepção mais ampla do que "lucro real", sob pena de tornar sem valia o dispositivo e acolher a bitributação internacional como regra na Convenção, que objetiva, justamente, coibi-la.
>
> Para tornar o dispositivo minimamente aplicável é preciso equiparar "lucro da empresa" a "lucro operacional". Esse entendimento não desborda da legislação brasileira que consagra, expressamente, diversas modalidades de "lucro".

No mesmo sentido, aliás, citada no voto do suscitado Ministro, a Desembargadora Vivian Josete Pantaleão Caminha, da Primeira Turma do Tribunal Regional Federal da 4ª Região (TRF4), examinando o caso *Copesul*, expõe a necessidade de prevalência do convencionado entre os Estados contratantes, do qual o efeito imediato é a promoção da utilidade do acordo de bitributação, designadamente obstar o fenômeno da dupla tributação. Confira:

> Já quanto aos rendimentos que são expressamente mencionados na Convenção (lembramos que ambas têm textos iguais), em tese somente na categoria "lucro" poder-se-ia enquadrar o valor pago pela empresa brasileira às estrangeiras (posição, aliás, adotada pela autora). Com efeito, se considerado lucro das empresas estrangeiras, o valor remetido pela apelante somente será tributável pelo imposto de renda no Estado em que domiciliadas aquelas, neste ponto produzindo efeito o convencionado entre os dois Estados para fins de evitar a dupla tributação.

O efeito do convencionado, acima citado, refere-se, sem dúvidas, ao dever de impedir a bitributação do lucro internacionalmente circulado, ou, o que dá no mesmo, a promoção do efeito útil dos acordos de bitributação, no caso Brasil-Canadá e Brasil-Alemanha, e por esse motivo o sentido contextualizado do signo linguístico "lucros de empresas" do art. 7 do acordo de bitributação da CM-OCDE não encontra no signo linguístico "lucro real" seu sinônimo, embora seja o signo linguístico tributável no Brasil. Pode-se dizer, o efeito do convencionado, alcançando tanto a promoção do efeito útil quanto a necessidade de harmonia decisória entre Estados contratantes (critério funcional), imprime um sentido contextualizado que faz do termo "lucros das empresas" do acordo de bitributação equivalente ao "lucro operacional" do Decreto-lei nº 1.598/1977, a saber, "resultado das atividades, principais ou acessórias, que constituam objeto da pessoa jurídica". Para fins de ilustração do signo linguístico em questão:

SIGNO LINGUÍSTICO "LUCROS DE EMPRESAS" DO ART. 7 DA CM-OCDE

Assim, o signo linguístico "lucros de empresas" do art. 7 da CM-OCDE é definido com o reenvio ao Direito doméstico, na forma dos critérios de interpretação do art. 3(2) da CM-OCDE, haja vista que o sentido contextualizado para o qual o efeito útil é atingido consagra no seu significado o mesmo do signo linguístico "lucro operacional" do art. 11 do Decreto-lei nº 1.598/1977, afastando com ele o conceito de "lucro real", embora seja o lucro submetido à tributação, no Brasil, para pessoas jurídicas que tenham lucros, rendimentos ou ganhos de capital oriundos do exterior, nos termos do art. 13, inciso III, da Lei nº 9.718/1998.

2.2.2.10 A norma jurídica do art. 10 do acordo de bitributação da CM-OCDE e o significado de "dividendos"

O termo "dividendos", conforme a prescrição do art. 10(3) do acordo de bitributação da CM-OCDE, significa, expressamente, rendimentos provenientes de ações ou direitos de fruição, ações de mineração, ações do fundador ou outros direitos participando nos lucros, desde que não sejam créditos de dívidas, assim como renda de outros direitos corporativos sujeitos ao mesmo tratamento tributário que a renda de ações pelas leis do Estado do qual a empresa que faz a distribuição é residente. Confira:

> **ARTIGO 10**
>
> **DIVIDENDOS**
>
> 1. Os dividendos pagos por uma sociedade residente de um Estado Contratante a um residente do outro Estado Contratante são tributáveis nesse outro Estado. Tais dividendos também são tributáveis no Estado Contratante onde reside a sociedade que os paga e de acordo com a legislação desse Estado, mas se quem os receber for o beneficiário efetivo dos dividendos o imposto assim estabelecido não poderá exceder 10% (dez por cento) de seu montante bruto.
>
> 2. Não obstante o disposto no parágrafo 1, na medida em que, de acordo com a legislação tributária finlandesa, uma pessoa física residente na Finlândia tiver direito a um crédito fiscal com relação a dividendos pagos por uma sociedade residente na Finlândia, os dividendos pagos por uma sociedade residente da Finlândia a um residente do Brasil serão tributáveis somente no Brasil se quem os receber for o beneficiário efetivo dos dividendos.
>
> 3. O disposto nos parágrafos 1 e 2 não afetará a tributação da sociedade quanto aos lucros que derem origem aos dividendos pagos.

> 4. O termo "dividendos" usado neste Artigo designa os rendimentos provenientes de ações, ou outros direitos, com exceção de créditos, de participação nos lucros, assim como os rendimentos de outras participações de capital que estejam sujeitos, de acordo com a legislação do Estado Contratante onde a sociedade distribuidora dos rendimentos seja residente, ao mesmo tratamento tributário dos rendimentos provenientes de ações.
>
> 5. O disposto nos parágrafos 1 e 2 não se aplica quando o beneficiário efetivo dos dividendos, residente de um Estado Contratante, tiver, no outro Estado Contratante de que é residente a sociedade que paga os dividendos, um estabelecimento permanente a que estiver ligada efetivamente a participação geradora dos dividendos. Neste caso, são aplicáveis as disposições do Artigo 7
>
> 6. Quando um residente da Finlândia tiver um estabelecimento permanente no Brasil, esse estabelecimento poderá aí estar sujeito a um imposto retido na fonte de acordo com a legislação brasileira. Todavia, esse imposto não poderá exceder 10% (dez por cento) do montante bruto dos lucros do estabelecimento permanente, determinado após o pagamento do imposto sobre a renda da sociedade referente a esses lucros.
>
> 7. Quando uma sociedade residente de um Estado Contratante obtiver lucros ou rendimentos provenientes do outro Estado Contratante, esse outro Estado não poderá cobrar qualquer imposto sobre os dividendos pagos pela sociedade, exceto na medida em que esses dividendos forem pagos a um residente desse outro Estado ou na medida em que a participação geradora dos dividendos estiver efetivamente ligada a um estabelecimento permanente situado nesse outro Estado, nem sujeitar a qualquer imposto os lucros não distribuídos da sociedade, mesmo se os dividendos pagos ou os lucros não distribuídos consistirem, total ou parcialmente, de lucros ou rendimentos provenientes desse outro Estado.[146]

Do artigo acima destaca-se um outro signo linguístico do qual o termo "dividendos" é subordinado, a saber: o termo "pagos". Este signo linguístico é empregado em diversas passagens, enfatizando a necessidade da ação de pagar os dividendos para que se perfectibilize o significado do termo "dividendos". Ao tratar da localização do recolhimento do imposto sobre a renda, a ação de pagar os dividendos caracteriza-se

146. Disponível em: https://bit.ly/33nL7Oa Acesso em: 14 jul. 2020.

como o átimo temporal suficiente a gerar a obrigação tributária, isto é, o critério temporal em que se reputa ocorrida a hipótese tributária. Levado a cabo, o termo "provenientes" do art. 10(3) da CM-OCDE é a expressão da transferência de riqueza da sociedade para os beneficiários, na forma de rendimentos distribuídos, quer dizer, pagos.[147] Em outras palavras, o signo linguístico "pago" complementa-se ao significado de "dividendos", de tal sorte que a transferência dessa riqueza da sociedade para os beneficiários, na forma de pagamento, colocando-a à disposição deste, sem ser de forma fictícia,[148] é condição semântica necessária do signo linguístico "dividendos".

O conselheiro do CARF à época Luís Flavio Neto, no caso *Petrobras*, traz à baila a decisão da Suprema Corte holandesa, no julgamento do caso nº 10/00076, cujo objeto de exame foi o significado do termo "pagos" no acordo de bitributação Brasil-Países Baixos, em função de remessas feitas, por uma subsidiária brasileira, a título de juros ("*interest*"), as quais se submeteram à tributação no Brasil, Estado de fonte da riqueza, e cuja base tributável foi neutralizada no Estado de destino da riqueza, Holanda, dada as despesas com perdas de variação cambial do empréstimo feito, e, nessa condição, obstou-se neste país a tomada de crédito pela retenção ocorrida no Brasil. A Suprema

---

147. "Como se demonstra, à exaustão, o Art. 10 não cogita, em nenhuma hipótese, de tributação antecipada dos dividendos, ao se referir sempre aos 'dividendos pagos', acompanhado, ainda de disposição expressa para esse fim. Na combinação dos dispositivos constantes dos art. 7(1) e 10(5) do Tratado, exsurge evidente impedimento à tributação recíproca de lucros ou dividendos antes da sua efetiva distribuição, sob a condição de disponibilidade então qualificada como 'dividendo pago', como medida para eliminar eventual dupla tributação ou tratamento discriminatório, que são os fins primordiais desses tratados." (TORRES, Heleno Taveira. *Direito tributário internacional aplicado*. São Paulo: Quartier Latin, 2005, v. III, p. 163).

148. "os próprios comentário da OCDE reconhecem que o termo pago reveste-se de um sentido muito amplo, mas não deixa de expressar a colocação de fundos à disposição do beneficiário nos termos previstos no contrato. (...) assim sendo, parece inegável que nos dividendos fictos – ou considerados distribuídos – não há colocação de fundos à disposição de alguém. Logo, não podem ser qualificados como dividendos pagos. E por não serem dividendos pagos, a única conclusão possível é que a eles não se aplica a regra de competência concorrente do art. 10." (BIANCO, João Francisco. *Transparência fiscal internacional*. São Paulo: Dialética, 2017, p. 152).

Corte holandesa decidiu que as despesas incorridas no referido empréstimo, por força da variação cambial, não comprometem o direito de crédito na Holanda *vis-à-vis* a retenção exercida no Brasil, haja vista que os juros pagos ("*paid interests*") eram um fato jurídico suficiente a ser subsumido à regra creditícia, não sendo o caso, portanto, dos juros não efetivamente pagos. Veja-se as colocações do então conselheiro do CARF:

> Nesse contexto, é contundente destacar que a Suprema Corte holandesa (Hoge Raad der Nederlanden), ao julgar o caso n. 10/00076, em 17.06.2011, aplicou o acordo Brasil-Países Baixos, atribuindo grande relevo justamente ao termo "pago" ("paid"), constante em seu art. 11(1).
>
> Naquele caso, uma empresa holandesa havia recebido juros ("*interests*") pagos por uma subsidiária brasileira, submetidos à tributação no Brasil (Estado da fonte). As despesas com as perdas de variação cambial do empréstimo concedido, contudo, acabaram por neutralizar a base tributável naquele outro país. Não obstante, a empresa holandesa requereu o crédito, na Holanda, do imposto pago no Brasil.
>
> Decidiu a Suprema Corte holandesa que as perdas incorridas nos empréstimos concedidos não afetariam a aplicação do art. 11(1) do acordo Brasil-Países Baixos, de forma que a Holanda estaria obrigada a reconhecer como crédito do imposto brasileiro incidente sobre respectivos juros. **Para essa decisão, o Tribunal holandês considerou que a adoção dos termos "juros pagos" ("*paid interests*")** não deixaria margem para dúvidas, estabelecendo um método de avaliação que necessariamente considera os juros pagos como base para o crédito a ser concedido, excluindo dessa regra juros que não tenham sido efetivamente pagos.
>
> Assim, temos uma evidência de que, ao aplicar o acordo Brasil-Países Baixos, a Holanda atribui ao termo "pago" relevância concreta, exigindo que *efetivamente os rendimentos tenham sido entregues de uma parte a outra*, a fim de que tenha nascimento o legítimo direito ao crédito do imposto pago no Brasil. (grifos no original)

Em termos semióticos, o signo linguístico "dividendos", que é mais amplo do que o termo "dividendos" no Direito brasileiro, como explica Luís Flávio Neto,[149] dado que abrange,

---

149. "O sentido de dividendos, estabelecido nos acordos de bitributação brasileiros

por exemplo, a distribuição de lucros por força de debêntures, e rogando para o seu perfazimento o signo linguístico "pagos", pode ser ilustrado da seguinte maneira:

SIGNO LINGUÍSTICO "DIVIDENDOS" DO ART. 10 DA CM-OCDE

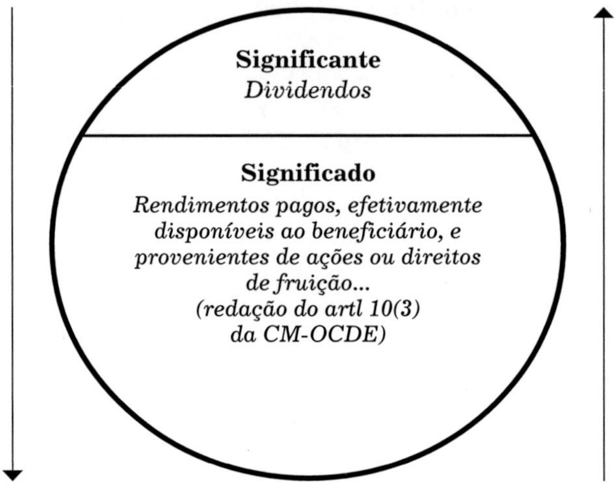

Estabelecida a semântica dos signos jurídicos "lucros de empresas" e "dividendos", nos parâmetros do acordo de bitributação da CM-OCDE, arts. 7 e 10, na devida ordem, passa-se a partir de agora a examinar o local de tributação destes signos presuntivos de riqueza, igualmente consoante às prescrições desta convenção modelo de tratado internacional.

---

celebrados, geralmente é amplo o suficiente para abarcar rendimentos provenientes de ações, ações ou direitos de fruição, ações de empresas mineradoras, partes de fundador ou outros direitos de participação nos lucros, excluídos os créditos contra a empresa e ainda os rendimentos de outras participações no capital, que, para efeitos tributários, sejam tratadas, pela legislação do país onde reside a empresa que efetua a distribuição, como rendimentos de ações. Tal conceito seria bastante amplo para abranger não apenas aquilo que se classifica como 'dividendos' no Direito brasileiro. Conforme a definição estabelecida para fins de aplicação das convenções fiscais brasileiras, seriam abrangidas pelo conceito de 'dividendos' aquilo que na legislação brasileira possui sentidos diversos, como a distribuição de lucros em razão de debêntures (Lei 6.404/76, arts. 52 a 74), por exemplo." (NETO, Luís Flávio. *Direito tributário internacional:* "Contextos" para Interpretação e Aplicação de Acordos de Bitributação – Série Doutrina Tributária Vol. XXI. São Paulo: Quartier Latin, 2018, p. 130).

2.2.3 Localização da tributação de lucros e dividendos

No campo das normas com elementos de estraneidade, ou seja, normas que possuem conexão com mais de um ordenamento jurídico, destacam-se, para a finalidade desta obra, os critérios de conexão relativos *(i)* à localidade da pessoa jurídica (critério de localização), e *(ii)* à definição do tipo de rendimento (critério de qualificação). São fatos pelos quais os elementos de estraneidade definem a hipótese tributária prevista no acordo de bitributação da CM-OCDE.[150]

Pois se detendo às situações de lucros e dividendos, doravante se analisará a estrutura normativa dos arts. 7 e 10 da CM-OCDE constante da 10ª edição da versão condensada de 2017,[151] com vistas a concluir se a tributação desses signos presuntivos de riqueza dá-se no Estado da residência da pessoa jurídica ou no Estado da fonte de suas produções. Mas como a estrutura apresentada não destoa significativamente das edições passadas, pelo menos no que concerne aos arts. 7 e

---

150. "Estruturado com base no princípio da universalidade, o sistema tributário de imposição dos rendimentos, que acolhe em seu ambiente normas impositivas cujas hipóteses de incidência possuam a descrição de fatos com elementos de estraneidade, para atuar sobre os fatos ocorridos ultraterritorialmente, predispõe, também, normas de estruturasse de deveres instrumentais (obrigações acessórias), conexas com estas que passam a compor a ordenação do subsistema tributário aqui entendido como Direito Tributário Internacional. Tais normas destinam-se tanto à localização quanto à respectiva qualificação dos elementos de estraneidade para fins de impossibilidade da renda transnacional e o tratamento interno destinado a evitar o concurso de normas com os demais integrantes da Comunidade Internacional, retendo e neutralizando, assim, a partir do interior, a formação do fenômeno da pluritributação internacional. As normas de qualificação e de localização possuem este assimétrico vetor eficacial: interno e externo." (TORRES, Heleno Taveira. *Pluritributação internacional sobre as rendas de empresas.* São Paulo: Editora Revista dos Tribunais, 1997, p. 79-80).

151. "This is the tenth edition of the condensed version of the publication entitled *Model Tax Convention on Income ando n Capital*, first published in 1992 and periodically update since then. This condensed version includes the texto f the Model Tax Convention as it read on 21 November 2017 after the adoption of the tenth update by the Council of the OECD. Historical notes included in Volume I of the full version and the background reports that are included in Volume II of the full version have not been reproduced in this version." (OECD (2017), Model Tax Convention on Income and on Capital: Condensed Version 2017, OECD Publishing, Paris, https://doi.org/10.1787/mtc_cond-2017-en, p. 3).

10, então as análises feitas por doutrinadores em cima dessas edições de outrora não ficarão prejudicadas.

2.2.3.1 A norma jurídica do art. 7 do acordo de bitributação da CM-OCDE e o local da tributação de lucros

Conforme se depreende da estrutura do art. 7 da CM-OCDE constante da 10ª edição da versão condensada de 2017, aliás, não diferente do que dispõem as convenções assinadas pelo Brasil com China (Decreto nº 762/1993), Alemanha (Decreto nº 76.988/1976), França (Decreto nº 70.506/1972) e Portugal (Decreto nº 4.012/2001), apenas para ficar em alguns exemplos, o lucro de uma pessoa jurídica só é tributável no Estado da residência, exceto se o lucro for auferido por um estabelecimento permanente[152] a ela vinculado, cuja localidade seja no Estado da fonte do rendimento.

Nestes termos, no que diz respeito ao poder de tributar, o elemento de estraneidade está relacionado, no caso dos lucros, com o critério de conexão da localidade na qual reside a pessoa jurídica para a qual a riqueza transnacional é destinada ou auferida, da seguinte maneira: *(i)* se residir no Estado da fonte, por intermédio ou na forma de um estabelecimento permanente, então se tributa neste Estado; mas *(ii)* não havendo estabelecimento permanente, com que não se confunde a instalação da pessoa jurídica controlada,[153] então se tributa no Estado da residência.

---

152. "A noção técnico-jurídica de um estabelecimento permanente não passa de um critério legitimador de conexão para justificar a imponibilidade das rendas por ele produzidas, mas, diversamente do que fora dito acima, em privilégio ao princípio da territorialidade, pela sua identificação como fonte efetiva de rendimentos. De acordo com o art. 5.º, ns. 2.º e 3.º, o termo *estabelecimento permanente*, definido (n. 1) como *uma instalação fixa de negócios onde a empresa exerça, no todo ou em parte, a sua atividade*, compreende: o lugar da direção da empresa, uma sucursal ou filial, um escritório, uma oficina, um laboratório, uma mina, poços de gás ou petróleo, uma pedreira ou qualquer outro lugar de extração de recursos naturais, bem como um canteiro de obras ou de construção, montagem ou instalação, que seja mantido por um período superior a 12 meses." (TORRES, Heleno Taveira. *Pluritributação internacional sobre as rendas de empresas.* São Paulo: Editora Revista dos Tribunais, 1997, p. 355).

153. "A grande questão que se discute na interpretação desse artigo [7 da CM-OCDE] decorre da aplicação do conceito de estabelecimento permanente. De acordo

O lucro da pessoa jurídica, em última análise, é tributado no Estado para o qual se destina, se preferir, no local em que será auferido. Por isso, no caso dos lucros da controlada estrangeira e da controladora brasileira é fundamental que se diferencie para qual pessoa jurídica os valores são auferidos, eis que cada uma reside em um espaço jurídico distinto. Se definido, portanto, que a parcela do ajuste do valor do investimento em controlada estrangeira não é signo presuntivo de riqueza da controladora brasileira, porquanto signo presuntivo de riqueza auferido por aquela, então o lucro é tributável no Estado da sua residência, conforme o art. 7 do acordo de bitributação da CM-OCDE.

Porém, há ainda a possibilidade de qualificar o signo presuntivo de riqueza em questão, isto é, a parcela do ajuste do valor do investimento em controlada estrangeira, como se dividendos da controladora brasileira fosse, o que significa constatar um fato jurídico a ser subsumido ao art. 10 do acordo de bitributação da CM-OCDE. Sendo assim, é preciso

---

com o § 1º do art. 5º da Convenção Modelo da OCDE, estabelecimento permanente é 'uma sede fixa de negócios onde a empresa exerça, no todo ou em parte, as suas atividades'. (...) Assim, como a subsidiária tem personalidade jurídica própria, não sendo portanto um EP, o Estado de sua localização (exterior) é que teria competência exclusiva para tributar os lucros decorrentes de suas atividades, já que **os lucros de uma empresa de um Estado Contratante só são tributáveis nesse Estado**, cabendo ao Brasil somente a tributação de alguma atividade exercida por essa sociedade no seu território por meio de um EP. Dessa forma, com base nesse entendimento, a regra do art. 7º (lucros das empresas) não pode alcançar as coligadas e controladas de empresas brasileiras, que somente poderiam ser tributadas no país onde estiverem situadas (Estado Contratante), não havendo permissão no tratado para que o Brasil os tribute. Embora esse posicionamento seja sustentado por doutrinadores como Luís Eduardo Schoueri e Albero Xavier, a OCDE, em seus Comentários à Convenção Modelo de 2003, adotou o entendimento de que a legislação sobre tributação de lucros no exterior por meio de sociedades controladas não se submete ao art. 7º dos tratados, de modo que essas regras (legislação interna *versus* tratados) são compatíveis entre si. João Francisco Bianco explica que a linha de argumentação da OCDE é de que o art. 7º da Convenção apenas exclui a competência tributária do Estado onde a empresa atua, não estabelecendo restrições ao Estado de sua residência (que detém competência tributária exclusiva), o que não impede que este estabeleça a tributação das empresas nele localizadas incluindo suas participações societárias no exterior." (PEREIRA, Marco Antônio Chazaine. *A tributação de lucros auferidos no exterior.* São Paulo: LTr, 2010, p. 90-91).

identificar qual o elemento de estraneidade se relaciona, no caso dos dividendos, com o critério de conexão da localidade: se é o Estado da fonte de sua produção ou Estado da residência para a qual se destina.

2.2.3.2 A norma jurídica do art. 10 do acordo de bitributação da CM-OCDE e o local da tributação de dividendos

O art. 10 da CM-OCDE constante da 10ª edição da versão condensada de 2017 igualmente não se diferencia do que dispõe as demais convenções assinadas pelo Brasil com outros países, no que diz respeito à tributação de dividendos.

Os dividendos produzidos por uma sociedade, no Estado da fonte, e pagos a um residente, no Estado da residência, podem, como regra geral, ser tributados nesta última localidade, embora, nesta condição, também possa ser tributado no Estado da fonte, desde que não exceda 5% de tributação da quantia paga, se o residente deter pelo menos 25% do capital da sociedade, ou 15% de tributação para todos os demais casos.

Sendo assim, no que tange ao poder de tributar, o elemento de estraneidade está relacionado, no caso dos dividendos, com o critério de conexão da localidade para a qual são pagos os dividendos, podendo haver uma concorrência na competência tributária entre o Estado da residência e o Estado da fonte, de forma que se retenha 5% ou 15% no Estado da fonte, conforme a participação do residente na sociedade. Se houver estabelecimento permanente no Estado da fonte cuja atividade esteja ligada à participação produtora dos dividendos, então se aplica o art. 7 da CM-OCDE aos valores destinados ao Estado da residência. Ademais, não se incluem no art. 10 da CM-OCDE os valores que não sejam pagos ou, quando pagos, se destinem a pessoa jurídica no Estado da fonte de sua produção, ou ainda se destinem a Estado diverso daqueles presentes na convenção fiscal.

E com a definição semântica dos signos jurídicos "contexto", "lucros de empresas" e "dividendos", assim como diante do desenho dos espaços jurídicos nos quais estes signos presuntivos de riquezas são tributados, consoante os parâmetros da CM-OCDE, presente estão as condições para doravante se avançar sobre o tema da tributação de lucro auferido por controlada situada em país com o qual o Brasil possui o referido acordo de bitributação.

3. A TRIBUTAÇÃO DA PARCELA DO AJUSTE DO INVESTIMENTO DA CONTROLADORA E DO LUCRO AUFERIDO POR CONTROLADA SITUADA EM PAÍS COM O QUAL O BRASIL POSSUI ACORDO DE BITRIBUTAÇÃO DA CM-OCDE

Na jornada desta obra, cujo fim é o exame da tributação sobre os efeitos no patrimônio da controladora brasileira decorrente de lucro auferido por controlada situada em país com o qual o Brasil possui acordo de bitributação, sob a vigência da Lei nº 12.973/2014, até aqui, se pode resumir da seguinte maneira:

(i) o contexto histórico, no Brasil, da tributação em bases universais, para assim apresentar as alterações legislativas mais significativas das normas dirigidas à tributação do lucro de controlada sediada no exterior, notadamente na forma do art. 74 da MP 2.158-34/2001, que veio a ser revogado com a publicação da MP nº 627/2013, posteriormente convertida na Lei nº 12.973/2014, cuja tributação, em tese, não mais dependeria da disponibilidade do lucro da controlada, eis que se tributaria o reflexo no patrimônio da controladora brasileira, por meio dos resultados positivos da equivalência patrimonial. Ademais, vale constar que, no ínterim entre a publicação do art. 74 da MP 2.158-35/2001 até a sua revogação, o CARF

tomou posicionamentos distintos quanto ao termo "controlada" da MP em questão, se cobria ou não as controladas indiretas, visto que, a depender da definição, se autorizaria o planejamento fiscal através de acordos de bitributação ou *treaty shopping*. O STJ, por seu turno, conferiu prevalência aos acordos de bitributação sobre o lucro de controlada sediada no exterior, pois, embora o art. 7º, §1º, da IN SRF nº 213/2002 mencione a equivalência patrimonial como método de apuração do resultado tributável, o legislador ordinário, no entanto, elegeu estritamente o lucro auferido como base de tributação o IRPJ e CSLL, logo esses valores são apenas tributáveis no Estado de residência da pessoa jurídica, isto é, onde estiver localizada a controlada estrangeira. E, por fim, no ano de 2013, o STF julgou, de maneira vinculantes e *erga omnes*, a inconstitucionalidade do art. 74 da MP nº 2.158-35/2001, no que tange ao lucro de coligada situada em país sem tributação favorecida, como também a sua irretroatividade para alcançar lucros apurados até 31 de dezembro de 2001, independentemente da relação societária e da tributação do país onde a coligada ou controlada sedia-se; porém, reconheceu a constitucionalidade do art. 74 da MP nº 2.158-35/2001, em relação ao lucro de controlada situada em país com tributação favorecida.

(ii) o contexto histórico da globalização, que, em grande medida, permitiu que se constituíssem, tal como um epifenômeno das relações geopolíticas, as organizações e instituições da ordem global, dentre elas a OCEE, que veio a ser, em 1961, a OCDE, donde, por sua conta, no ambiente de seu Comitê Fiscal, fomenta estudos, propostas e modelos de convenções para evitar a dupla tributação sobre uma mesma riqueza produzida internacionalmente, a saber: entre o Estado que importa capital, e o Estado que exporta capital; ou, sob outro prisma, o Estado da fonte da riqueza, e o Estado no qual reside quem a produziu. E nada obstante um conflito que possa existir na análise de sistemas jurídicos distintos, o doméstico ante o internacional, donde correntes teóricas denominadas de *monista* e *dualistas* lançam-se para descrever a maneira com que se efetivam estas relações, a questão é resumida à integração ou não do Direito

internacional ao Direito doméstico, prevalecendo, se vir integrar, as normas daquele sobre este – excetuadas as que conflitam com as normas domésticas de importância fundamental –, em virtude do exercício de consentimento de um Estado-nação em relacionar-se com outro Estado-nação, à sombra dos princípios da boa-fé e *pacta sunt servanda*. Nestes termos, quando integrado os acordos de bitributação da CM-OCDE ao Direito doméstico, os critérios hermenêuticos dispostos nestes tratados importam no reconhecimento de obediência aos critérios estabelecidos no Direito internacional, notadamente os dispostos na CVDT, donde o "contexto" ("*context*") é apresentado a partir de evidências legais (intrínsecas e extrínsecas) com as quais se constroem os sentidos comuns ou ordinários ("*ordinary meaning*") de seus signos jurídicos, em nome da promoção do efeito útil do instrumento, bem como da harmonia decisória, entre Estados; do contrário, na sua impossibilidade, portanto, excepcionalmente, reenvia-se a atividade hermenêutica para os critérios estabelecidos no Direito doméstico, tal como prescreve o art. 3(2) da CM-OCDE.[154] Diante disso, os significados dos termos "lucros de empresas" ("*business profit*") e "dividendos" ("*dividends*") constantes dos acordos de bitributação da CM-OCDE, como se viu, destoam dos significados dos termos "lucro real" e "dividendos" constantes do Direito brasileiro, prevalecendo a semântica daqueles sobre estes, nos casos em que se aplicam os tratados internacionais. Finalmente, no que tange à localização em que se tributará as riquezas produzidas, no caso dos lucros de empresa ocorre no Estado de residência de quem a produziu, e no caso de dividendos é compartilhado entre os Estados contratantes, a depender do que seja definido, respeitado os limites de alíquotas dispostas em convenção fiscal.

154. "A regra de reenvio sugerida no art. 3(2) da CM-OCDE é uma exceção do fragmento tributário do Direito Internacional. (...) Se a regra do Direito Internacional (público) não for alterada pelo art. 3(2) da CM-OCDE, no Direito Tributário Internacional o sentido comum deve ser construído a partir de evidências do contexto e não do Direito doméstico dos Estados contratantes." (NETO, Luís Flávio. *Direito tributário internacional:* "Contextos" para Interpretação e Aplicação de Acordos de Bitributação – Série Doutrina Tributária Vol. XXI. São Paulo: Quartier Latin, 2018, p. 196-197).

Ante a tudo aqui exposto, trata-se doravante de avançar sobre o tema, até este instante **não** suscitado, da legalidade ou não do art. 77 da Lei nº 12.973/2014, quanto à incidência do IRPJ e da CSLL sobre os reflexos no patrimônio da controladora no Brasil, por meio dos resultados positivos da equivalência patrimonial, oriundos de lucros auferidos por controlada residente em país com o qual o Brasil possui acordo de bitributação obediente à estrutura da CM-OCDE. E para tanto será empregado o recurso metodológico da fenomenologia jurídica, em especial o seu desdobramentos teórico denominado de regra-matriz de incidência jurídica, eis que é tomado como imprescindível para a análise dogmática das normas jurídicas *sub examine*.

3.1 A FENOMENOLOGIA JURÍDICA DO CONSTRUCTIVISMO LÓGICO-SEMÂNTICO E A REGRA-MATRIZ DE INCIDÊNCIA TRIBUTÁRIA

O que é a fenomenologia jurídica? A propósito, o que é fenomenologia? E por que escolhê-la como método de abordagem científico, na expressão metodológica denominada de constructivismo lógico-semântico? Como se verá em seus pormenores, a fenomenologia iniciou-se como um projeto filosófico nas reflexões do matemático e filósofo Edmund Husserl, cujo interesse endereçava-se a conhecer as causas que faziam das coisas examinadas pela "lógica pura" representativas das estruturas universais dos fenômenos. A fenomenologia, nesse sentido, destinava-se para um exame de como as regras lógicas contribuem, formalmente (com o perdão do pleonasmo), para a aparição do mundo junto à consciência, buscando, sob essas condições puras ou *a priori*, uma ciência rigorosa.[155]

Os desdobramentos dessa linha metodológica, na ciência do direito, no final do século XX, remontam, como foi dito, à filosofia do constructivismo lógico-semântico, método

155. GREAVES, Tom. *Heidegger:* introdução. Porto Alegre: Penso Editora, 2012, p. 20-21.

desenvolvido pelo jusfilósofo Lourival Vilanova, e ao esquema lógico-deôntico da Regra-Matriz de Incidência Jurídica (RMIJ), formulado pelo jusfilósofo Paulo de Barros Carvalho. É, pois, na posse destes instrumentos de grande rigor metodológico, próprios da ciência do direito, que se analisarão os seguintes fenômenos jurídicos: *(i)* a fenomenologia jurídica do lucro real; *(ii)* a regra-matriz de incidência do IRPJ sobre os reflexos patrimoniais no lucro real da controladora brasileira derivados de lucros auferidos por controlada estrangeira; *(iii)* a fenomenologia jurídica do lucro no acordo de bitributação; e *(iv)* a regra-matriz de incidência do IRPJ sobre o lucro de controlada sediada em país com o qual o Brasil possui acordo de bitributação.

Todavia, como se vem fazendo, antes se apresentará o contexto histórico em que se desenvolveu a mencionada metodologia, com vistas a trazer o máximo de clareza acerca dos resultados que, ao fim, serão obtidos, através do seu emprego.

3.1.1 O desenvolvimento metodológico

Neste primeiro momento, o propósito será expor, em uma apertada síntese, como se deram as passagens revolucionárias por cima dos grandes *paradigmas*[156] epistemológicos da modernidade, iniciando com a revolução humanista ou giro-antropocêntrico, passando pela revolução copernicana ou, se preferir, giro-construtivista, até se chegar à fenomenologia e, finalmente, ao giro-linguístico. A partir destes últimos paradigmas epistemológicos, os pontos suscitados acima serão mais facilmente descritos, se assim a metodologia escolhida permitir.

3.1.1.1 Criticismo e as estruturas transcendentais

Primeiramente, parte-se deste pressuposto: o abalo ou a ruína de uma crença propicia as circunstâncias estruturais

156. KUHN, Thomas S. *A estrutura das revoluções científicas*. 5. ed. São Paulo: Perspectiva, 1998, p. 36.

para que ocorram, no termo usado por Thomas Kuhn, *revoluções científicas.*[157] O enfraquecimento ideológico de um paradigma da ciência põe em marcha outro que o substitui, inclusive nos demais campos, como o da arte ou da política. Não foi diferente com a antropologia de Aristóteles, por exemplo, ou com os epiciclos de Ptolomeu e a hegemonia dos dogmas católicos, cujas críticas disruptivas de, respectivamente, Hobbes,[158] Copérnico[159] e Lutero[160] conduziram, no curso do século XVI da história ocidental, ao período que se convencionou chamar de modernidade.

Germinava, pois, no meio dos destroços do paradigma escolástico, uma grande dúvida: o que se pode conhecer?

No século XVII, pensadores como o francês René Descartes e o inglês Francis Bacon lidaram com essa profunda questão filosófica, cada qual buscando um método que lhe conferisse o mais firme terreno para pisar rumo à ciência. Em suas jornadas científicas, enquanto Descartes privilegiou a razão,[161] Bacon privilegiou a experiência,[162] e nas décadas seguintes aos seus passos foram legadas as perspectivas racionalista e empirista

157. "consideramos revoluções científicas aqueles episódios de desenvolvimento não cumulativo, nos quais um paradigma mais antigo é total ou parcialmente substituído por um novo, incompatível com o anterior" (KUHN, Thomas S. *A estrutura das revoluções científicas*. 5. ed. São Paulo: Perspectiva, 1998, p. 125).

158. Thomas Hobbes rejeitou a ideia de homem como um animal político (*zoon politikon*), fundada por Aristóteles, para defini-lo como desejante (*conatus*), lobo da sua própria espécie, tal como Maquiavel outrora havia feito, o que conferiu mudanças significativas nos conceitos morais e políticos há muito vigentes.

159. Copérnico apresenta o modelo heliocêntrico de sistema planetário, em detrimento do modelo geocêntrico apresentado por Ptolomeu.

160. Em 1517, Martinho Lutero pregava 95 teses na porta da igreja de Wittenberg, dando marcha à *Reforma* contra os dogmas da igreja católica.

161. DESCARTES, René. *Discurso do método; As paixões da alma; Meditações.* São Paulo: Nova Cultural, 2004, p. 66.

162. BACON, Francis. *Novum organum ou verdadeiras indicações acerca da interpretação da natureza;* Nova Atlântida. São Paulo: Nova Cultural, 2005, p. 50.

do conhecimento, cujos grandes patrocinadores, na devida ordem, foram os filósofos Gottfried W. Leibniz e John Locke.[163]

Diante de perspectivas contrastadas, e aparentemente inconciliáveis – eis que racionalistas atribuíam os erros de julgamento aos sentidos deturpados da experiência,[164] e os empiristas consideravam a razão ela mesma completamente vazia[165] –, foi o filósofo escocês David Hume, no século XVIII, que as costurou em uma única teoria: o panfenomenismo.[166]

Esse pensador escocês é uma das grandes chaves para compreender o *criticismo* conferido à filosofia de Immanuel Kant, ao passo que ele identifica, na construção do conhecimento, uma necessária união entre as operações psicológicas e as impressões sentidas no corpo, sem as quais nem a razão ou a experiência seriam suficientes. O conhecimento para Hume inicia-se (mas não se encerra) com os dados intuídos pelos sentidos, formando no corpo as impressões pelas quais as atividades da mente conferem, por meio da associação de ideias segundo os critérios da semelhança, causalidade ou contiguidade, uma forma inteligível, dito de outra forma, cognoscível.[167] Nesta estrutura cognitiva, o conhecimento é dado por meio de ideias subjetivamente concatenadas, a partir de um substrato empírico consoante com as necessi-

---

163. Outros autores poderiam ser citados, como Baruch Spinoza e George Berkeley.

164. LEIBNIZ, Gottfried Wilhelm Freiherr von. *Novos ensaios sobre o entendimento humano.* São Paulo: Nova cultural, 2004, p. 23.

165. LOCKE, John. *Ensaio acerca do entendimento humano.* São Paulo: Nova Cultural, 2005, p. 39-41.

166. "Hume foi o mais decidido em tirar as últimas consequências do empirismo. Seu ponto de partida é ainda o princípio lockiano: nós só conhecemos o que nos atesta a experiência e o objeto imediato desta são os nossos estados subjetivos. Daí conclui que a alma como *substância* pensante não existe. O que nós chamamos alma é apenas uma cadeia de fenômenos inconscientes, um desfilar ininterrupto de percepções e imagens. Com a negação da substancialidade da alma, cai por si a tese da imortalidade pessoal. É o panfenomenismo." (FRANCA, Leonel. *Noções de história da filosofia.* 22. ed. Rio de Janeiro: AGIR, 1978, p. 170).

167. HUME, David. Hume. *Investigação acerca do entendimento humano.* São Paulo: Nova cultural, 2004, p. 40.

dades existenciais afirmadas e reforçadas por costumes e hábitos vivenciados[168] pelo corpo. Sendo assim, ao operar esse deslocamento de atenção do objeto para o sujeito, Hume conclui que o conhecimento é uma construção de ideias oriundas da observação do que ocorre para intentar prever o que poderá ocorrer, em que pese não existir no mundo qualquer relação necessária entre esses eventos.[169]

Logo, o panfenomenismo de Hume, ao confrontar as perspectivas racionalista e empirista, acaba por tergiversar toda a ontologia clássica, que por sua vez busca encontrar nos objetos o seu *ser*, em vez de dar atenção ao papel do sujeito neste processo. E foi esse o movimento que Immanuel Kant denominou de revolução copernicana[170] do conhecimento, isto é, a ação de deslocamento das atenções epistemológicas do objeto para o sujeito. O objeto não regula o conhecimento do sujeito, mas é, em última instância, a maneira com que o sujeito conhece que regula o objeto.[171] Tal concepção despertou Kant de seus sonhos metafísicos mais profundos, fazendo com perquirisse no sujeito as estruturas *a priori*[172] que participam ativamente do processo de regulação do objeto *para-si* ou, na sua expressão, do *fenômeno*.[173] O objeto *em-si*, por outro lado, refere-se à dimensão que escapa ao campo do conheci-

168. Nota-se certa relação com o conceito de *habitus* desenvolvido pelo sociólogo Pierre Bourdieu (BOURDIEU, Pierre. *Meditações pascalianas*. Rio de Janeiro: Bertrand Brasil, 2001, p. 169.

169. HUME, David. Hume. *Investigação acerca do entendimento humano*. São Paulo: Nova cultural, 2004, p. 48-52.

170. *Revolução*, pois se dava um fim ao paradigma de metodologia do conhecimento disputado entre empiristas e inatistas; e *copernicana*, já que foi Nicolau Copérnico que deslocou o campo de atenção da astronomia da Terra para o Sol, concluindo que era aquele corpo celeste que se movia ao redor deste, e não o contrário.

171. KANT, Immanuel, 1724-1804. *Crítica da razão pura*. São Paulo: Abril Cultural, 1980, p. 39.

172. KANT, Immanuel, 1724-1804. *Crítica da razão pura*. São Paulo: Abril Cultural, 1980, p. 53.

173. "O objeto indeterminado de uma intuição empírica denomina-se *fenômeno*" (KANT, Immanuel, 1724-1804. Op. cit., p. 71).

mento, fazendo com que a totalidade do objeto seja incompreensível para o sujeito.

Ao que tudo indica, os limites da sensibilidade e da inteligibilidade são barreiras intransponíveis para o conhecimento da totalidade de qualquer objeto,[174] o que revela uma infinitude de perspectivas subjetivas e, consequentemente, de potenciais sentidos, sobretudo porque apenas conhecemos os fenômenos, tal como eles aparecem na singularidade de cada experiência, sejam sobre o mundo ou ainda sobre nós mesmos.[175] O filósofo francês Jean-Paul Sartre, sobre isso, dirá que há uma substituição da "*realidade* da coisa pela *objetividade* do fenômeno", em que "um objeto coloca, por princípio, como infinita a séria de suas aparições."[176] Essa postura crítica das possibilidades epistemológicas é o que se denomina de *criticismo*.

O conhecimento do fenômeno, como se vê: *(i)* começa pela experiência, de maneira passiva, por intermédio da sensibilidade, a qual intui os dados para recepcioná-los dentro de uma estrutura espaço-temporal, naquilo que se denomina, em termos kantianos, de *estética transcendental*; e *(ii)* ato contínuo, a faculdade intelectual age, ativamente, na compreensão dos

---

174. O reconhecimento da incompletude do conhecimento sobre os fenômenos influenciou tanto as ciências da natureza quanto as ciências sociais, tal como vemos no conceito de *tipo ideal* de Max Weber. Nas palavras do sociólogo francês Julien Freund a respeito desse conceito desenvolvido por Weber: "A seu ver, nenhum sistema é capaz de reproduzir integralmente a infinidade do real e nenhum conceito é capaz de reproduzir integralmente a diversidade intensiva de um fenômeno particular. Em suma, não existe conhecimento não hipotético. O tipo ideal é um outro momento da seleção que fazem o historiador e o sociólogo, por abordarem necessariamente o real a partir de certos pontos de vista em função da relação com os valores." (FREUND, Julien. *Sociologia de Max Weber.* 4. ed. -. Rio de Janeiro: Forense Universitária, 1987 p. 48-49).

175. Identifica-se um problema nevrálgico a ser enfrentado no *criticismo* kantiano, pois, as próprias estruturas identificadas como participantes do ato de conhecer, logo, apriorísticas, também se apresentam como fenômenos para o filósofo que as conhece, o que incita a duvidar se são, pois, universais e necessárias. Esse é um problema levantado por Heidegger, na obra *Kant e o problema da Metafísica*, ou seja, o problema de como as estruturas transcendentais "aparecem" para a investigação do filósofo.

176. SARTRE, Jean-Paul. *O ser e o nada:* ensaio de ontologia fenomenológica. 12. ed. Petrópolis, RJ: Editora Vozes, 2004, p. 17.

dados intuídos pela sensibilidade, tornando-os inteligíveis, a partir de categorias *a priori* ou formais, naquilo que o filósofo prussiano denominou de *lógica transcendental*. Nas palavras de Lourival Vilanova, "é a distinção kantiana entre os pontos de vista genético ou empírico e o lógico ou sistemático".[177] Ambas estruturas (estética e lógica transcendentais), de acordo com Heidegger, brotam de uma mesma raiz epistemológica, a qual Kant denominou de *poder transcendental da imaginação*.[178] Todas estas estruturas que regulam o conhecimento do fenômeno é o que podemos chamar de *estruturas transcendentais*.

Portanto, é a partir de bases lógicas e, por conseguinte, universais, que a razão organiza e constitui um entendimento sobre os fenômenos, visando-lhes uma significação ou *juízo*.[179] Por isso, ante o reconhecimento de estruturas que oferecem um suporte universal ao conhecimento, o filósofo francês Paul Ricoeur vai afirmar que existe uma "fenomenologia implícita"[180] na obra de Kant, afinal, os recursos epistemológicos tra-

---

177. VILANOVA, Lourival. *As estruturas lógicas e o sistema de direito positivo*. São Paulo, Noeses, 2005, p. 126.

178. "A chave é o que Kant chama de 'poder transcendental da imaginação'. Isso não deveria ser compreendido como o que produz o 'meramente imaginário' ou irreal, mas como o que permite a formação de todos os fenômenos, incluindo o real e o imaginário. De acordo com a interpretação de Heidegger, ela não é simplesmente uma terceira faculdade ao lado das outras duas, mas o poder radical do qual as outras brotam para a sua ligação na experiência." (GREAVES, Tom. *Heidegger:* introdução. Porto Alegre: Penso Editora, 2012, p. 26).

179. "Kant começa por distinguir três espécies de juízos: a) *juízos analíticos*, nos quais o predicado exprime uma noção já contida no sujeito – juízos necessariamente verdadeiros, mas de pouca utilidade para o progresso da ciência, por não serem extensivos, mas apenas explicativos do saber; b) *juízos sintéticos a posteriori*, cujo predicado não está contido na ideia do sujeito, mas lhe é atribuído em virtude de uma experiência. Particulares e contingentes os juízos *a posteriori* não tem nenhum alcance científico; c) restam finalmente os *juízos sintéticos a priori – sintéticos*, porque não se achando a noção do predicado encerrada na compreensão do sujeito, a união dos dois termos se faz por uma verdadeira síntese mental; *a priori*, por serem universais e necessários e como tais não poderem provir da experiência singular e contingente. A esta última categoria de juízos pertencem todas as proposições científicas." (FRANCA, Leonel. *Noções de história da filosofia*. 22. ed. Rio de Janeiro: AGIR, 1978, p. 170).

180. RICOEUR, Paul. *Na Escola da Fenomenologia*. Petrópolis: Rio de Janeiro: Vozes Ltda., 2009, p. 254.

balhados na *Crítica*[181] desdobram-se, segundo ele, para uma "fenomenologia dos juízos".[182]

A revolução copernicana anunciada por Kant, ao tomar as estruturas universais do sujeito como limites e regulação do objeto que *aparece* à consciência, na forma de juízos, assemelha-se, por esse ângulo, a própria *epoché* da fenomenologia husserliana,[183] de tal sorte a suspender verdades pré-concebidas com vistas a "voltar as coisas mesmas".[184] Não é por outro motivo que Ricoeur ainda afirma: "Husserl *faz* a fenomenologia, mas Kant a *limita* e a *funda*".[185]

Por seu turno, no final do século XX, diante dos desafios impostos pelo psicologismo, ciência empírica que se rogou a tarefa de decifrar os fenômenos do funcionamento da mente, incluindo suas representações, foi ele, Edmund Husserl, que retoma os fundamentos do projeto cartesiano, no anseio de identificar o método que conferiria à filosofia o grau de ciência rigorosa. O método em questão foi designado de fenomenologia.

3.1.1.2 Intencionalidade e a fenomenologia

O contraste feito por Kant entre *fenômeno* e *nôumeno* concedeu subsídios teóricos para que alguns filósofos trabalhassem a ideia de "progresso" na marcha para o conhecimento. Dentre eles destacam-se, no curso do século XIX, os filósofos Georg W. F. Hegel e Auguste Comte.

---

181. Referência a obra de Kant *Crítica da razão pura.*

182. RICOEUR, Paul. *Na Escola da Fenomenologia.* Petrópolis: Rio de Janeiro: Vozes Ltda., 2009, p. 263.

183. *Ibidem*, p. 259.

184. Palavras de Edmund Husserl, referindo-se à necessidade de uma experiência autêntica, originária do mundo, concedendo à experiência dos fenômenos os fundamentos de um contato ontológico.

185. RICOEUR, Paul. *Na Escola da Fenomenologia.* Petrópolis: Rio de Janeiro: Vozes Ltda., 2009, p. 291.

Sobre a ideia de *nôumeno*, aquilo que do objeto escapa à consciência, o filósofo alemão Hegel teorizou o caminho pelo qual, da tomada de conhecimento dos dados brutos da sensibilidade ou saberes não científicos, é possível, mediante uma *fenomenologia do espírito*[186], chegar-se à verdade ou aos saberes científicos, haja vista que o *absoluto*[187] está presente na consciência, embora na forma de fenômeno. Em uma frase, Hegel propôs um desvelamento do *fenômeno* rumo ao *nôumeno* da totalidade. Este movimento teórico ficou conhecido, na história ocidental, como *idealismo alemão*, protagonizado predominantemente pelos filósofos Fichte, Schelling e, como se vê, o próprio Hegel, possivelmente seu maior expoente. Entretanto, durante o século XIX, duros golpes foram desferidos contra essa postura idealista de ver o mundo. Visto o agravamento dos conflitos sociais capitaneados por movimentos trabalhistas e sindicais contrários aos interesses dos industriais,[188] aliado ainda à expansão de dominações geopolíticas sem a qual os conflitos internacionais não alcançariam grandes guerras mundiais,[189] o que se fez foi *(i)* quebrar a coesão das teorias idealistas, totalizantes ou racionalistas, e *(ii)* conceder espaço às correntes materialistas, individuais ou irracionalistas,[190] no seio de uma civilização que, segun-

---

186. Uma das principais obras de Hegel intitula-se *Fenomenologia do Espírito*.

187. "A filosofia de Hegel é também uma filosofia do absoluto. Talvez como nenhum outro filósofo, Hegel preocupa-se com a superação do imediato e do singular em direção às figuras mais abrangentes do pensamento. Mas o que vai diferenciar o pensamento de Hegel é que ele considerará o *trabalho* do espírito neste trajeto que é ao mesmo tempo o percurso *lógico* e *histórico* pelo qual a consciência se eleva da imediatidade de uma relação bruta com as coisas até o absoluto que se revela na elucidação conceitual." (SILVA, Franklin Leopoldo e. Dois Filósofos do Século XIX: Hegel e Comte. In: CHAUÍ, Marilena et al. *Primeira Filosofia:* lições introdutórias. 3ª. ed. São Paulo: Brasiliense, 1985, p. 109).

188. HUBERMAN, Leo. *História da riqueza do homem.* 18. ed. Rio de Janeiro: Zahar, 1982, p. 190.

189. ARENDT, Hannah. *Origens do Totalitarismo* – antissemitismo, imperialismo, totalitarismo. 1ª Edição. São Paulo: Companhia do Bolso, 2012, p. 190.

190. São exemplos o pessimismo de Schopenhauer, o existencialismo angustiado de Kierkegaard, o materialismo histórico de Karl Marx, as marteladas de Nietzsche e o

do Oswald Spengler, vivenciava à época o sentimento de sua decadência.[191]

Por outro lado, sobre a ideia de *fenômeno*, isto é, aquilo que do objeto aparece à consciência, a empreitada de Auguste Comte, no decorrer do século XIX, foi muito bem sucedida, notadamente pelos frutos colhidos por meio dessa ciência que, de forma tão prodigiosa, manipulou os fenômenos da natureza na busca de avanços tecnológicos, fazendo com que se aumentasse a produção de bens na sociedade e, igualmente, conferindo formas mais eficientes de prestação dos serviços essenciais à expansão da economia capitalista, a exemplo do transporte e da comunicação. O progresso do positivismo, portanto, afetou diametralmente a produtividade das indústrias, como também imprimiu novas formas de relações técnicas e sociais entre os indivíduos. Por esse ângulo, o desenvolvimento do capitalismo é tão tributário do liberalismo de Adam Smith quanto é do positivismo de Auguste Comte.

Assim, o positivismo, abdicando de qualquer ideia relacionada ao absoluto,[192] ganha força teórica para se estabelecer no campo das ciências empíricas, propiciando a proliferação de outros estudos de mesma característica, tal como o psicologismo,[193] cuja proposta era explicar, distante de qualquer sentido

---

inconsciente parricida e incestuoso de Freud.

191. SPENGLER, Oswald. *A decadência do Ocidente*: esboço de uma morfologia da História Universal. Rio de janeiro: Zahar, 1964, p. 97.

192. "Finalmente a humanidade evoluiu para o estado positivo, caracterizado pela renúncia ao conhecimento do absoluto, das causas últimas, passando então a dirigir as forças intelectuais para a compreensão das leis e das relações que se podem constatar entre os fenômenos por meio da observação e dos instrumentos teóricos." (PRIMEIRA filosofia: lições introdutórias. São Paulo: Brasiliense, 1986, p. 113).

193. "A tendência do naturalismo, do qual o psicologismo é um caso particular, consiste em resolver a questão anulando a dualidade ou a diferença entre sujeito e objeto, afirmando que a única realidade é a Natureza. Em linhas gerais, as consequências do naturalismo podem ser reduzidas às seguintes: tudo é objeto natural ou físico; a consciência é uma expressão vaga que se costuma atribuir a eventos físico-fisiológico ocorridos no cérebro e no sistema nervoso; o conhecimento é apenas o efeito da ação causal exercida pelos objetos físicos exteriores sobre os mecanismos nervosos e cerebrais; os conceitos e leis científicos são generalizações abstratas que

metafísico, os fenômenos produzidos pelo conhecimento, nos estritos limites materiais da experiência observada. Logo, para o psicologismo, resumidamente, dada uma disposição biológica "x" do corpo a ser compreendida como qualquer outro fenômeno da natureza, as ideias que viriam a mente seriam "y", na mais estrita causalidade material. As ideias, portanto, que se passam na nossa cabeça tem a sua explicação científica no funcionamento dos organismos em que elas surgem.

Porém, os fenômenos, como se sabe, são contingentes e singulares, o que faz deles despidos da objetividade necessária sem a qual não há essências universais a serem evidenciadas e comunicadas. O psicologismo, nesses termos, não explicava a constância da essência de uma ideia sobre os fenômenos, caso a *aparição* dela fosse dependente de uma disposição físico-fisiológica única e não repetível, sem a qual não se produziria o mesmo efeito fenomênico na mente. A essência (*eidos*) de uma ideia, em linhas finais, não se verifica no campo das ciências empíricas, razão pela qual se desclassificava o psicologismo do exame das significações que surgem à consciência, haja vista as estruturas apodíticas, portanto, universais e necessárias, que essas aparições contêm consigo. Vale reforçar, estruturas essas designadamente lógicas, que não se submetem à disposição orgânica de um corpo para que se verifique sua constância no domínio dos sentidos. Afinal, todo conhecimento carrega consigo idealidades não verificadas empiricamente, o que prejudica o método das ciências naturais para o seu exame. Nessas condições, era preciso um método de investigação das essências que se encontram na consciência, isto é, uma *ciência das essências*.

Nos primórdios do século XX, o filósofo alemão Edmund Husserl, nos prolegômenos da obra *Investigações Lógicas*,

---

servem para o homem pensar mais economicamente a multiplicidade dos objetos exteriores; os conceitos de sujeito, objeto, consciência, coisa, princípio, causa, efeito etc. só tem sentido quando reduzidos a entidades empíricas observáveis; e, finalmente, a teoria do conhecimento é uma psicologia, isto é, uma descrição do comportamento do sujeito na atividade conhecer." (LOPARIC, Zelijko. Husserl – Vida e obra. In: *Os pensadores*. São Paulo: Nova Cultural, 2005, 1980, p. 6).

muito em razão da sua formação como matemático, percebe essa imprecisão feita pelo psicologismo entre processo e produto, físico e psíquico. Não obstante o envolvimento com processos físico-fisiológicos, o conhecimento do fenômeno é organizado sobre bases lógico-transcendentais, no mesmo sentido conferido por Kant,[194] e por isso não se sujeita às contingências e singularidades das experiências. A consciência, enquanto *ação de conhecer*, preserva na sua imanência as formas e essências que dão objetividade ao *mundo da vida* (*lebenswelt*). O psicologismo havia esquecido essa dimensão pura ou *a priori* constitutiva da ação de conhecer,[195] movimento que se lança contra todo fenômeno para lhe conceder uma significação, não dependendo para isso de uma determinada disposição biológica do corpo que conhece. Essa ação eidética é o que Husserl denominou de *intencionalidade*, cujo método

194. O filósofo francês Paul Ricouer demonstra, em linhas gerais, como a fenomenologia conecta-se às reflexões de Kant, Hume e Descartes: "Husserl se liga a Kant, não só na interpretação idealista do seu método, mas até nas dscrições que continuam a análise kantiana do *Gemüt* que permanecia mascarado pelas preocupações epistemológicas da *Crítica*. Ao mesmo tempo, a fenomenologia alcança em profundidade o espírito de Hume: pelo seu gosto por aquilo que é 'originário', 'pleno', 'presente', para além das abreviações e dos símbolos do discurso, ela dá sequência à grande tradição inglesa da crítica da linguagem, e estende sua disciplina de pensamento a todos os setores da experiência – experiência das significações, das coisas, dos valores, das pessoas. Enfim, a fenomenologia se liga, de modo mais radical ainda, a Descartes, à dúvida e ao *cogito* cartesianos. A redução que ela efetua das falsas evidências – do 'evidente em si' (*Verständlichkeit*) – ao fenômeno verdadeiro, ao aparecer autêntico, segue bem a linha da dúvida cartesiana. E o *cogito* se torna bem outra coisa que uma primeira verdade, seguida de outras verdades em uma cadeia de razões; ele é o único campo da verdade fenomenológica, em que todas as pretensões de sentido são confrontadas com as presenças que constituem o fenômeno do mundo. Assim a fenomenologia continua o transcendental kantiano, o originário humano, a dúvida e o *cogito* cartesianos." (RICOEUR, Paul. *Na Escola da Fenomenologia*. Petrópolis: Rio de Janeiro: Vozes Ltda., 2009, p. 8-9).

195. "As leis psicológicas, vagas e imprecisas, são de natureza experimental e indutiva; as lógicas são necessárias, precisas e normativas. A lógica tem, pois, o seu objeto próprio – as essências e formas universais; a sua existência independente da psicologia; é uma ciência formal que prescinde da realidade (objeto da metafísica) e estabelece relações necessárias *a priori*. Com esta reivindicação prepara-se o caminho à *fenomenologia*, que permitirá elevar a filosofia à verdadeira categoria de ciência, como a matemática." (FRANCA, Leonel. *Noções de história da filosofia*. 22. ed. Rio de Janeiro: AGIR, 1978, p. 249-250).

ou caminho[196] de conhecimento, dada a normatividade de sua estrutura lógica, denomina-se de *fenomenologia*.

A intencionalidade remonta a essa atividade incessante de "ser consciente de algo", ou seja, de viver sob um contínuo fluxo de significações, imprimindo significados aos objetos, cada qual em sua *região* ôntica a ser percebida pela consciência, enquanto força transcendental ou constitutiva exposta ao mundo. Porquanto a linguagem abarrota o "vazio" da intencionalidade através do movimento de *reducionismo fenomenológico*, ela, a linguagem, acaba por ser representativo de toda a realidade do sujeito. A consciência, disse Sartre, é *consciência espontânea,*[197] sem nenhum elemento substancial que a defina, exceto este fundamento lógico e pré-reflexivo de constituição da linguagem dos fenômenos da vida.

Somos, pois, a nível de consciência, apenas linguagem, assim como tudo que compreendemos acerca do mundo o qual nos envolve. Logo, para empreender no conhecimento de qualquer fenômeno, é imprescindível examinar detidamente a dinâmica da linguagem, sobretudo quando a proposta é construir um conhecimento de ordem científica – principal tema debatido pelos filósofos do Círculo de Viena.

3.1.1.3 Linguagem e os sistemas de referência

No curso do século XX, a filosofia da ciência presenciou de vez a linguagem perder o seu papel meramente instrumental de traduzir, bem ou mal, o mundo, tal como se fosse uma

---

196. De origem grega, a palavra método ou *methodos (met + hódos)* significa "caminho para".

197. "A consciência é sempre consciência de algo; é intencionalidade em relação ao seu objeto, está voltado ao exterior, ao mundo. Nessa condição, ser consciência posicional (espaço-temporal), de um objeto qualquer, é, ao mesmo tempo, não ser consciência posicional de si mesma. Com base nessa constatação, Sartre elabora uma crítica das teorias do conhecimento e da percepção, afirmando a consciência espontânea como base pré-reflexiva da reflexão mesmo (que caracteriza, entre outras coisas, uma consciência tética, ou posicional de si mesma – o Eu)." (MONTEIRO, Luis Gonzaga Mattos. *Sartre e Foucault:* subjetividade e poder. Florianópolis: Ed. da UDESC, 2002, p. 88-89).

simples ponte semiótica a ser atravessada pelo sujeito rumo à verdade dos objetos. A fenomenologia, na sua autenticidade com o fenômeno, mediante a experiência originária da intencionalidade, revela a linguagem como construtora da ontologia, isto é, como a morada onde reside o *ser.*[198] Sem linguagem não há *ser* ou *ente* a ser desvelado, tampouco a ideia do Eu ou do mundo que sentimos nos envolver. Tudo que conheço encontra-se nos domínios da minha linguagem, conforme estabelece a proposição 5.6 de Wittgenstein.[199]

Acontece que a fenomenologia, no seu "retorno às coisas mesmas", carrega consigo um tom solipsista contrário às pretensões científicas da época. As significações construídas pela intencionalidade consubstanciavam-se em uma linguagem muito autêntica da consciência, porém, ao ser comunicada intersubjetivamente, o significado daquela experiência talvez não vença a singularidade vivida por aquele corpo, embora a lógica que a estruture sim, em função de ser universal e apodítica. Sendo assim, a partir do método fenomenológico, cujo conteúdo da intencionalidade são significações, isto é, signos linguísticos, a metodologia científica permite-se dar mais um passo epistemológico rumo ao conhecimento da linguagem, bem como a maneira com que ela se estrutura analiticamente. Sendo assim, depois do *giro-copernicano*, em que a atenção se voltou do objeto para o sujeito, agora a atenção se volta do sujeito para a linguagem. Esse movimento epistemológico ficou conhecido como *giro-linguístico*.

Nessas condições, muitos símbolos sem sentido perderam seu protagonismo, valendo para uma teoria do conhecimento científico apenas os símbolos verificáveis, isto é, as proposições cujos sentidos exprimam um possível estado de coisas no mundo. Concernidos com a linguagem na formação de uma ciência

---

198. HEIDEGGER, Martin. Carta sobre o humanismo. In: *Marcas do caminho*. Trad. de Enio P. Giachini e Ernildo Stein. Petrópolis: Vozes, 2008, p. 326.

199. WITTGENSTEIN, Ludwig. *Tractatus logico-philosophicus*. São Paulo: Ed. da Universidade de São Paulo, 1968, p. 129.

rigorosa, suficientemente apta a ser comunicada intersubjetivamente, bem como examinada empiricamente,[200] os filósofos participantes do Círculo de Viena[201] constavam dentre os principais movimentos da época a levantarem esta bandeira.

Para entender como se operou a virada da intencionalidade do sujeito para a linguagem, é preciso compreender isto: uma proposição, que "é uma significação mais complexa"[202] presente à consciência, não se confunde com a impossibilidade de conferir e comunicar a singularidade da sensação obtida na experiência. Em outras palavras, uma coisa é a maneira com que intrassubjetivamente cada corpo vivencia as sensações do fenômeno, outra são as significações que dele construímos, tornando inteligível e dialogável, por meio de proposições, o conhecimento do que se vivenciou.[203] Sensações são únicas, inéditas e irrepetíveis, porém, as proposições que de-

---

200. "O primeiro passo de todo filosofar e o fundamento de toda reflexão consistem em enxergar que é absolutamente impossível assinalar o sentido de uma afirmação, a não ser descrevendo as condições que devem ocorrer para que a afirmação seja verdadeira. Se estas condições não se verificarem, a afirmação será falsa." (SCHLICK, Moritz; CARNAP, Rudolf. *Coletânea de textos*. São Paulo: Abril Cultural, 1980, p. 43).

201. Na metade do século XX, em Viena, crescia um movimento no qual contemplava físicos, filósofos, matemáticos, entre outros, de grande preocupação científica, notadamente acerca da metodologia a ser empregada, o qual fundamentou um giro-linguístico na construção da ciência. São os filósofos da linguagem, e seus encontros para debates intitulou-se *Círculo de Viena*.

202. "As proposições são objetos conceptuais, que estão em nossa mente e, assim sendo, não tem natureza física. Tomando a proposição como a significação que construímos a partir da leitura de um enunciado, temos que de uma mesa sequência de palavras podemos construir inúmeras proposições diferentes, dependendo dos valores atribuídos a cada um de seus termos. (...) Assim, não há relação entre o número de enunciados com o número de proposições. Porém, a cada enunciado corresponde ao menos uma proposição, caso contrário, não se trata de enunciado, pois estes só se caracterizam como tal por estimularem intelectualmente a construção de um sentido completo. Há de se ressaltar que a proposição, é uma significação mais complexa do que aquela referente a um termo isolado. Os termos, as palavras, são expressões físicas de ideias, noções, ou conceitos, que, por sua vez, se constituem como significações, por serem construções da mente humana que têm como base certo suporte físico." (CARVALHO, Aurora Tomazini de. *Curso de teoria geral do direito* – o constructivismo lógico-semântico. 5ª ed. São Paulo: Noeses, 2009, p. 198).

203. SCHLICK, Moritz; CARNAP, Rudolf. *Coletânea de textos*. São Paulo: Abril Cultural, 1980, p. 50.

las construímos imprimem as significações necessárias para serem compartilhadas, no tempo, a partir de um "universo-de-linguagem e dentro de uma comunidade-do-discurso",[204] como observa Lourival Vilanova. Portanto, a compreensão intersubjetiva dos fenômenos reside nas proposições compartilhadas, com as quais, concatenadas em rigorosas bases lógicas, "purifica-se" a mensagem comunicada, aumentando a intensidade de sua clareza e posição científica de verificabilidade dos fenômenos observáveis. Essa postura metodológica sobre a linguagem a perseguir uma cientificidade é o que se intitulou de *positivismo lógico* ou *neopositivismo.*[205]

Levado a termo, a chave de compreensão dos fenômenos para os neopositivistas está na "concordância das proposições entre si"[206], cujas significações não se referem às sensações do corpo, mas à linguagem estruturante da experiência no mundo, fazendo desse encontro uma possibilidade científica de comunicação e verificação por outros sujeitos, especialmente aqueles presentes dentro de uma comunidade científica. A concordância das proposições, por sua vez, condiciona-se ao sistema que as estruture, ou seja, "sistema como *forma sintática* de união de proposições".[207] Na denominação de Rudolf

---

204. "Mediante a linguagem fixam-se as significações conceptuais e se comunica o conhecimento. O conhecimento ocorre num universo-de-linguagem e dentro de uma comunidade-do-discurso." (VILANOVA, Lourival. *As estruturas lógicas e o sistema de direito positivo*. São Paulo, Noeses, 2005, p. 2).

205. "Parece-me ser um núcleo justo e incontestável das correntes 'positivistas' o princípio de que o sentido de qualquer proposição se encerra absolutamente no fato da sua verificação do 'dado'. Entretanto, o mencionado princípio raramente foi formulado com clareza dentro das referidas correntes, sendo com frequência mesclado com tantas proposições inaceitáveis, que se impõe uma purificação lógica do mesmo. Se quisermos que o resultado seja justificado, deveríamos talvez acrescentar um adjetivo diferenciante – por vezes emprega-se o termo 'Positivismo lógico' ou também 'Positivismo logicístico'." (SCHLICK, Moritz; CARNAP, Rudolf. *Coletânea de textos*. São Paulo: Abril Cultural, 1980, p. 63)

206. Idem, 69.

207. VILANOVA, Lourival. *As estruturas lógicas e o sistema de direito positivo*. São Paulo, Noeses, 2005, p. 140.

Carnap, integrante do Círculo de Viena, são os *sistemas de referência linguístico*.

Nesse sentido, a linguagem constituída por um conjunto de proposições concordantes entre si vincula-se ao sistema de referência no qual pertence, arquitetando-se em termos lógicos ou sintáticos, de maneira universal, e em termos semânticos, dentro de uma *moldura*[208] possível de significação dos entes ou fenômenos. Escreve Carnap: "se alguém deseja falar em sua linguagem acerca de um novo tipo e entidade, deve introduzir um sistema de novas maneiras de falar, sujeito a novas regras",[209] em outras palavras, deve introduzir um sistema de referência linguístico.

Então, se o direito é um fenômeno (o objeto jurídico), então é vertido em uma linguagem própria (a linguagem jurídica) e construído dentro de um sistema de referência composto por significantes[210] qualificados como jurídicos (o sistema de

---

208. O termo *moldura* foi usado para se reportar ao capítulo VIII da obra *Teoria Pura do Direito*, de Hans Kelsen, no qual, tratando da interpretação jurídica, aborda a *moldura da norma geral* enquanto dimensão de possibilidades semânticas de sua aplicação ou pluralidades de significações jurídicas. Nas palavras do autor: "Se por 'interpretação' se entende a fixação por via cognoscitiva do sentido do objeto a interpretar, o resultado de uma interpretação jurídica somente pode ser a fixação da moldura que representa o Direito a interpretar e, consequentemente, o conhecimento das várias possibilidades que dentro desta moldura existem. Sendo assim, a interpretação de uma lei não deve necessariamente conduzir a uma única solução como sendo a única correta, mas possivelmente a várias soluções que - na medida em que apenas sejam aferidas pela lei a aplicar - têm igual valor, se bem que apenas uma delas se torne Direito positivo no ato do órgão aplicador do Direito - no ato do tribunal, especialmente. Dizer que uma sentença judicial é fundada na lei, não significa, na verdade, senão que ela se contém dentro da moldura ou quadro que a lei representa - não significa que ela é *a* norma individual, mas apenas que é *uma* das normas individuais que podem ser produzidas dentro da moldura da norma geral." (KELSEN, Hans. *Teoria pura do direito*. 7. ed. São Paulo: M. Fontes, 2006, p. 390-391).

209. SCHLICK, Moritz; CARNAP, Rudolf. *Coletânea de textos*. São Paulo: Abril Cultural, 1980, p. 114.

210. O termo *significante* refere-se ao suporte físico com que se constrói, de forma *imotivada*, um conceito ou significado. Nas palavras de Saussure, "O laço que une o significante ao significado é arbitrário ou então, visto que entendemos por signo o total resultante da associação de um significante com um significado, podemos dizer mais simplesmente: *o signo linguístico é arbitrário*" (SAUSSURE, Ferdinand de. *Curso de linguística geral*. 34. ed. São Paulo: Cultrix, 2013, p. 81).

direito positivado). Um dos filósofos responsáveis pela compreensão e limites epistemológicos deste sistema de referência, denominado de direito positivo, foi Hans Kelsen, e a obra pela qual o apresenta intitula-se Teoria Pura do Direito.

3.1.1.4 Linguagem jurídica e o sistema de direito positivo

Se a linguagem é responsável pela constituição das *entidades* dentro de uma potencial realidade circunscrita a um sistema de referência, então, sendo o direito um sistema, é possível tratá-lo como uma linguagem que constitui *entidades* jurídicas? Ou, ainda, como identificar os limites do sistema de referência do direito, sem o qual não se conhece os objetos jurídicos, ou seja, a norma jurídica? Dada estas indagações da filosofia da linguagem, foi o filósofo e jurista austríaco Hans Kelsen, também membro do Círculo de Viena, que se destacou por se responsabilizar em respondê-las, na sua *Teoria.*

Ao conceber uma teoria pura do direito positivo, Kelsen esmerou-se para fornecer os limites deste sistema de referência linguístico, procurando identificar o conjunto ordenado de relação entre signos jurídicos que devem ser intuídos na construção de uma *significação jurídica.*[211] É, em razão disso, uma teoria epistemológica do direito ou, segundo o autor, uma teoria da interpretação, cujo objeto jurídico de verificação é desenhado na qualidade de um suporte físico ou texto específico a ser significado ou, dito de outra maneira, *significantes* jurídicos para a produção de uma específica significação: a norma jurídica.[212] Dessa forma, estabelece-se um princípio metodo-

211. "Se analisarmos qualquer dos fatos que classificamos de jurídicos ou que têm qualquer conexão com o Direito - por exemplo, uma resolução parlamentar, um ato administrativo, uma sentença judicial, um negócio jurídico, um delito, etc. -, poderemos distinguir dois elementos: primeiro, um ato que se realiza no espaço e no tempo, sensorialmente perceptível, ou uma série de tais atos, uma manifestação externa de conduta humana; segundo, a sua significação jurídica, isto é, a significação que o ato tem do ponto de vista do Direito." (KELSEN, Hans. *Teoria pura do direito.* 7. ed. São Paulo: M. Fontes, 2006, p. 2)

212. Tanto a *norma em sentido amplo*, expresso no suporte físico do direito a serviço da produção de proposições jurídicas, como a *norma em sentido estrito*, expresso na linguagem constitutiva do juízo hipotético-condicional revelador de um modal deôntico intersubjetivo entre sujeitos-de-direito.

lógico fundamental, a saber, em termos semióticos, os limites estruturais de conhecimento dos símbolos do direito positivo. Ao usar a terminologia husserliana, precisas são as palavras de Paulo de Barros Carvalho:[213]

> Tendo o signo *status* lógico de uma relação que se estabelece entre o suporte físico, a significação e o significado, para utilizar a terminologia de E. Husserl, pode dizer-se que toda linguagem, como conjunto sígnico que é, também oferece esses três ângulos de análise, isto é, compõe-se de um substrato material, de natureza física, que lhe sirva de suporte, uma dimensão ideal na representação que se forma na mente dos falantes (plano de significação) e o campo dos significados, vale dizer, dos objetos referidos pelos signos e com os quais mantêm eles relação semântica. Nessa conformação, o texto ocupa o tópico de suporte físico, base material para produzir-se a representação mental na consciência do homem (significação) e, também, termo da relação semântica com os objetos significados. O texto é o ponto de partida para a formação das significações e, ao mesmo tempo, para a referência aos entes significados, perfazendo aquela estrutura triádica ou trilateral que é própria das unidades sígnicas. Nele, texto, as manifestações subjetivas ganham objetividade, tornando-se intersubjetivas. Em qualquer sistema de signos, o esforço de decodificação tomará por base o texto, e o desenvolvimento hermenêutico fixará nessa instância material todo o apoio de suas construções.

Por isso é preciso explicar que a maneira com que o direito e seus agentes efetivamente se comportam, no sistema social, enviesado por uma soma de influências econômicas e ideológicas, ou *infraestruturais* e *superestruturais*, no léxico marxista, representa objeto de estudo de outras ciências, como a sociologia jurídica, a ciência política, a psicologia, a história do direito, dentre outras áreas do conhecimento. Todavia, nada disso prejudica o feito de Kelsen de propor uma teoria de conhecimento do *objeto jurídico*, suas condições estruturantes e limites semióticos, que, pela linguística,[214] podemos definir como linguagem jurídica.

---

213. CARVALHO, Paulo de Barros. *Direito tributário* – fundamentos jurídicos da incidência. 10. ed. rev. e atual. São Paulo: Saraiva, 2015, p. 41.

214. A linguística é a ciência que se constitui em torno do fenômeno da linguagem,

A propósito, para compreender a linguagem jurídica, é preciso levar em consideração a influência que o *criticismo* de Kant exerceu sobre Kelsen, prontamente constatável em diversas passagens da sua obra.[215] Enquanto aquele fez uma *crítica da razão pura*, este fez uma *teoria pura do direito*. A palavra *pura*, em ambos os títulos de suas obras, diz respeito à metodologia de assepsia de *(i)* proposições metafísicas, no conhecimento de um objeto qualquer, no caso de Kant; e *(ii)* metajurídicas, no conhecimento do objeto jurídico, no caso de Kelsen. Portanto, para Kelsen, o conhecimento da norma jurídica, a qual é traduzida como objeto jurídico constituído dentro do sistema de referência do direito positivo, depende do expurgo de todas proposições que não sejam jurídicas, o que significa proposições derivadas de significantes não jurídicos.

A norma jurídica, é preciso entender, expressa-se em linguagem, "isto é, em palavras e proposições".[216] Para conhecê-la é preciso estabelecer seus princípios epistemológicos ou, dito de outra forma, *lógico-transcendentais*, em nome da constituição de uma *intencionalidade* que se possa afirmar jurídica, pois, de outra forma, não se fecha o sistema de referência de *significantes* jurídicos – conjunto de normas jurídicas objetivamente válidas –, e outros signos não jurídicos podem servir de suporte físico. Esse princípio ou pressuposto lógico é o que

---

compreendendo tanto a linguística da *língua* (psíquico-social) quanto a linguística da *fala* (psíco-física). Ela procura examinar todas as manifestações da linguagem humana, inobstante a época ou a complexidade da organização social (solidariedade mecânica ou orgânica, conforme as categorias desenvolvidas pelo sociólogo francês Durkheim). Nas palavras do linguista suíço Ferdinand de Saussure, "Tomada em seu todo, a linguagem é multiforme e heteróclita; o cavaleiro de diferentes domínios, ao mesmo tempo física, fisiológica e psíquica, ela pertence além disso ao domínio individual e ao domínio social; não se deixa classificar em nenhuma categoria de fatos humanos, pois não se sabe como inferir sua unidade." (SAUSSURE, Ferdinand de. *Curso de linguística geral*. 34. ed. São Paulo: Cultrix, 2013, p. 17).

215. "Também é verdade que, no sentido da teoria do conhecimento de Kant, a ciência jurídica como conhecimento do Direito, assim como todo o conhecimento, tem caráter constitutivo e, por conseguinte, 'produz' o seu objeto na medida em que o apreende como um todo com sentido." (KELSEN, Hans. *Teoria pura do direito*. 7. ed. São Paulo: M. Fontes, 2006, p. 81-82).

216. KELSEN, Hans. *Teoria pura do direito*. 7. ed. São Paulo: M. Fontes, 2006, p. 81.

Kelsen denominou de *norma fundamental*[217] (*"Grundnorm"*), cuja posição ocupada, no pensamento do exegeta (norma ou proposição pensada[218]) é máxima, diante da hierarquia das normas do sistema, eis que toda norma jurídica procura sua validade em uma norma de posição hierárquica superior, o que faz da norma fundamental,[219] no léxico de Aristóteles, para o *cosmos* da fenomenologia jurídica, o seu *motor-imóvel*.

---

217. "Na medida em que só através da pressuposição da norma fundamental se torna possível interpretar o sentido subjetivo do fato constituinte e dos fatos postos de acordo com a Constituição como seu sentido objetivo, quer dizer, como normas objetivamente válidas, pode a norma fundamental, na sua descrição pela ciência jurídica - e se é lícito aplicar *per analogiam* um conceito da teoria do conhecimento de Kant, ser designada como a condição lógico-transcendental desta interpretação. Assim como Kant pergunta: como é possível uma interpretação, alheia a toda metafísica, dos fatos dados aos nossos sentidos nas leis naturais formuladas pela ciência da natureza, a Teoria Pura do Direito pergunta: como é possível uma interpretação, não reconduzível a autoridades metajurídicas, como Deus ou a natureza, do sentido subjetivo de certos fatos como um sistema de normas jurídicas objetivamente válidas descritíveis em proposições jurídicas? A resposta epistemológica (teorético-gnoseológica) da Teoria Pura do Direito é: sob a condição de pressupormos a norma fundamental: devemos conduzir-nos como a Constituição prescreve, quer dizer, de harmonia com o sentido subjetivo do ato de vontade constituinte, de harmonia com as prescrições do autor da Constituição. A função desta norma fundamental é: fundamentar a validade objetiva de uma ordem jurídica positiva, isto é, das normas, postas através de atos de vontade humanos, de uma ordem coerciva globalmente eficaz, quer dizer: interpretar o sentido subjetivo destes atos como seu sentido objetivo." (KELSEN, Hans. *Teoria pura do direito*. 7. ed. São Paulo: M. Fontes, 2006, p. 225-226).

218. "Se, porém, a norma fundamental não pode ser o sentido subjetivo de um ato de vontade, então apenas pode ser o conteúdo de um ato de pensamento. Por outras palavras: se a norma fundamental não pode ser uma norma querida, mas a sua afirmação na premissa maior de um silogismo é logicamente indispensável para a fundamentação da validade objetiva das normas, ela apenas pode ser uma norma pensada. (...) Como esta norma fundamental não é uma norma querida e, por isso, também não pode ser uma norma querida pela ciência jurídica (quer dizer: pelo sujeito que faz ciência jurídica), e tal norma (melhor: a sua afirmação) é logicamente indispensável para a fundamentação da validade objetiva das normas jurídicas positivas, ela apenas pode ser uma norma pensada, e uma norma que é pensada como pressuposto quando uma ordem coercitiva globalmente eficaz é interpretada como um sistema de normas jurídicas válidas" (KELSEN, Hans. *Teoria pura do direito*. 7. ed. São Paulo: M. Fontes, 2006, p. 227).

219. "Como já notamos, a norma que representa o fundamento de validade de uma outra norma é, em face desta, uma norma superior. Mas a indagação do fundamento de validade de uma norma não pode, tal como a investigação da causa de um determinado efeito, perder-se no interminável. Tem de terminar numa norma que se pressupõe como a última e a mais elevada. Como norma mais elevada, ela tem de

Sob essas premissas teóricas – *(i)* de fechamento sistêmico, com a norma hipotética fundamental; *(ii)* de autorreferência, dada a validade de toda norma estar em outra norma; *(iii)* de produção e aplicação do direito por operativos próprios pelos quais o direito seleciona intérpretes autênticos para se recriar; e *(iv)* de abertura cognitiva para o ambiente social, sem a qual o intérprete autêntico não subsome fatos sociais às normas jurídicas, embora essa operação seja toda ela feita operativamente de forma fechada, dentro do direito, onde fatos encontrados no entorno do sistema de direito positivo são vertidos em fatos jurídicos –, a Teoria Pura do Direito de Hans Kelsen dialoga, em termos sistêmicos, com a Teoria Geral dos Sistemas Sociais de Niklas Luhman.

Este adendo feito é fundamental, haja vista que, se Direito é linguagem, então nada mais exato, no sentido metodológico, que identificá-lo enquanto fenômeno dentro de um sistema social de comunicação, para ser mais preciso, um subsistema jurídico de *proposições nomoempíricas prescritivas.*[220] Por exemplo, com relação ao fundamento último de toda norma estar

---

ser pressuposta, visto que não pode ser posta por uma autoridade, cuja competência teria de se fundar numa norma ainda mais elevada. A sua validade já não pode ser derivada de uma norma mais elevada, o fundamento da sua validade já não pode ser posto em questão. Uma tal norma, pressuposta como a mais elevada, será aqui designada como norma fundamental (*Grundnorm*)" (KELSEN, Hans. *Teoria pura do direito.* 7. ed. São Paulo: M. Fontes, 2006, p. 217).

220. "Como sistema nomoempírico prescritivo, o direito apresenta uma particularidade digna de registro: as entidades que o compõe estão dispostas numa estrutura hierarquizada, regida pela fundamentação ou derivação, que se opera tanto no aspecto material quanto no formal ou processual, o que lhe imprime possibilidade dinâmica, regulando, ele próprio, sua criação e suas transformações. Examinado o sistema de baixo para cima, cada unidade normativa se encontra fundada, material e formalmente, em normas superiores. Invertendo-se o ângulo de observação, verifica-se que das regras superiores derivam, também material e formalmente, regras de menor hierarquia. Todas as normas do sistema convergem para um único ponto – a norma fundamental –, que dá fundamento de validade à Constituição positiva. Seu reconhecimento imprime, decisivamente, caráter unitário ao conjunto, e a multiplicidade de normas, como entidades da mesma índole, lhe confere o timbre de homogeneidade. Isso autoriza dizermos que o sistema nomoempírico do direito é unitário e homogêneo, afirmação que vale para referência ao direito nacional de um país ou para aludirmos ao direito internacional, formado pela conjunção do pluralismo dos sistemas nacionais." (CARVALHO, Paulo de Barros. *Direito tributário* – fundamentos jurídicos da incidência. 10. ed. rev. e atual. São Paulo: Saraiva, 2015, p. 79).

na norma hipotética fundamental, diferenciando assim, teoricamente, o que é Direito do que não é Direito, se preferir, distinguindo o conjunto de normas que são jurídicas de seu meio social, encontra em Luhman a ideia de *diferenciação sistêmica*, em que existe um encerramento operativo dos sistemas vis-à-vis o seu entorno, seu ambiente.[221] Ademais, a maneira com que Kelsen descreve o processo seletivo do Direito acerca de quais fenômenos sociais pretende regular, fazendo-o mediante operações de recorte do ambiente para que sejam relatados ou produzidos no interior do subsistema jurídico, através daquilo que Luhmann denominou de acoplamentos estruturais (*strukturulle kopllung*), com vistas a atingir determinados efeitos prescritivos, é descrito na obra *Sistemas Sociais* através do conceito de *produção*.[222] Finalmente, para ficarmos em só mais

221. "A diferença entre sistema e ambiente, na condição de paradigma da Teoria dos Sistemas, obriga a se substituir a diferença entre todo e parte por uma teoria da diferenciação sistêmica. Diferenciação sistêmica não é outra coisa senão a repetição da formação sistêmica no interior dos sistemas. No interior dos sistemas pode ocorrer diferenciação de outras diferenças sistema/ambiente. O conjunto do sistema adquire, com isso, a função de um 'ambiente interno' para seus subsistemas, especificamente para cada subsistema. A diferença sistema/ambiente é, portanto, reduplicada, o conjunto do sistema multiplica a si mesmo como uma multiplicidade de diferenças internas sistema/ambiente. Cada diferença entre subsistema e ambiente interno é, por sua vez, o conjunto do sistema – mas isso em perspectivas respectivamente distintas. Por isso, diferenciação sistêmica é um processo de aumento de complexidade – com consequências significativas para aquilo que, então, ainda possa ser observado como unidade do conjunto do sistema." (LUHMANN, Niklas. *Sistemas sociais:* esboço de uma teoria geral. Petrópolis RJ: Vozes, 2016, p. 35).

222. "A transposição para a diferença entre sistema e ambiente tem profundas consequências para o entendimento de causalidade. A linha divisória entre sistema e ambiente não pode ser entendida como isolamento e síntese das causas 'mais importantes' no sistema; o que ocorre, antes, é que essa linha retalha nexos causais, e a questões é: Sob qual perspectiva? Sistema e ambiente sempre atuam juntos em todos os efeitos – no domínio dos sistemas sociais, isso já se manifesta no fato de que, sem a consciência de sistemas psíquicos, dificilmente se pode chegar à comunicação. Por isso, é necessário esclarecer por que e como a causalidade é distribuída em sistema e ambiente. Podemos pelo menos formular o problema mais exatamente e conectá-lo com outros aspectos da Teoria dos Sistemas, sem fornecer, precipitadamente, critério para tal distribuição. Para isso usamos o conceito de *produção* (e seus derivados: reprodução, autoprodução, autopoiese). Falamos de produção quando *algumas* causas, mas *não todas*, as quais são necessárias para provocar determinados efeitos, pode sem empregadas sob o controle de um sistema. Essencial no conceito não é a calculabilidade técnica ou mesmo a exequibilidade mecânica (embora isso possa ser uma perspectiva para a seleção na formação

um exemplo, a norma enquanto elemento produzido dentro do sistema de direito por seus intérpretes autênticos, que a opera de forma autorreferencial, pois uma norma se refere a outra norma hierarquicamente superior, e esta também se refere a outra norma hierarquicamente superior, até o seu fechamento operativo na norma fundamental, e assim todo o direito, na sua reprodução, é autorreferente, encontra em Luhmann a sua explicação de constituição como *elemento* dentro de um sistema, a partir de condições estruturais.[223] Em uma frase, o Direito é linguagem produzida dentro de um subsistema jurídico de comunicação, o sistema de direito positivo.

Sendo o Direito um fenômeno da linguagem, possui igualmente consigo as seguintes dimensões: *(i)* analítica, que se reporta à relação sintática entre signos constitutivos da proposição; *(ii)* semântica, que diz respeito à relação representativa entre signo e *ente* significado na proposição; e *(iii)* pragmática, que se refere à relação comportamental entre signos e utentes da linguagem. Quando a linguagem é produzida pelo agente competente ou intérprete autêntico, no léxico kantiano, na região ôntica dos objetos culturais do *dever-ser* ("*Sollen*"), sua lógica ou sintaxe é estruturada de maneira prescritiva ou, se preferir, deôntica, com

---

sistêmica), mas esse 'algumas..., mas não todas'. Essa diferença possibilita seleção, e seleção possibilita comprovação (*Bewährung*)." (LUHMANN, Niklas. *Sistemas sociais:* esboço de uma teoria geral. Petrópolis RJ: Vozes, 2016, p. 37).

223. "Pode-se designar um sistema como autorreferencial, quando ele mesmo constitui, como unidades funcionais, os elementos dos quais ele se constitui e faz percorrer em todas as relações entre esses elementos uma referência a essa autoconstituição, de modo, portanto, a reproduzir continuamente a autoconstituição. Nesse sentido, sistemas autorreferenciais operam, necessariamente, por autocontato. Aqui está contida a tese de recorrência (*These der Rekurrenz*) como tese da autorreferência indireta dos elementos: os elementos possibilitam uma contínua recorrência a si mesmo mediante outros elementos, tal como, por exemplo, numa intensificação da atividade neuronal ou numa contínua determinação da ação mediante a expectativa de outro agir. No nível dessa organização autorreferencial, sistemas autorreferenciais são sistemas *fechados*, pois, em sua autodeterminação, não permitem outras formas de processamento. Assim, sistemas sociais não tem aplicação para a consciência, e sistemas pessoais não têm aplicação para alterações de frequência no sistema neuronal (com isso, naturalmente, não se nega que o que não é usado é condição de possibilidade do sistema, isto é, condição infraestrutural da possibilidade de constituição dos elementos). (LUHMANN, Niklas. *Sistemas sociais:* esboço de uma teoria geral. Petrópolis RJ: Vozes, 2016, p. 53).

sentido de imputação, a partir de um juízo hipotético-condição, em que *se A, então deve-ser B*, ou, apresentado com maior formalização, *D(h → c)*. Mas, se a linguagem é produzida pelo cientista do Direito, na região ôntica dos objetos naturais do ser ("*Sein*"), então, claro, não é prescritiva de conduta, mas descritiva do fenômeno do jurídico.[224] É o que faz da linguagem da expressão "linguagem jurídica" ser ambígua.[225] Em termos luhmannianos, diferencia-se a linguagem produzida no interior do sistema de direito positivo (linguagem-objeto), cuja relação de condicionalidade é implicacional ou deontológica, da linguagem produzida no interior do sistema de ciências-do-direito positivo (metalinguagem material ou formal), cuja relação de condicionalidade é alética ou ontológica.[226] Nas palavras de Lourival Vilanova:[227]

> A relação de condicionalidade que a lei natural exprime em plano proposicional pode ser afeta de *prefixo modal alético* (ou, digamos, ontológico): 'necessariamente, possivelmente, se o metal

224. "Na medida, porém, em que as normas jurídicas são expressas em linguagem, isto é, em palavras e proposições, podem elas aparecer sob a forma de enunciados do mesmo tipo daqueles através dos quais se constatam fatos. (...) Do que se trata, porém, não é da forma verbal, mas do sentido do ato produtor de Direito, do ato que põe a norma. E o sentido deste ato é diferente do sentido da proposição jurídica que descreve o Direito. Na distinção entre proposição jurídica e norma jurídica ganha expressão a distinção que existe entre a função do conhecimento jurídico e a função, completamente distinta daquela, da autoridade jurídica, que é representada pelos órgãos da comunidade jurídica. A ciência jurídica tem por missão conhecer - de fora, por assim dizer - o Direito e descrevê-lo com base no seu conhecimento. Os órgãos jurídicos têm - como autoridade jurídica - antes de tudo por missão produzir o Direito para que ele possa então ser conhecido e descrito pela ciência jurídica." (KELSEN, Hans. *Teoria pura do direito*. 7. ed. São Paulo: M. Fontes, 2006, p. 81).

225. "a expressão da linguagem jurídica é ambígua. Refere-se a dois níveis de linguagem: a do direito positivo e a da Ciência-do-Direito que tem o direito positivo como objeto de conhecimento (dogmático)." (VILANOVA, Lourival. *As estruturas lógicas e o sistema de direito positivo*. São Paulo: Noeses, 2005. p. 29).

226. "(...) se a linguagem do direito positivo é *linguagem-objeto L*, então a linguagem da ciência que fala sobre essa linguagem primeira é *metalinguagem, M (L)*. É possível linguagem lógica, que relativamente a *M (L)*, é *M (M(L))*. Ou seja, uma metametalinguagem. A linguagem da ciência jurídica é *metalinguagem material*. *Metalinguagem formal* somente o é a lógica" (VILANOVA, Lourival. *Escritos jurídicos e filosóficos*. Volume II. São Paulo: Axis Mundi: Ibet, 2003. p. 32).

227. VILANOVA, Lourival. *As estruturas lógicas e o sistema de direito positivo*. São Paulo: Noeses, 2005. p. 76-77.

> é aquecido, o metal dilata-se'. A relação de condicionalidade que se exprime na proposição jurídica, entre a proposição-hipótese e a proposição-tese (ou entre a proposição-implicante e a proposição--implicada) contém um conectivo de ligação e sobre esse conectivo incide o modal deontológico: 'deve-ser que se o vendedor dá a coisa vendida, então o comprador dá o preço'. O conectivo incide sobre o vínculo 'se..., então' (→) – além de constituir a estrutura interna das proposições relacionais, onde um sujeito tem direito face a outro sujeito que tem dever. Como dissemos, isto significa que deve-ser a implicação '*p*→*q*' e a implicação '*não-q*→*r*'. *Na proposição jurídica não se diz que a implicação é necessária, efetiva ou possível, mas que deve-ser.* O vínculo condicional não subsistiria sem esse conectivo que, afetando o conectivo de implicação, é um conectivo-de-conectivo (ou *functor-de-functor*, para usar a terminologia de Kalinowski).

Existe, portanto, um sistema na produção de linguagem descritiva dos cientistas observadores do direito positivo, como também há um sistema na criação de linguagem prescritiva por meio de *atos de vontade* dos intérpretes autênticos, no léxico kelseniano, participantes do direito positivo, e que, embora sejam sistemas de comunicação distintos, dotados de elementos, leis e relações de condicionalidades próprios, partem de um mesmo suporte físico: o texto jurídico. Como explica Tácio Lacerda Gama,[228] diferenciando o sentido produzido por observadores e por participantes do direito positivo:

> A forma de deduzir o sentido a partir dos textos de direito positivo é idêntica entre observadores e participantes. O texto é o ponto de partida comum a todos aqueles que querem iniciar o contato com o sistema jurídico tributário. Por isso, é útil a essas duas classes de sujeitos saber como se dá uma relação de significação, os tipos de sentido, as formas de definição dos significados. E isso ocorre por uma razão simples: a base sobre a qual se voltam os intérpretes autênticos – participantes – e os não autênticos – observadores – é a mesma: o texto jurídico.

A construção da linguagem jurídica inicia-se, como se viu, pela ação de intencionalidade da consciência sobre o

---

228. GAMA, Tácio Lacerda. Sentido, consistência e legitimação. In: HARET, Florence; CARNEIRO, Jerson (coords). *Vilém Flusser e juristas*: comemoração dos 25 anos do grupo de estudos Paulo de Barros Carvalho. São Paulo: Noeses, 2009, p. 248.

suporte físico do Direito, donde signos jurídicos são mobilizados em cima de uma estrutura hipotético-condicional, ou lógico-deôntica, na formulação de enunciados em relações *dialógicas*[229] pelos quais proposições descritiva de uma hipótese factual de possível ocorrência (proposição-hipótese) e prescritiva de conduta intersubjetiva (proposição-tese)[230] são apresentadas. O método do constructivismo lógico-semântico, desenvolvido por Lourival Vilanova, como se verá, representa um valioso instrumento de estudo analítico desse processo fenomenológico de construção da norma jurídica, sobretudo por identificar as estruturas lógicas com as quais se edifica o sistema de direito positivo, sendo talvez a regra-matriz de incidência jurídica (RMIJ), concebida por Paulo de Barros Carvalho, o seu principal desdobramento teórico.

3.1.1.5 Constructivismo lógico-semântico e regra-matriz de incidência jurídica

O constructivismo lógico-semântico, em um apertado resumo, é o método que parte da experiência fenomenológica do direito positivo, tal como um índice temático,[231] de maneira a identificar analiticamente sua expressão formal irredu-

---

229. "As relações dialógicas pressupõem linguagem, no entanto elas não existem no sistema da língua. Não são possíveis entre os elementos da língua. A especificidade das relações dialógicas requer um estudo especial. (...) As relações dialógicas são relações (de sentidos) entre toda espécie de enunciados na comunicação discursiva. Dois enunciados, quaisquer que sejam, se confrontados no plano do sentido (não como objetos e não como exemplos linguísticos), acabam em relação dialógica. (...) A linguística estuda apenas as relações entre os elementos no interior do sistema da língua, mas não as relações entre os enunciados, nem as relações dos enunciados com a realidade e com a pessoa falando (o autor)." (BAKHTIN, Mikhail. *Os gêneros do discurso*. 1 São Paulo: Editora 34, 2016, p. 92-93).

230. "Se a proposição-hipótese é descritora de um fato de possível ocorrência no contexto social, a proposição-tese funcionará como prescritora de condutas intersubjetivas." (CARVALHO, Paulo de Barros. *Direito tributário* – fundamentos jurídicos da incidência. 10. ed. rev. e atual. São Paulo: Saraiva, 2015, p. 54).

231. "Partimos da experiência da linguagem em que se reveste o direito positivo, se não como fim temático, pelo menos como índice temático, como sublinha Husserl (Husserl, *Logique Formelle et Logique Transcendentale*, pág. 39)." (VILANOVA, Lourival. *As estruturas lógicas e o sistema de direito positivo*. São Paulo, Noeses, 2005. p. 48-49).

tível, para, só assim, partindo de uma linguagem rigorosa, e empregando-a como suporte lógico na representação de proposições jurídicas, se preferir, *atos objetivantes*[232] do Direito, compreender o processo de significação e construção da norma jurídica. Nas palavras de Aurora Tomazini de Carvalho:[233]

> A expressão "Constructivismo Lógico-Semântico" é empregada em dois sentidos: (i) para se reportar à Escola Epistemológica do Direito da qual sou adepta, fundada nas lições dos professores Paulo de Barros Carvalho e Lourival Vilanova e que vem, a cada dia, ganhando mais e mais seguidores no âmbito jurídico; (ii) e ao método utilizado por esta Escola, que pode ser empregado no conhecimento de qualquer objeto. A proposta metodológica da Escola do Constructivismo Lógico-Semântico é estudar o direito dentro de uma concepção epistemológica bem demarcada, a Filosofia da Linguagem (uma das vertentes da Filosofia do Conhecimento) e a partir deste referencial, amarrar logica e semanticamente suas proposições, para construção de seu objeto (que se constitui em uma das infinitas possibilidades de se enxergar o direito). Por isso, o nome: Constructivismo Lógico-Semântico – "*Constructivismo*", porque o sujeito cognoscente não descreve seu objeto, o constrói mentalmente em nome de uma descrição. E assim o faz, amparado num forte referencial metodológico, que justifica e fundamenta todas as proposições construídas, amarradas a tais referenciais, o que justifica o "*Lógico-Semântico*" do nome. O cientista constrói seu objeto (como a realidade de que sua teoria descreve) a partir da ordenação lógico-semântica de conceitos.

De uma perspectiva luhmanniana, Lourival Vilanova estabelece a proposição jurídica como um elemento sujeito às leis

232. "Tenha-se em conta que tanto as proposições descritivas quanto as proposições prescritivas são *atos objetivantes* (no sentido husserliano), i. é, delineiam uma situação objetiva, fazem referência a um estado-de-coisas que a elas contrapõe. Há uma situação deôntica, um estado-de-coisas normativamente tecido. A forma lógica de dever-ser refere-se a um dever-ser objetivo (no que Cossio vê uma relação gnosiológica: a forma deôntica é cognoscente da conduta que é, sem poder deixar de ser, normativa. A forma de dever-ser repousaria, pois, nos fatos da realidade humana)." (VILANOVA, Lourival. *Escritos jurídicos e filosóficos.* v. 2. São Paulo: Axis Mundi: IBET, 2003, p. 23).

233. CARVALHO, Aurora Tomazini de. Constructivismo lógico-semântico como método de trabalho na elaboração jurídica. *In:* CARVALHO, Paulo de Barros (coord.). *Constructivismo* lógico-semântico: Vol. I. São Paulo: Noeses, 2014, p. 14-15.

de construção deôntica do sistema de direito positivo, ao passo que o legislador, na estrutura do *ser-sistema*, decide quais fatos recortar do *ambiente* social, de modo descritivo, para torná-los hipóteses a serem vinculadas, sintaticamente, por meio de um *functor-de-functor*, a uma ou várias relações prescritivas. Formalmente, a discricionariedade do legislador de construção da norma, sob a sintaxe deôntica (“D”), entre uma ou várias hipóteses (“h, h', h'', h'''...”) e um ou vários consequentes (“c', c'', c'''...”), pode ser apresentada da seguinte maneira, para se ficar em alguns exemplos: *(i)* $D(h \rightarrow c)$; *(ii)* $D(h'.h'' \rightarrow c')$; *(iii)* $D(h' \rightarrow c'.c''.c''')$; *(iv)* $D(h'.h''.h''' \rightarrow c'.c''.c''')$.[234]

Assim se apresenta uma específica causalidade jurídica, ontologicamente bidimensional, ao passo que relaciona fatos do mundo físico e social, sob a estrutura lógica da norma, com vínculos intersubjetivos deonticamente modalizados (em permitido, proibido ou obrigatório), fazendo de toda norma tanto declarativa de uma situação factual quanto constitutiva de uma obrigação jurídica.[235] A estrutura lógico-deôntica “$D(h \rightarrow c)$” re-

---

234. “O ser-sistema é a forma lógica mais abrangente. As partes são as proposições. Onde há sistema há *relações* e *elementos*, que se articulam segundo *leis*. Se os elementos são proposições, sua composição interior obedece a leis de formação ou de construção. O legislador pode selecionar fatos para sobre eles incidir as hipóteses, pode optar por estes ou aqueles conteúdos sociais e valorativos, mas não pode construir a hipótese sem a estrutura (sintática) e sem a função que lhe pertence por ser estrutura de uma hipótese. Pode vincular livremente, em função de contextos sociais e de valorações positivas e de valores ideias, quaisquer consequências às hipóteses delineadas. Mas não pode deixar de sujeitar-se às relações meramente formais ou lógicas que determinam a relação-de-implicação entre hipóteses e consequências. Pode combinar *uma* só hipótese para *uma* só consequência, ou *várias* hipóteses para *uma* só consequência ou *várias* hipóteses para *várias* consequências, ou *uma* só hipótese para *várias* consequências, mas não pode arbitrariamente construir uma outra estrutura além dessas possíveis estruturas. Simbolizando por H e C, tem-se: a) H implica C; b) H', H'', H''', implica C; c) H', H'', H''', implica C', C'', C'''; d) H implica C', C'', C'''.” (VILANOVA, Lourival. *As estruturas lógicas e o sistema de direito positivo*. São Paulo, Noeses, 2005. p. 54).

235. “Para se entender a causalidade especificamente jurídica, há de se ter em conta esse mínimo de ontologia: o direito é uma realidade com duas dimensões. Uma é factual, no sentido largo do termo: compõe-se de fatos do mundo físico e de fatos de conduta inter-humana. Outra é a objetivação de significados normativos. Essa bidimensionalidade é mais abrangente que a sublinhada pela tese kelseniana – a de atos e significações objetivas. A dualidade kelseniana procura evitar o psicologismo, a redução dos conteúdos de significado aos atos (modos de vivência intencionais, para falarmos em termos

presenta, como se vê, para o conhecimento jurídico, a estrutura lógico-transcendental ou *a priori*, em termos kantianos, do sistema de direito positivo. Como disse Lourival Vilanova: "se a metodologia é lógica aplicada a cada setor do conhecimento científico, cabe uma lógica jurídica como metodologia do conhecimento jurídico".[236] O conhecimento fenomenológico de toda norma jurídica comporta, na sua construção, dois princípios que remetem aos juízos *a priori* e *a posteriori* da teoria kantiana, se preferir, um juízo analítico ou lógico-sintático e outro empírico-semântico, são eles, nesta ordem: *(i)* o princípio da homogeneidade sintática; e *(ii)* o princípio da heterogeneidade semântica.[237]

O método de análise sistêmica de Lourival Vilanova, sob forte influência de Kelsen e Husserls, claramente, traz no seu título toda a experiência fenomenológica do *ato objetivante* do intérprete autêntico, cuja intencionalidade sobre o suporte físico do Direito dá marcha ao processo *noetico-noemático* de construção do *eidos* da norma, representado em linguagem por proposições factuais e obrigacionais, enlaçadas por um functor deôntico neutro. Em uma frase, *constructivismo* lógico-semântico, cuja hermenêutica distancia-se da hermenêutica escolástica tradicional, e assume a complexidade de uma "hermenêutica filosófica"[238] no processo de conhecimento do sujeito em relação aos fenômenos.

---

fenomenológicos)." (VILANOVA, Lourival. *Causalidade e relação no direito.* 4ª. ed. rev., atual. e ampl. São Paulo: Editora Revista dos Tribunais, 2000, p. 59).

236. VILANOVA, Lourival. *Escritos jurídicos e filosóficos. Volume II.* São Paulo: Axis Mundi: Ibet, 2003. p. 16.

237. "Há homogeneidade, mas homogeneidade sob o ângulo puramente sintático, uma vez que nos planos semântico e pragmático o que se dá é um forte grau de heterogeneidade, único meio de que dispõe o legislador para cobrir a imensa e variável gama de situações sobre que deve incidir a regulação do direito, na pluralidade extensiva e intensiva do real-social." (CARVALHO, Paulo de Barros. *Direito tributário, linguagem e método.* 7ª ed. São Paulo: Noeses, 2018, p. 143.)

238. "Utilizo a palavra 'hermenêutica', neste trecho, não apenas como teoria científica que se propõe estudar técnicas possíveis de interpretação, no estilo de Emílio Betti, mas na sua acepção mais ampla, abrangendo o que ficou conhecido por 'hermenêutica filosófica', consoante o pensamento de Heidegger e de Gadamer. Para este último, interpretar é criar, produzir, elaborar sentido, diferentemente do que sempre proclamou a Hermenêutica Tradicional, em que os conteúdos de significação dos textos legais eram 'procurados', 'buscados' e 'encontrados' mediante as chamadas técnicas interpretativas. Como se fora possível isolar o sentido originário

Nestes termos, a metodologia do constructivismo de Lourival reverbera a seriedade com que os autores do Círculo de Viena deram à dimensão formal da linguagem, aliás, no caso de Kelsen, à dimensão lógico-jurídica, e, consequentemente, à construção de proposições mediante o manuseio concatenado de signos jurídicos, sob a categoria de causalidade deôntica, em que "$D(h \rightarrow c)$", ou seja , o mínimo da sintaxe para a manifestação de um vínculo obrigacional intersubjetivo, a norma jurídica. Por isso, na expressão de Paulo de Barros Carvalho,[239] a "'Norma jurídica' é a expressão mínima e irredutível (com perdão do pleonasmo) de manifestação do deôntico".

Sobre esse autor, dedicou-se em suas obras a adentrar nas estruturas mínimas da lógica-deôntica, com vistas a identificar quase critérios mínimos e necessários estão presentes na estrutura $D(h \rightarrow c)$, ou seja, quais são os elementos irredutíveis constitutivos da proposição-hipótese ("*h*") e da proposição-consequente ("*c*"), sem os quais não há relação deontológica ("*D*") possível a ser estabelecida ("→"). Eis que, então, é apresentada a RMIJ como um profundo desenvolvimento teórico do constructivismo lógico-semântico.

A regra-matriz de incidência, em última análise, é um subproduto da teoria da norma jurídica, posicionando-se como um desdobramento da metodologia analítica do constructivismo lógico-semântico, desenvolvida por Lourival Vilanova, como explica Paulo de Barros Carvalho:[240]

> A construção da regra-matriz de incidência, como instrumento metódico que organiza o texto bruto do direito positivo, propondo a compreensão da mensagem legislada num contexto comunicacional bem concebido e racionalmente estruturado, é um subproduto da teoria da norma jurídica, o que significa reconhecer tratar-se de contribuição efetiva da Teoria Geral e da Filosofia do Direito, expandindo as fronteiras do território científico.

---

e a intenção do editor da norma." (CARVALHO, Paulo de Barros. *Curso de direito tributário.* 14ª ed. São Paulo: Editora Saraiva, 2002, p. 93)

239. CARVALHO, Paulo de Barros. *Direito tributário - linguagem e método.* 6ª ed. São Paulo: Noeses, 2015, p. 627.

240. Idem, p. 153.

> É claro que nesse percurso vai um reposicionamento do agente do saber jurídico que assume uma cosmo-visão situada, declaradamente, no âmbito do chamado "giro-linguístico". De qualquer modo, o esquema da regra-matriz é um desdobramento aplicativo do "constructivismo lógico-semântico sugerido com tanta precisão na obra e no pensamento de Lourival Vilanova.

Quando a natureza da obrigação vinculada é tributária, isto é, vínculos jurídicos cujo núcleo obrigacional refere-se a um montante pecuniário representativo da capacidade contributiva do sujeito passivo, então se está diante de uma Regra-Matriz de Incidência Tributária (RMIT), porquanto ao ser conferido substancialidade semântica à formalidade deôntica, o que se constrói enquanto proposição jurídica são hipóteses tributárias e deveres de pagamento de tributos.[241]

Portanto, se *D(h → c)* é o juízo hipotético-condicional de qualquer norma jurídica, pode, também em simbolismo lógico, ser representado como *D(h → (s´r s´´)),*[242] uma vez que "*c*" representa uma relação de obrigação "*r*" entre sujeitos-de-direito "*s´*" e "*s´´*"; e se "*r*" fosse uma quantia tributária, então sua representação simbólica contaria com a identificação de uma alíquota e uma base de cálculo. Outrossim, a hipótese "*h*", enquanto fato de possível ocorrência no mundo, contaria com critérios de identificação de uma ação ou estado de possível ocorrência, em determinados espaço e tempo.

---

241. "A Regra-Matriz de Incidência Tributária (RMIT) é um esquema lógico que, privilegiando o aspecto sintático, procura demonstrar quais os elementos essenciais – por isso a expressão 'mínimo irredutível de manifestação do modal deôntico' – para determinar o acontecimento que dá ensejo ao pagamento do tributo e em que condições tal pagamento deverá ser realizado. Enquanto fórmula, ela auxilia o intérprete na compreensão do Direito, ordenando e articulando as porções do texto prescritivo que instituem o tributo e possibilitando, ainda, que a análise seja focada nos aspectos de maior importância para o estudo do Direito Tributário." (LINS, Robson Maia. *Curso de direito tributário*. 1ª ed. São Paulo: Noeses, 2019, p. 396-397).

242. "Em simbolismo lógico, teríamos: D[f → (S´R S´´)], que se interpreta assim: deve-ser que, dado o fato F, então se instale a relação jurídica R, entre os sujeitos S´ e S´´. Seja qual for a ordem advinda dos enunciados prescritivos, sem esse esquema formal inexistirá possibilidade de sentido deôntico completo" (CARVALHO, Paulo de Barros. *Direito tributário* – fundamentos jurídicos da incidência. 10. ed. rev. e atual. São Paulo: Saraiva, 2015, p. 44).

Dito isso, as adições que a norma jurídico-tributária apresenta desdobram-se, em termos formais, da seguinte maneira: *D{[cm(v.c).ce.ct] → [cp(sa.sp).cq(bc.al)]}*; em que "*D*" é o *dever-ser* neutro ou *functor-de-funcor*; "*cm*" refere-se ao critério material, integrado por verbo (ação ou estado)[243] mais um complemento "*(v.c)*"; "*ce*" é o critério espacial, isto é, o critério relativo ao espaço jurídico de ocorrência da materialidade; "*ct*" é o critério temporal, a saber, o critério referente ao tempo jurídico em que se reputa ocorria a materialidade, também é o tempo *no* fato; "." e "→" são, respectivamente, o *conectivo conjuntor* e o *conectivo condicional*; "*cp*" é o critério pessoal, contemplado por sujeitos-de-direito; "*cq*" é o critério quantitativo ou, dito de outra forma, o critério de representação da obrigação jurídica, e sendo uma obrigação tributária é formada por uma base de cálculo "*(bc)*" e uma alíquota "*(al)*".[244]

Os desdobramentos da estrutura lógico-deôntica de uma norma (primária dispositiva) tributária podem ser assim ilustrados:

$$D\,(h \rightarrow c)$$

$$\Downarrow$$

$$D\,(h \rightarrow s`\; r\; s``)$$

$$\Downarrow$$

$$D\,\{[\,cm\,(v\,.\,c)\,.\,ce\,.\,ct\,] \rightarrow [\,cp\,(sa\,.\,sp)\,.\,cq\,(bc\,.\,al)\,]\}$$

243. "Paulo de Barros Carvalho ensina que o verbo a ser identificado pode exprimir uma ação (atividades refletidas) como uma atividade espontânea, caraterísticas dos verbos de estado ("ser", "estar", "permanecer")." BARRETO, Paulo Ayres. Imposto sobre a Renda – Pessoa Jurídica. In: SANTI, Eurico Marcos Diniz de (coord.). *Curso de especialização em direito tributário:* estudos analíticos em homenagem a Paulo de Barros Carvalho. Rio de Janeiro: Forense, 2005, p. 773).

244. CARVALHO, Paulo de Barros. *Direito tributário* - linguagem e método. 6ª ed. São Paulo: Noeses, 2015, p. 155-157.

Do momento em que os significantes são intuídos do suporte físico do Direito, até o momento em que são formuladas proposições e, finalmente, a relação lógico-semântica em que se expressa a norma jurídica, suficiente a regular condutas intersubejtivas, passos são dados, conversações são exercidas, no sentido hermenêutico de Gadamer, para uma construção dos significados jurídicos. É o que Paulo de Barros Carvalho definiu como um trânsito entre subdomínios, a saber, S_1, S_2, S_3 e S_4, cada qual representante de um instante de construção da linguagem prescritiva a ser integrada ao sistema de direito positivo.[245] Resumindo a representação fenomenológica de cada subdomínio: *(i)* o S_1 representa o plano de leitura: contato dos sentidos do corpo, notadamente o da visão ou tato, no caso da leitura em braile, sobre o suporte físico no qual o texto em sentido estrito ou, se preferir, significantes jurídicos são intuídos; *(ii)* o S_2 representa o plano de interpretação: preenchimento dos significados dos signos jurídicos, o que demanda a concatenação gramatical destes mediante o qual enunciados são dialogicamente formulados, no que tange aos dispositivos legais intuídos; *(iii)* o S_3 é o plano de compreensão deontológico: reunião dos enunciados através dos quais proposições descritiva de um fato (proposição-hipótese) e prescritiva de uma conduta (proposição-consequente), conjugam-se sobre um juízo hipotético-condicional para a formação da norma jurídica em sentido estrito; e *(iv)* o S_4 representa o plano de compreensão sistêmica: momento último deste *percurso gerador de sentido normativo jurídico*, no qual as significações construídas, dentro de um subsistema jurídico particular, por conta do manuseio de significantes jurídicos específicos de uma expressão do Direito, são confrontadas com outros subsistemas jurídicos, e ao sistema de direito positivo como um todo, cotejando representações de comandos de subordinação vertical e coordenação

245. CARVALHO, Paulo de Barros. *Direito tributário* – fundamentos jurídicos da incidência. 10. ed. rev. e atual. São Paulo: Saraiva, 2015, p. 128-129.

horizontal das linguagem jurídica. Na ilustração oferecida por Paulo de Barros Carvalho:[246]

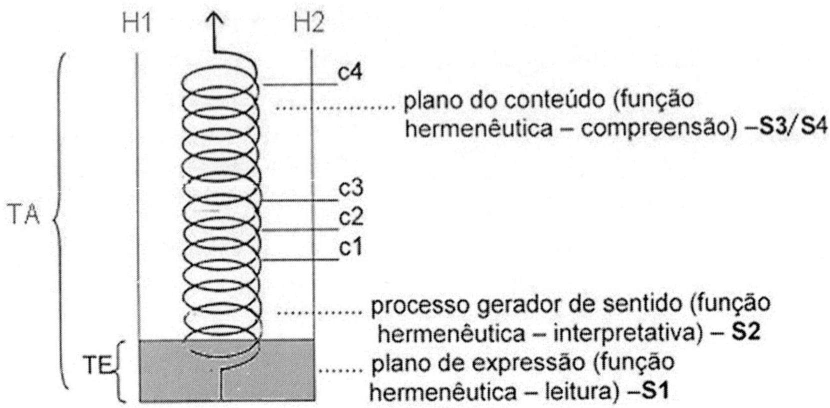

Na explicação de Paulo de Barros Carvalho:[247]

> Observa-se a existência dos quatro planos da linguagem, representados por S_1, S_2, S_3 e S_4, partindo a interpretação do plano da literalidade textual (S_1) que compõe o texto em sentido estrito (TE), passando, mediante o processo gerador de sentido, para o plano do conteúdo dos enunciados prescritivos (S_2), até atingir a plena compreensão das formações normativas (S_3) e a forma superior do sistema normativo (S_4), cujo conjunto integra o texto em sentido amplo (TA). Esse processo interpretativo encontra limites nos horizontes da nossa cultura (H_1 e H_2), pois fora dessas fronteiras não é possível a compreensão (c_1, c_2, c_3, c_4). Na visão hermenêutica adotada, a interpretação exige uma pré-compreensão que a antecede e a torna possível.

Portanto, pode-se resumir, assim como em Kant, a RMIT é a estrutura lógico-deôntica sem a qual não se organiza os dados intuídos pelos sentidos com vistas a construir o conhecimento da norma tributária, dito de outra forma, a RMIT é a fórmula que

---

246. CARVALHO, Paulo de Barros. *Curso de direito tributário*. 22ª edição. São Paulo: Editora Saraiva, 2010, p. 165.

247. CARVALHO, Paulo de Barros. *Direito tributário* – fundamentos jurídicos da incidência. 10. ed. rev. e atual. São Paulo: Saraiva, 2015, p. 130-131.

possibilita uma condição de experiência da linguagem prescritiva da conduta de pagar tributos. Então, para a norma tributária de recolhimento do IRPJ sobre os lucros de controladoras brasileiras e de controladas situadas em países com o qual o Brasil possui acordo de bitributação, a fenomenologia jurídica e a RMIT, seu talvez maior desdobramento na teoria das normas, apresentam-se como profícuos instrumentos metodológicos de análise da construção desta linguagem jurídica.

3.2 O CONSTRUCTIVISMO APLICADO À NORMA TRIBUTÁRIA DO IRPJ SOBRE O LUCRO DA CONTROLADORA NO BRASIL

3.2.1 A fenomenologia jurídica do lucro real

Suspendido os juízos conceituais pré-jurídicos[248] ("*epoché*"), a exemplo dos juízos econômicos ou contábeis, limitando-se, portanto, ao conjunto de significantes constitutivos do plano de expressão do Direito, seu suporte físico, o intérprete autêntico, ao procurar construir a obrigação tributária de contribuir ao Estado por meio do signo presuntivo de riqueza "lucro real", antes precisará conhecer, para conferir um sentido jurídico mínimo a este signo linguístico, os seguintes enunciados dele constitutivos:

(i) *Lei nº 9.430/1996, art. 1º*: "renda das pessoas jurídicas será determinado com base no lucro real, presumido, ou arbitrado";

(ii) *Lei nº 7.450/1985, art. 51*: "ficam compreendidos na (...) renda todos os ganhos e rendimentos de capital,

248. "quando a linguagem (palavras) transmite uma regra jurídica, utilizando as mesmas palavras de ciência pré-jurídica (por exemplo: quando aparentemente aceita princípio ou conceito ou diretriz de ciência das Finanças Públicas), todavia e sempre e necessariamente houve uma transfiguração naquele princípio (ou conceito ou categoria ou diretriz) que, ao entrar no mundo jurídico, passa a ter um conteúdo jurídico que não é e nem pode mais ser aquele conteúdo original e peculiar à ciência pré-jurídica (ex.: Finanças Públicas)". (BECKER, Alfredo Augusto. *Teoria geral do direito tributário.* 2ª ed. São Paulo: Saraiva, 1972, p. 42).

qualquer que seja a denominação que lhes seja dada, independentemente da natureza, da espécie ou da existência de título ou contrato escrito";

(iii) *CF, art. 153, caput, III*: "compete à União instituir impostos sobre (...) renda e proventos de qualquer natureza";

(iv) *CF, art. 145, §1º*: "sempre que possível os impostos terão caráter pessoal e serão graduados segundo a capacidade econômica do contribuinte";

(v) *CTN, art. 43, caput, I e III*: "renda e proventos de qualquer natureza tem como fato gerador a aquisição da disponibilidade econômica ou jurídica (...) assim entendido o produto do capital, do trabalho ou da combinação de ambos"; e "acréscimos patrimoniais";

(vi) *Decreto-lei nº 1.598/1977, art. 6º, caput*: "lucro real é o lucro líquido do exercício ajustado pelas adições, exclusões ou compensações prescritas ou autorizadas pela legislação tributária";

(vii) *Lei nº 4.320/1964, art. 34*: "O exercício financeiro coincidirá com o ano civil";

(viii) *Lei nº 9.430/1996, art. 2, §3º*: "A pessoa jurídica (...) deverá apurar o lucro real em 31 de dezembro de cada ano";

(ix) *Decreto-lei nº 1.598/1977, art. 6º, §2º, "a" e "b"*: "na determinação do lucro real serão adicionados ao lucro líquido do exercício (...) os custos, despesas, encargos, perdas, provisões, participações e quaisquer outros valores deduzidos na apuração do lucro líquido que (...) não sejam dedutíveis na determinação do lucro real"; e "os resultados, rendimentos, receitas e quaisquer outros valores não incluídos na apuração do lucro líquido que (...) devam ser computados na determinação do lucro real"; e

(x) *Lei nº 12.973/2014, art.* 77: "a parcela do ajuste do valor do investimento em controlada, direta ou indireta, domiciliada no exterior equivalente aos lucros por ela auferidos antes do imposto sobre a renda, excetuando a variação cambial, deverá ser computada na determinação do lucro real";

(xi) *Lei nº 9.249/1995, art. 3, §1º*: "A alíquota do imposto de renda das pessoas jurídicas é de quinze por cento [e] a parcela do lucro real (...) que exceder o valor resultante da multiplicação de R$ 20.000,00 (vinte mil reais) pelo número de meses do respectivo período de apuração, sujeita-se à incidência de adicional de imposto de renda à alíquota de dez por cento".

Como se percebe, logo em um primeiro contato com o suporte físico, o intérprete autêntico, com vistas a organizar as proposições que preencherão o juízo hipotético-condicional de exigência do imposto sobre o lucro real da pessoa jurídica, consegue estabelecer alguns enunciados, dentre os quais se destacam:

(i) *Enunciado 1*: compete à União instituir impostos sobre **renda e proventos de qualquer natureza**, graduados segundo a capacidade econômica do contribuinte;

(ii) *Enunciado 2*: renda e proventos de qualquer natureza têm como hipótese tributária a **aquisição da disponibilidade econômica ou jurídica** do produto do capital, do trabalho, da combinação de ambos ou ainda dos **acréscimos patrimoniais** não compreendidos no produto do trabalho ou do capital;

(iii) *Enunciado 3*: renda das pessoas jurídicas é determinada com base no lucro real, e o **lucro real é o lucro líquido do exercício, coincidindo com o ano civil, ajustado pelas adições, exclusões ou compensações** prescritas ou autorizadas pela legislação tributária;

(iv) *Enunciado 4*: na determinação do lucro real será computada **a parcela do ajuste do valor do investimento**

em controlada sediada no exterior, equivalente aos lucros por ela auferidos antes do imposto sobre a renda, excetuando a variação cambial.

Com relação aos termos acima destacados, vale apresentar o entendimento do coautor do anteprojeto do CTN, Rubens Gomes de Sousa,[249] sobre o signo linguístico "acréscimo patrimonial", enquanto elemento semântico pertencente ao signo linguístico "renda", cuja base quantitativa é determinada pelo signo linguístico "lucro real". Confira:

> Esse conceito jurídico, que veio a ser chamado "clássico" define a renda como **riqueza nova**, ou seja, **acréscimo patrimonial**, que reúna simultaneamente três requisitos: a) provir de fonte já integrada no patrimônio do titular (capital), ou diretamente referível a ele (trabalho) ou, ainda, da combinação de ambos; b) ser suscetível de utilização pelo titular (consumo, poupança ou investimento) sem destruição ou redução da fonte produtora: este requisito implica a periodicidade do rendimento, isto é, na sua capacidade, pelo menos potencial, de reproduzir-se a intervalos de tempo, pois do contrário, sua utilização envolveria uma parcela do próprio capital; c) resultar de uma exploração da fonte por seu titular: este requisito exclui, do conceito de renda, doações, heranças e legados, tidos como acréscimos patrimoniais com a natureza de "capital" e não de "rendimento".

Com efeito, o signo presuntivo de riqueza "renda", cujo signo "lucro real" determina sua base de acréscimo patrimonial, depende da compreensão semântica da expressão "aquisição da disponibilidade econômica ou jurídica" para que possa ser subsumido à norma tributária do IRPJ, de competência da União. Em outras palavras, só há o fenômeno jurídico "renda" no momento em que for vertido em linguagem competente a disponibilidade jurídica e econômica de uma oscilação positiva no patrimônio da pessoa jurídica. E este é o ponto fundamental para uma fenomenologia do "lucro real": qual o significado da expressão "aquisição da disponibilidade

---

249. SOUSA, Rubens Gomes de. *Pareceres 3* - Imposto de Renda. São Paulo: Resenha Tributária, 1976, p. 274-275.

econômica ou jurídica"? E qual o significado do termo "acréscimo patrimonial"?

No entanto, antes é preciso reconhecer que os signos tributários, a exemplo dos signos "disponibilidade" ou " acréscimos patrimoniais", têm seus significados construídos imersos sob um *contexto situacional* ou *contexto tributário*, termos usados por Lucas Galvão de Britto, que são os das proposições nomoempíricas tributárias, o que significa manusear, no campo fenomenológico, com molduras possíveis de acepções segundo os princípios e particularidades do *subsistema constitucional tributário*, autorizando, com isso, uma certa *autonomia conceptual*, não obstante a polissemia que isso possa produzir para o significante jurídico, no ordenamento, em detrimento de sua utópica univocidade ou *unidade conceptual.*[250]

3.2.1.1 Contexto tributário e o significado de "lucro real"

Os signos tributários "lucro real", "disponibilidade" e "acréscimos patrimoniais" são intuídos a partir de um mesmo suporte físico jurídico, que é, já em um nível de interpretação, o dos enunciados do art. 43 do CTN. Com efeito, se se separar os suportes físicos que possam ser invocados pelo intérprete, na medida em que se desvelam as hipóteses passíveis de prescrições de natureza tributária, o que se conhecerá são todos os

250. "Do que vimos até aqui, é possível afirmar que aquelas duas forças que trabalhamos no início deste capítulo, unidade e autonomia conceptual, fazem-se notar nos vários dispositivos que regulam a interpretação do direito tributário. Por isso mesmo, as posturas extremadas a respeito da unidade ou autonomia conceptual devem ser mitigadas. Com efeito, extremada a posição da autonomia conceptual, comprometer-se-ia a divisão constitucional de competências, a clareza e precisão dos comandos fiscais, atingindo, ainda, os critérios de solução de controvérsias quanto à a aplicabilidade dos conceitos a situações objetivas. Por outro lado, firmar uma posição radical pela unidade conceptual do fenômeno jurídico, insistindo que um termo jurídico somente tenha uma única significação em toda a extensão do ordenamento, sobre ser uma condição utópica, faz pouco caso das particularidades do subsistema constitucional tributário e ignora que a formação de acepções para um único termo legislado é uma constante nos vários setores do direito, inclusive no direito tributário." (BRITTO, Lucas Galvão de. *Tributar na era da técnica:* como as definições feitas pelas agências reguladoras vêm influenciando a interpretação das normas tributárias. 1ª ed. São Paulo: Noeses, 2018, p. 129-130).

signos tributários com os quais enunciados desta mesma natureza jurídica dialogam, concebendo, desta maneira, no percurso gerador de sentido normativo, um contexto de linguagem tributária ou, simplesmente, contexto tributário. Aqui convém apresentar as palavras do linguista do Círculo de Bakhtin, Valentin Voloshinov,[251] no que diz respeito à *mutabilidade específica* de um signo diante de um determinado contexto:

> Uma forma linguística não será compreendida como tal enquanto ela for apenas um sinal para aquele que a compreende. Um sinal puro não existe nem nas fases iniciais da aprendizagem de uma língua. Mesmo nesse caso, a forma é orientada pelo contexto e se constitui em um signo, embora estejam presentes sua natureza de sinal e o momento do seu reconhecimento. Desse modo, o aspecto constitutivo da forma linguística enquanto signo não é sua identidade a si como um sinal, mas a sua mutabilidade específica. O aspecto constitutivo na compreensão da forma linguística não é o reconhecimento do "mesmo", mas a compreensão no sentido exato dessa palavra, isto é, a sua orientação em um dado contexto e em dada situação, orientação dentro do processo de constituição e não "orientação" dentro de uma existência imóvel. Evidentemente, tudo isso não resulta no fato de que a língua não possua um momento de sinalização e um momento correspondente de reconhecimento do sinal. Ele existe, porém não é constitutivo da língua como tal. (...) O ideal da assimilação da língua é a incorporação do sinal pelo signo puro e do reconhecimento pela compreensão pura. Desse modo, a consciência linguística do falante e daquele que escuta e compreende não lida na prática ou na fala viva com um sistema abstrato de formas linguísticas normativas idênticas, mas com a linguagem no sentido do conjunto de diferentes contextos em que essa forma linguística pode ser usada.

Em outras palavras, o intérprete depara-se, na produção da norma tributária em sentido estrito, com um *contexto* específico no qual os enunciados tributários constroem-se sob *relações dialógicas*,[252] para usar a expressão de Bakhtin,

---

251. VOLÓCHINOV, Valentin. *Marxismo e filosofia da linguagem:* problemas fundamentais do método sociológico na ciência da linguagem. 1ª ed. São Paulo: Editora 32, 2017, p. 179-180.

252. "Relações dialógicas. Essas relações são profundamente originais e não podem se reduzir a relações lógicas, ou linguísticas, ou psicológicas, ou mecânicas ou a

esticando ou comprimindo a tecelagem semântica possível para cada significante que se reporte como suporte físico a ser intuído na regulação de obrigações tributárias. Por isso mesmo, ao examinar os arts. 109 e 110 do CTN,[253] Lucas Galvão de Britto, concernido com a autonomia das acepções técnico-tributárias, identifica a maneira com que as proposições tributárias são tensionadas dialogicamente pelo sistema de direito positivo, na urdidura semântica dos seus signos, pelas forças da *unidade conceptual* e *autonomia conceptual*. A força da *autonomia conceptual* dos signos tributários, como se pode perceber, endereça-se à satisfação das particularidades, valores e propósitos do subsistema de direito tributário, desvelando para o intérprete um campo maior de significações à medida que põe em marcha dialógica os enunciados com os quais construirá dinâmica e situacionalmente a linguagem jurídica, na busca do maior *rendimento* e *precisão* à legislação tributária. Por seu turno, a força da *unidade conceptual* do ordenamento jurídico enquanto *fenômeno unitário*, para usar o

---

quaisquer outras relações naturais. É o novo tipo de relações *semânticas*, cujos membros só podem ser *enunciados integrais* (ou vistos como integrais ou potencialmente integrais), atrás dos quais estão (e nos quais *exprimem* a si mesmos) sujeitos do discurso reais ou potenciais, autores de tais enunciados. O diálogo real (a conversa do cotidiano, a discussão científica, a discussão política, etc.). A relação entre as réplicas de tal diálogo são o tipo mais extremamente notório e simples de relações dialógicas. Contudo, as relações dialógicas jamais coincidem com as relações entre as réplicas do diálogo real, são bem mais amplas, diversificadas e complexas. Dois enunciados distantes um do outro, tanto no tempo quanto no espaço, que nada sabem um sobre o outro, no confronto dos sentidos revelam relações dialógicas, se entre eles há ao menos alguma convergência de sentidos (ainda que seja uma identidade particular do tema, do ponto de vista etc). Qualquer resenha da história de alguma questão científica (independente ou incluída no trabalho científico sobre uma determinada questão) realiza confrontos dialógicos (entre enunciados, opiniões, pontos de vista), entre enunciados de cientistas que não sabiam e nem podiam saber nada uns sobre os outros. O aspecto comum da questão gera aqui relações dialógicas." (BAKHTIN, Mikhail. *Os gêneros do discurso*. 1ª ed. São Paulo: Editora 34, 2016, p. 101-102).

253. Art. 109. Os princípios gerais de direito privado utilizam-se para pesquisa da definição, do conteúdo e do alcance de seus institutos, conceitos e formas, mas não para definição dos respectivos efeitos tributários.
Art. 110. A lei tributária não pode alterar a definição, o conteúdo e o alcance de institutos, conceitos e formas de direito privado, utilizados, expressa ou implicitamente, pela Constituição Federal, pelas Constituições dos Estados, ou pelas Leis Orgânicas do Distrito Federal ou dos Municípios, para definir ou limitar competências tributárias.

termo de José Souto Maior Borges,[254] buscará comprimir, no percurso gerador de sentido, o campo de acepções possíveis dos signos jurídicos, reduzindo-lhe ao máximo ao passo que são empregados na construção de uma linguagem jurídica, o que representaria, levado a cabo, o fim da *moldura* da norma, no léxico de Kelsen, bem como uma univocidade utópica, em nome da previsibilidade e racionalidade do sistema.[255]

---

254. "Segundo Kelsen, a formação e a aplicação do direito são apenas momentos de um fenômeno único e contínuo. A concepção normativista e dinâmica da teoria pura nega qualquer distinção entre o processo de formação do direito e o de sua aplicação. Consequentemente, a teoria pura do direito introduz uma visão nova e fundamental do processo de aplicação do direito. Esta visão parte da concepção unitária do ordenamento jurídico e se manifesta na configuração do processo de formação e aplicação do direito como um processo único, afirmando a 'conexão dinâmica' entre esses dois momentos, considerados apenas 'momentos intelectuais', e portanto interdependentes, de um fenômeno unitário. Rigorosamente, aliás, só existe a produção do direito, porque a sua aplicação se dá com a produção ou formação de uma nova norma, mais individualizada do que a norma cuja preexistência é fonte de legitimidade, puramente formal ou jurídica, da norma produzida." (BORGES, José Souto Maior. *Lei complementar tributária*. São Paulo: RT, EDUC, 1975, P. 101). A propósito, nesta obra tomou-se a escolha de conferir sinonímia entre os termos "sistema de direito" e "ordenamento jurídico".

255. "Mesmo consideradas as diferenças redação [art. 109 e 110], percebe-se que seu núcleo foi preservado: de um lado, afirma-se a liberdade estipulativa atribuída ao legislador para fixar os 'efeitos tributários' dos 'conceitos, institutos e formas' (art. 109) e, de outro, manteve a diretriz de limitar essa liberdade na definição dos conceitos utilizados para a repartição de competências constitucionais (art. 110). Esses comandos bem ilustram as duas forças que atuam sobre a estipulação e interpretação dos conceitos empregados na legislação tributária. De um lado, como instrumento de sua efetividade, atribui-se ao direito tributário uma *autonomia conceptual* para que sua legislação possa recortar os conceitos com critérios que melhor se adequem a seus propósitos e peculiaridades funcionais; de outro, impõe-se certa *uniformidade conceptual* do direito como limite, reconhecendo que as próprias competências tributárias já foram atribuídas por conceitos cuja definição é estabelecida na tradição jurídica e, portanto, seria vedado ao legislador ultrapassá-las. Essas duas formas forças agem tal como vetores que, tendo um mesmo sentido, correm em direções opostas. Cada uma delas age insuflada por uma série de valores caros à ordem jurídica: se a *autonomia conceptual* se justifica em grande medida pela busca de maior *rendimento* e *precisão* à legislação tributária; também é certo que o uso de conceitos com definições já assentadas na longa tradição do direito privado oferece ao direito tributário maior *previsibilidade* e *racionalidade* na interpretação de seus comandos, estimativas que se tornam ainda mais valiosas se considerarmos a pluralidade de focos ejetores de normas envolvidos na tributação brasileira, com legislação nacional, federal, estaduais, distrital e municipais." (BRITTO, Lucas Galvão de. *Tributar na era da técnica:* como as definições feitas pelas agências reguladoras vêm influenciando a interpretação das normas tributárias. 1ª ed. São Paulo: Noeses, 2018, p. 92).

Em uma metáfora astrofísica, entre o *horizonte de eventos* que separa a *autonomia conceptual* da *unidade conceptual*, dividindo, assim, de um lado todo um universo semântico e doutro o que seriam suas "imagens congeladas" para quem as percebe – pois, tal como um buraco negro,[256] a *unidade conceptual* contorce o tecido lógico-semântico atraindo para si a univocidade dos signos –, o viajante-exegeta percorrerá, como explica Lucas Galvão de Britto,[257] espaços contextuais nos quais encontrará, unidos pela força gravitacional das relações dialógicas, astros de linguagem que se mobilizarão para um significado funcional segundo as necessidades situacionais do viajante. Mantida a metáfora, o viajante-exegeta poderá percorrer todo um universo hermenêutico, passando por diversos sistemas solares-linguísticos, cada qual atraindo signos ao redor de si, com os quais se estabelecem contextos próprios, situacional, de formação da sua linguagem. Com efeito, no caso de um contexto tributário, o viajante-exegeta atravessará: *(i)* o sistema da linguagem natural, investigando o contexto linguístico do idioma; *(ii)* o sistema da linguagem jurídica, investigando o contexto sistêmico, ao passo que relaciona os signos com todo o ordenamento jurídico; e *(iii)* o sistema da linguagem tributária, relacionando dialogicamente os enunciados jurídicos com os enunciados tributários, de tal sorte que adapte a sua significação aos valores e finalidades do contexto funcional, no caso em questão, o contexto tributário.

---

256. GREENE, Brian. *A realidade oculta:* universos paralelos e as leis profundas do cosmo. 1ª ed. São Paulo: Companhia das Letras, 2012, p. 293-294.

257. "Da mesma forma, mesmo quando se descolam do 'sentido comum', as acepções técnico-jurídicas são construídas para melhor se conformar às exigências do sistema jurídico ou implementar de maneira mais eficaz os objetivos da legislação. Esses dados, que formam o sistema jurídico e expressam os objetivos da lei, são os dados formadores do *contexto situacional* que se deve ter em conta ao atribuir sentido às mensagens jurídicas. (...) Deve, com isso, ultrapassar a polissemia ínsita à linguagem natural (investigação do contexto linguístico); relacionar o dispositivo que interpreta com os demais textos do ordenamento (investigação do contexto sistêmico); e, por fim, adequar o conceito erigido aos propósitos do texto normativo (investigação do contexto funcional)." (BRITTO, Lucas Galvão de. *Tributar na era da técnica:* como as definições feitas pelas agências reguladoras vêm influenciando a interpretação das normas tributárias. 1ª ed. São Paulo: Noeses, 2018, p. 104-105).

Os contextos funcionais conferem uma estrutura particular às significações das normas jurídicas, implicando, muitas vezes, significados distintos para os mesmos significantes jurídicos. Nesse sentido, o autor potiguar destaca os enunciados do art. 2º da Lei de Introdução das Normas de Direito Brasileiro (LINDB),[258] o qual capacita o intérprete autêntico a reconhecer especificidades do fato a ser subsumido, de tal sorte que, diante de *novos contextos normativos*, construa enunciados que imprimam um significado especial, particular, embora exista, no ordenamento jurídico, um significado outro, diferente, já estabelecido para o mesmo significante. Seguem as palavras de Lucas Galvão de Britto:[259]

> Do que acabamos de tratar a respeito do contexto das normas jurídicas, resulta que a maior ou menor segurança do intérprete na compreensão dos termos da mensagem jurídica dependerá, em boa medida, da clareza que ele tenha nas relações das palavras com o contexto. É possível afirmar que a atividade de identificação do contexto está implícita no comando instalado na Lei de Introdução das Normas de Direito Brasileiro (LINDB), quando ela determina, no art. 2º, que se deve dar preferência às disposições específicas sobre as gerais. É o critério da especialidade utilizando para diante de um mesmo termo, em um dado contexto, escolher-se uma acepção definida num enunciado *x* e, ante outro cenário, escolher-se uma segunda voz, delimitada no enunciado *y*. O que se observa, com a existência e aplicação de enunciados que criem definições *especiais* para os termos jurídicos, a par das definições *gerais* já existentes, inauguram, com essas definições, *novos contextos normativos*. Trata-se de fenômeno que se repete a cada vez que uma nova definição jurídica se estabelece a par de outra que

---

258. Art. 2º. Não se destinando à vigência temporária, a lei terá vigor até que outra a modifique ou revogue.
§1º A lei posterior revoga a anterior quando expressamente o declare, quando seja com ela incompatível ou quando regule inteiramente a matéria de que tratava a lei anterior.
§2º A lei nova, que estabeleça disposições gerais ou especiais a par das já existentes, não revoga nem modifica a lei anterior.
§3º Salvo disposição em contrário, a lei revogada não se restaura por ter a lei revogadora perdido a vigência.

259. BRITTO, Lucas Galvão de. *Tributar na era da técnica:* como as definições feitas pelas agências reguladoras vêm influenciando a interpretação das normas tributárias. São Paulo: Noeses, 2018, p. 105-107.

> não tenha sido revogada nos termos do art. 2º, §2º, da LINDB. (...) Essa criação de diferentes contextos jurídicos justifica a escolha de diversos sentidos (conceitos) para um mesmo termo, faz-se perceber em cada um dos exemplos enunciados no item 2.1.3. deste capítulo. Por isso "funcionário público" significa uma coisa no *contexto da administração pública* e outra, diversa, no *contexto criminal*; 'tributo' quer dizer uma coisa no *contexto tributário* e outra no *contexto financeiro* etc.

No contexto tributário, reconhece-se, pois, a mesma dinâmica de construção dos enunciados para os signos "lucro real" e "acréscimos patrimoniais", especialmente se levado em consideração a *necessidade, para efeitos tributários,*[260] de alcançar os lucros auferidos no exterior. E por tudo aqui exposto, resta identificar o alcance semântico a que pode chegar os signos "renda" e "proventos de qualquer natureza", e para tanto é preciso produzir, dentro de um contexto tributário, o significado da expressão "disponibilidade econômica ou jurídica", de forma a constituir os enunciados sem os quais não se define o signo presuntivo de riqueza "lucro real".

3.2.1.2 Disponibilidade jurídica e a presunção de direito futuro

De acordo as premissas estabelecidas até aqui, toda disponibilidade enquanto direito subjetivo é necessariamente uma disponibilidade jurídica, dito de outra forma, toda disponibilidade é vertida em uma linguagem normativa, pois, se o Direito

---

260. "Porque cria suas próprias realidades, o direito certas vezes dá proporções semânticas distintas a certos termos, determinando, a despeito do que digam as engenharias, que um avião é um bem imóvel para fins de hipoteca, noutras classifica os bens à revelia dos conceitos científicos, como acontece com o *tomate*, que é fruta para os botânicos, mas hortaliça para a Tabela do IPI. O que se evidencia com os exemplos ora colacionados é que existe significativa intertextualidade entre as definições dos saberes extrajurídicos e os termos utilizados na legislação. Não é, no entanto, uma relação que se instala sobre o modo da *necessidade*, havendo possibilidade de que o direito estipule definições diversas '*para efeitos jurídicos*', na explicitude ou na implicitude de seus enunciados." (BRITTO, Lucas Galvão de. *Tributar na era da técnica*: como as definições feitas pelas agências reguladoras vêm influenciando a interpretação das normas tributárias. São Paulo: Noeses, 2018, p. 98-99).

é um sistema de comunicação, contemplado por signos jurídicos, então só se reproduz normativamente por meio de seus próprios elementos, que são jurídicos, naquilo que Luhmann, tomando emprestado da biologia, denominou de *autopoiese*.[261] No caso em questão, apenas a descrição em linguagem jurídica de um fato relativo à disponibilidade do aumento patrimonial ou da riqueza nova da pessoa jurídica é que constrói uma qualificação "econômica" dentro de si, do sistema do direito, não no seu entorno, onde se encontram outros sistemas sociais, incluindo o sistema econômico. Isso porque, como lembra Lourival Vilanova, o Direito não é criado para coincidir com os fenômenos sociais, mas para incidir sobre eles, modalizando-os deonticamente segundo valores socialmente estabelecidos por meio de órgãos autênticos criadores de leis, tanto as abstratas e gerais quanto as concretas e individuais.[262] Um bom exemplo

---

261. "Para deixar claro como esse conceito de autorreferência basal se distingue muito de uma antiga discussão sobre 'auto-organização', Maturana e Varela sugeriram para tanto a designação 'autopoiese'. O alcance dessa redistribuição conceitual e sua relação com os problemas que têm sido discutidos na filosofia da consciência e na filosofia da vida (*Lebensphilosophie*) (Fichte, Schelling) ainda não podem ser atualmente avaliados com segurança. De qualquer modo, deu-se um passo adiante na Teoria dos Sistemas ao se transferir a autorreferência do nível da formação estrutural e da alteração estrutural para o nível da constituição dos elementos. (...) Nos sistemas sociais, esse estado de coisas se desenvolve de outro modo, em dois aspectos: por um lado, não há nenhuma comunicação fora do sistema de comunicação da sociedade. Somente esse sistema usa esse tipo de operação e, nessa medida, é, de fato e necessariamente, fechado. Por outro lado, isso não vale para todos os outros sistemas sociais. Eles têm de definir seu modo específico de operação ou determinar sua identidade mediante flexão, a fim de poderem regular quais unidades de sentido possibilitam, internamente, a autorreprodução do sistema, ou seja, que devem ser repetidamente reproduzidas." (LUHMANN, Niklas. *Sistemas sociais:* esboço de uma teoria geral. Petrópolis RJ: Vozes, 2016, p. 54).

262. "As normas jurídicas podem ser classificadas, de acordo com o fato descrito em seu antecedente, como 'abstratas' e 'concretas' e, de acordo com a relação jurídica prescrita no consequente, como 'gerais' ou 'individuais'. Será *abstrata* a norma que descrever um conjunto de fatos e *concreta*, a norma que especificar no espaço e no tempo determinado fato. Por sua vez, será *geral* a relação jurídica que dirigir-se a um conjunto indeterminado de indivíduos e *individual* a relação jurídica referente a um único indivíduo ou a um grupo identificado. As normas gerais e abstratas seriam então previsões hipotéticas de acontecimentos sociais que desencadeariam consequências para um grupo indeterminado de pessoas, aqueles que praticarem os fatos descritos no antecedente." (LINS, Robson Maia. *Curso de direito tributário.* 1ª ed. São Paulo: Noeses, 2019, p. 126).

são as *ficções jurídicas*,[263] como explica Florence Haret, donde as regras ficcionais são maneiras que o legislador encontrou de criar a realidade jurídica, em que pese não ter semelhança com outras realidades sociais, desde que satisfaça finalidades axiológicas previstas no sistema de direito, respeitada as demarcações constitucionais.

Dito isso, qual o significado do termo "disponibilidade econômica ou jurídica" para o sistema comunicacional do Direito brasileiro, especificamente para o subsistema comunicacional tributário, seu contexto normativo, visto que envolve três signos linguísticos distintos no seu universo, a saber: "disponibilidade", "econômica" e "jurídica"?

E, aqui, mais uma vez são pertinentes as lições de Rubens Gomes de Sousa,[264] uma vez que ele imprime à urdidura semântica do signo linguístico "disponibilidade" um sentido de condição de titularidade do rendimento ou lucro, contrastando disponibilidades distintas: *(i)* a disponibilidade do título por meio de um rendimento realizado ou creditado ("*accrual basis*"); e *(ii)* a disponibilidade do título por meio de um rendimento percebido ou separado da fonte de riqueza ("*cash basis*").[265] Confira:

---

263. "Acentuamos: a ficção é sempre posta em lei, veículo apto por excelência para estabelecer tal preceito. Ao Poder Legislativo cabe criar a regra geral e abstrata fictícia e, ao Judiciário e Executivo, aplica-la nos casos em concreto, subsumindo o fato à hipótese ficcional. Ao legislador cumpre a decisão política de constituir o efeito de irrealidade. Consciente da diferença existente entre os fatos, procede à igualação jurídica entre duas coisas por meio da regra ficcional, restringindo os efeitos à parte do ordenamento que quer ver postas as consequências da lei. Nas ficções, os fins mais do que nunca compõe e justificam a norma. Ela é introduzida no sistema, tendo em vista os efeitos jurídicos que com ela se pretende criar; por isso mesmo, é proposital, é orientada segundo uma finalidade axiológica. Há que ponderar, contudo, que o fundamento da ficção deve estar albergado pelo sistema constitucional." (HARET, Florence. *Teoria e prática das presunções no direito tributário*. São Paulo: Noeses, 2010, p. 255).

264. SOUSA, Rubens Gomes de. O Fato Gerador do Imposto de Renda. In: *Estudos de direito tributário*. São Paulo: Saraiva, 1950, p. 178.

265. Paulo Ayres Barreto propõe a seguinte distinção entre maneiras de dispor do acréscimo patrimonial: "Muito se discute sobre a distinção entre disponibilidade jurídica e disponibilidade econômica. Esta se dará quando a renda auferida tiver sido efetivamente recebida pelo seu titular ('cash basis'). Já a disponibilidade jurídica estará configurada no exato instante em que a renda for auferida (produzida),

> A expressão "disponibilidade econômica", que anteriormente empregamos, deve assim ser entendida em contraste com o conceito de "disponibilidade jurídica": "compreende-se que não haja diferença dogmática entre devedor" (do impôsto, ou seja, contribuinte) "em razão do título sobre o rendimento, e devedor em razão da simples disponibilidade do rendimento... não teria sentido esta distinção, porque, se somente o título fôsse critério de atribuição, não seria devedor do impôsto aquêle que tivesse a simples disponibilidade; e se, ao contrário, a disponibilidade do rendimento é o critério da atribuição, o título também o é, porém somente enquanto se identifique com o seu conteúdo principal, que é exatamente a disponibilidade do rendimento. A não ser assim, não se poderia considerar a simples disponibilidade como um critério de atribuição: desde que se considere como tal, isso significa que o título jurídico tem o efeito tão somente de uma presunção de disponibilidade, e que não há diferença entre as duas categorias de sujeitos" (passivos) "devedores do imposto por efeito do título ao rendimento, uns, e por efeito da sua disponibilidade, outros". Sob um certo aspecto, ao conceito da disponibilidade econômica do rendimento pelo seu titular poderia ser oposto o conceito da disponibilidade jurídica, porém considerado êste em seu aspecto negativo, isto é, em relação à circunstância de que o rendimento se tenha tornado juridicamente indisponível por parte da fonte pagadora por ter passado, efetiva ou economicamente, para a disponibilidade do recebedor do rendimento. Assim entendido, o conceito confunde-se com aquêle (econômico) da realização do rendimento, que, como é sabido, é independente do outro conceito (igualmente econômico) da separação, sendo que êste último é que se confundiria com o conceito jurídico da transmissão da propriedade pela passagem do título (jurídico) de uma para outra pessoa. Para verificar-se o fato gerador do impôsto cedular, portanto, importa a "realização", mas não a "separação": tanto assim que o rendimento "creditado" (ou seja "realizado"), mas ainda não "percebido" (ou seja "separado"), é tributável.

O título jurídico, para fins de tributação sobre a renda, vale repetir, tem o efeito de presunção de disponibilidade, não se diferenciando, dogmaticamente, contribuintes que revelam a

---

independentemente do seu efetivo recebimento em espécie ('accrual basis')." (BARRETO, Paulo Ayres. Imposto sobre a Renda – Pessoa Jurídica. In: SANTI, Eurico Marcos Diniz de (coord.). *Curso de especialização em direito tributário:* estudos analíticos em homenagem a Paulo de Barros Carvalho. Rio de Janeiro: Forense, 2005, p. 775). [Nota do editorial: manteve-se a grafia conforme o original.].

capacidade de contribuir em razão do título ou da disponibilidade do título. A presunção de disponibilidade decorrente do título jurídico, nestes termos, participa do conceito de "aquisição da disponibilidade econômica ou jurídica". Ao comentar a passagem citada de Rubens Gomes de Sousa, o jurista Heleno Torres[266] conclui: "será esse título, pensamos, a justificar a propriedade da renda, que firmará as condições mínimas para a *disponibilidade*, mesmo quando esta seja disponibilidade econômica, posto que o patrimônio não é mais do que um somatório de direitos sobre disponibilidades presentes ou futuras".

Se o patrimônio "não é mais do que um somatório de direitos sobre disponibilidades presentes ou futuras", então é possível deduzir que a realização de aumento patrimonial, observada no lapso de um tempo, condição jurídica do perfazimento de renda, bem como do cálculo do lucro real, alcança os direitos dos quais a disponibilidade é futura, desde que não dependa de outras condições para que se efetive. Neste ponto, talvez, faz-se prescindível a expressão "econômica ou jurídica" para caracterizar semanticamente a disponibilidade do aumento patrimonial (teoria do acréscimo patrimonial[267]), eis que, para

---

266. "E será esse título, pensamos, a justificar a propriedade da renda, que firmará as condições mínimas para a *disponibilidade*, mesmo quando esta seja disponibilidade econômica, posto que o patrimônio não é mais do que um somatório de direitos sobre disponibilidades presentes ou futuras. A patrimonialidade chama o *econômico*, porque está intimamente vinculada ao valor econômico. Mas no direito, ele somente tem sentido se vinculado ao conceito de 'direitos', sobre coisas (reais) o contra pessoas (pessoais). Daí que sendo o patrimônio composto não de bens materiais, mas de direitos, qualquer acréscimo patrimonial há de ser de direitos (reais ou pessoais)." (TORRES, Heleno Taveira. *Direito tributário internacional aplicado*. São Paulo: Quartier Latin, 2005, v. III, p. 131).

267. "[consoante a teoria do acréscimo patrimonial], 'renda' é todo ingresso líquido, em bens materiais, imateriais ou serviços avaliáveis em dinheiro, periódico, transitório ou acidental, de caráter oneroso ou gratuito, que importe um incremento líquido do patrimônio de um indivíduo, num período determinado de tempo, esteja acumulado ou tenha sido consumido e que se expresse em termos monetários. Esta, para a maioria dos estudiosos brasileiros, teria sido a corrente admitida pelo art. 43, do CTN. Corolário disso, prevalece, no direito brasileiro, a teoria segundo a qual o que interessa é o aumento do patrimônio e não o aumento do resultado da exploração da fonte produtora, pelo que é considerado, no caso de pessoas jurídicas, como lucro tributável todo acréscimo líquido (bens materiais, imateriais ou serviços

fins de tributação da renda, se preferir, para fins de constituição do lucro real, a disponibilidade ou, ainda, o acréscimo que importará é de direitos. São os acréscimos de direitos que se fazem disponíveis, como explica Brandão Machado,[268] incluindo aqueles presumidos por força de lei, tal como em uma aquisição "virtual", que na verdade significa jurídica, a realidade jurídica. Nesse sentido, convém reproduzir as palavras de Edmar Oliveira Andrade Filho,[269] citando Bulhões Pedreira:

> Na lição de Bulhões Pedreira, disponibilidade econômica é poder de dispor efetivo e atual, de quem tem posse direta da renda; o que caracteriza é a aquisição da posse da moeda ou de direitos dotados de liquidez imediata (*quasi*-moeda). A disponibilidade jurídica, diz o autor citado, é presumida por força de lei e abrange a aquisição virtual, e não efetiva, do poder de dispor de renda;

---

avaliáveis em dinheiro) verificado num certo período determinado, independentemente da origem das diferentes parcelas, cujo total constitui este acréscimo, o lucro líquido, base para a determinação do lucro real (teoria do acréscimo patrimonial). Segundo esta corrente, o *critério material da hipótese de incidência da norma de tributação* da 'renda' consistirá na aquisição de aumento patrimonial, verificável pela variação de entradas e saídas num dado período de tempo. (...) Como dizia Rubens Gomes de Sousa, 'o fato gerador do imposto de renda será sempre, com efeito, o aparecimento de uma relação de propriedade ou de posse entre um rendimento e o contribuinte, seja este de fato ou de direito, isto é, quer esteja o contribuinte em relação pessoal com a matéria tributável, quer se trate simplesmente de um contribuinte por força de designação legal'." (TORRES, Heleno Taveira. *Direito tributário internacional aplicado*. São Paulo: Quartier Latin, 2005, v. III, p. 125-126).

268. "Ligeira leitura do texto mostra que há nele palavras que, na verdade, não exercem nenhuma função definitória. É a expressão disponibilidade econômica ou jurídica, que, efetivamente, está na definição, mas pode ser retirada sem prejuízo para sua inteligência. Fica difícil explicar uma disponibilidade econômica de acréscimo de direitos. Se o acréscimo é sempre de direitos, não há como conceber que possam estar economicamente disponíveis. Todo acréscimo de direitos (reais ou pessoais e, portanto, patrimoniais) estará necessariamente disponível, pelo fato singular de que os direitos acrescem ao patrimônio. Aquela expressão é excrescente e tem uma gênese que, afinal, pode encontrar-se na sistemática que o autor de seu anteprojeto pretendia imprimir no Código Tributário, sob a inspiração do direito tributário alemão, que dá maior relevo ao aspecto econômico do que ao jurídico na conceituação da hipótese de aplicabilidade da norma tributária e do vínculo entre a hipótese e o sujeito passivo". (MACHADO, Brandão. Breve exame crítico do art. 43 do CTN. Coordenador: Martins, Ives Gandra da Silva (Cood.) *Imposto de Renda*. São Paulo: Editora Atlas, 1996, p. 101).

269. ANDRADE FILHO, Edmar Oliveira. *Imposto de renda das empresas*. 6ª ed. São Paulo: Atlas, 2009, p. 25.

> a disponibilidade é virtual quando já ocorreram todas as condições necessárias para que se torne efetiva.

A respeito do termo "aquisição virtual", as palavras exatas de Bulhões Pedreira[270] são estas: "a disponibilidade é virtual quando já ocorreram todas as condições necessárias para que se torne efetiva". Então, no que diz respeito à competência da União de tributar o acréscimo patrimonial, o desdobramento semântico dos signos jurídicos constantes desta hipótese tributária revela a disponibilidade como uma presunção de direito futuro, se não houver mais condições para que se efetive. A presunção jurídica em questão foi uma opção do legislador, imerso em um contexto tributário próprio, identificando o signo presuntivo de riqueza "renda", cuja base de cálculo corresponde ao signo "lucro real", aos direitos presentes ou futuros. Por tudo aqui apresentado, os seguintes enunciados podem ser apresentados:

(i) *Enunciado 1*: compete à União instituir impostos sobre **renda e proventos de quaisquer naturezas**, cuja denotação refere-se à **disponibilidade de um acréscimo de direitos, seja presente e efetivo** (disponibilidade econômica) ou **futuro e que se efetivará** (disponibilidade jurídica);

(ii) *Enunciado 2*: A disponibilidade do direito futuro é **presumida por força de lei.**

Não obstante a polissemia do signo "presumido",[271] a presunção jurídica que se faz presente no significado de "renda", no que se refere à disponibilidade do direito futuro, é verdadeira linguagem jurídica com função fabuladora,[272]

---

270. PEDREIRA, José Luiz Bulhões. *Imposto sobre a renda:* pessoas jurídicas. Rio de Janeiro: Justec, 1979, v. I, p. 120.

271. Florence Haret identifica 89 acepções para o termo "presunção". Ver: HARET, Florence. *Teoria e prática das presunções no direito tributário.* São Paulo: Noeses, 2010, p. 84-85.

272. "Diz-se que está em função fabuladora o discurso quando, para ter validade no

concernida em descrever um fato que cumpra a finalidade específica do sistema jurídico, a saber, tributar os signos presuntivos de acréscimo patrimonial, consoante a competência do legislador de criar a realidade jurídica que melhor satisfaça os valores legalmente prescritos. No esforço de perscrutar signos presuntivos de riqueza do acréscimo patrimonial do contribuinte, com intuito de regular a conduta de recolhimento dos tributos ao erário, o legislador opta, portanto, por criar uma "formulação de sobrenível que viabiliza a substituição de um fato por outro sem que se perca a prescritividade da norma",[273] desde que dentro dos limites constitucionais, o que inclui o princípio da capacidade contributiva. As palavras de Aliomar Baleeiro[274] caem como uma luva, neste momento, e vale a reprodução *ipsis litteris*:

> Como pondera Rubens Gomes de Sousa, se a economia política depende do Direito para impor praticamente suas conclusões, o Direito não depende da economia, nem de qualquer ciência para se tornar obrigatório: o conceito de renda é fixado livremente pelo legislador, segundo considerações pragmáticas, em função da capacidade contributiva e da comodidade técnica de arrecadação. Serve-se, ora de um, ora de outro dos dois conceitos teóricos para fixar o fato gerador ("Évolution de la Notion de Revenu", *AF*, 1951, vol. II, p. 119).

A presunção, evidentemente, embora não dependa dos fenômenos econômicos para que crie sua realidade jurídica, ainda assim não poderá exceder-se ao ponto de criar uma

---

sistema a que se refere, volta-se apenas ao significado de seu objeto, sem que para isso lhe seja demandada sua verdade ou falsidade no sentido de correspondência fática dele com aquilo a que se refere. São enunciados constitutivos da realidade, podendo se apresentar como *ficção*, como *presunção* ou como *hipótese normativa*. A linguagem utilizada em função fabuladora não se preocupa em descrever algo, mas em constituir signo apto a cumprir com funções comunicacionais específicas naquele determinado sistema." (HARET, Florence. *Teoria* e prática das *presunções no direito tributário*. São Paulo: Noeses, 2010, p. 122).

273. HARET, Florence. *Teoria e prática das presunções no direito tributário*. São Paulo: Noeses, 2010, p. 124.

274. BALEEIRO, Aliomar. *Direito tributário brasileiro*. 11ª ed. Rio de Janeiro: Forense, 2010, p. 284.

linguagem fabuladora de distribuição fictícia de lucros, por exemplo, como explica Angela Maria da Motta Pacheco,[275] ao comentar o enunciado do art. 74 da MP nº 2.158-35/2001, que considerou disponibilizados para a controladora ou coligada, no Brasil, os lucros auferidos por controladas ou coligadas no exterior. A disponibilidade, em outras palavras, não pode ser considerada, ela deve ser efetiva, no contexto tributário, em estrita obediência ao princípio da capacidade de contribuir.

---

275. "Quando a Lei diz 'serão considerados disponibilizados' é porque, na realidade ainda não o foram. Assim a Lei estará considerando como disponibilizado o lucro apurado, mesmo que o fato – disponibilização – ainda não tenha ocorrido. Alarga-se, pois, indevidamente o conceito de lucro disponibilizado. Aparece, pois, por ficção, o momento de sua disponibilização: a data do balanço em que o lucro foi apurado no exterior. Não há entrega física. Entretanto, como as filiais e sucursais não são pessoas jurídicas distintas da matriz brasileira, pelo contrário, formam com ela uma única pessoa jurídica, uma só entidade, o lucro lá obtido pela filial pode ser somado ao lucro da matriz, auferido no Brasil. Neste caso, a ficção de disponibilidade não ofende o critério material de apuração do lucro na matriz, no país. É uma questão '*interna corporis*', embora distanciadas as empresas, faticamente, no espaço. Diverso, como não poderia deixar de ser, é o tratamento dirigido às controladas ou coligadas. (...) As coligadas e controladas são pessoas jurídicas distintas das pessoas jurídicas que participam, como sócias, de seu capital social, quer essas tenham ou não poder de controle. Assim, as coligadas e controladas no exterior, de empresas brasileiras, destas diferem e só quando efetivamente dispuserem seus lucros para essas empresas brasileiras é que estas poderão considerá-las em seu balanço. Só após o ato jurídico da distribuição, a titularidade dos lucros se transfere para as coligadas e controladas brasileiras. Enquanto não distribuídos, permanecem na titularidade das empresas residentes no exterior. Come efeito, os lucros ou estão lá, na pessoa jurídica estrangeira que os obteve, ou estão cá, na pessoa jurídica brasileira, não mais lá, após a efetiva distribuição. Enquanto não houver distribuição, não há como contar com esses lucros e acrescê-los aos lucros líquidos obtidos pelas empresas brasileiras para apuração do lucro real. Vejam-se: os lucros, na empresas residente no exterior, podem ter vários destinos e lá ficarem retidos. A empresa pode ter prejuízos compensáveis, ou vir a tê-los, por exemplo. (...) Apurado o lucro nas coligadas ou controladas no exterior, estes se consideram *ficticiamente distribuídos* às empresas brasileiras, na data do balanço no qual tiverem sido apurados, que deverão contabilizá-los em 31.12, com a apuração de seu balanço. Esta é uma ficção não permitida pelo sistema constitucional tributário brasileiro: previsão legal de um critério material que não se realizou. Qualquer comando quanto ao imposto de renda deve se ater ao disposto no art. 43 do CTN que só pode exigir a tributação renda/lucro disponibilizados e significativos de acréscimo patrimonial. **A disponibilização é essencial pois, caso contrário, o lucro fica retido na investida e não pertencerá à investidora.** É cristalina a ofensa aos princípios da tipicidade e da capacidade contributiva." (PACHECO, Angela Maria da Motta. Ficções tributárias: identificação e controle. São Paulo: Noeses, 2008, p. 342-344).

No entanto, que se diga desde já, embora seja inconstitucional presumir a disponibilidade de um direito não intitulado ao contribuinte, de forma a se valer de uma hipótese de disponibilidade ficta (ficção jurídica), em virtude da capacidade contributiva, diferentemente é presumir a disponibilidade de um direito futuro, quando não há mais condições a serem satisfeitas para que se efetive (presunção jurídica), naquilo que Bulhões Pedreira denominou de "aquisição virtual", isto é, a disponibilidade jurídica de um título creditado, mas ainda não percebido ou separado da fonte, não dependente, como disse Heleno Torres, da obtenção imediata do seu benefício econômico.[276] Em uma frase, ficção jurídica não se confunde com presunção jurídica, tal como a distribuição ficta não se confunde com a presunção de um direito futuro intitulado ao contribuinte.[277]

---

276. "Pensamos que o melhor tratamento que se possa ofertar consiste no reconhecimento da unidade material de ambos os qualificativos, porquanto toda 'renda' somente constituir-se-á como tal na condição típica de um certo direito subjetivo decorrente de específico fato jurídico, devidamente qualificado pelo direito, a partir do título que a justifique; logo, toda 'renda' exige conformação em termos jurídicos, posto que sempre deve possuir *disponibilidade jurídica*. Ocorre, todavia, que essa disponibilidade jurídica pode confundir-se com a obtenção imediata do seu benefício econômico, mediante a percepção dos bens, créditos ou valor, e, assim, incorporando-se, a riqueza nova, ao patrimônio do contribuinte, é dizer, confundindo-se com a *disponibilidade econômica*; mas nada impede que a renda quede-se pendente de condição ou evento futuro, remanescendo apenas a disponibilidade jurídica, apesar de carente da vantagem patrimonial imediata. Neste caso, fala-se apenas de 'disponibilidade jurídica' como suficiente para determinar a formação do fato jurídico tributário. O legislador poderá, assim, escolher um ou outro momento, como faz nos regimes de caixa e de competência, como critérios temporais de realização do fato jurídico tributário, daí o art. 43, do CTN, dizer que o Imposto sobre a Renda incidirá na *aquisição da disponibilidade econômica ou jurídica de renda ou proventos de qualquer natureza*." (TORRES, Heleno Taveira. *Direito tributário internacional aplicado*. São Paulo: Quartier Latin, 2005, v. III, p. 132-133).

277. "Verificamos que, na presunção, dá-se consequência jurídica de fato conhecido a fato desconhecido, mas que, embora não observado empiricamente e passível de dúvidas, é provável. A probabilidade é valorizada pela lei, que, em certos casos, admite prova em contrário e em outro, não. Na ficção, contudo, inexiste dúvida sobre o campo empírico. Sabe-se desde já que a realidade fáctica é de impossível sucesso. A lei, propositalmente, nega o real, podendo inclusive afastar-se das concepções comuns do sensível e com ela construir realidade jurídica outra, diversa daquilo que geralmente acontece. Por isso mesmo são inadmitidas no campo dos tributos para gerar obrigações e direitos." (HARET, Florence. *Teoria e prática das presunções no direito tributário*. São Paulo: Noeses, 2010, p. 260).

Dito isso, passa-se agora a examinar a base de cálculo da renda e proventos de qualquer natureza, na sua feição de "lucro real", em especial o signo presuntivo de riqueza eleito pelo legislador no art. 77 da Lei nº 12.973/2014, haja vista que tergiversou a redação dada pelo art. 74 da MP nº 2.158-35/2001, e buscou a parcela do ajuste do valor do investimento em controlada sediada no exterior, equivalente aos lucros por ela auferidos antes do imposto sobre a renda, excetuando a variação cambial, para o cômputo da *base imponível.*

3.2.1.3 Adição da parcela do ajuste do valor do investimento em controlada sediada no exterior no lucro real da controladora brasileira

Como se viu, a CF prevê a competência da União para tributar rendas e proventos de qualquer natureza, sendo que a determinação do cálculo deste imposto, para fins de cômputo da capacidade de contribuir da pessoa jurídica, pode ser o seu lucro real, presumido ou arbitrado, cada qual com uma hipótese de aplicação própria, segundo a necessidade técnica de fiscalização do Fisco, sem que para isso exista desobediência aos princípios tributários constitucionais. Se há um conceito de "renda" a ser construído a partir somente dos signos jurídicos intuídos do suporte físico representado como CF é uma questão sem consenso na doutrina. Não há, é preciso admitir, na CF, uma cadeia de significantes reunidos em relação sintagmática que defina o signo linguístico "renda", não obstante as significações serem construídas contextualmente (contexto) ao invés de lidas textualmente do direito (texto). Nesse sentido contextual de produção dos conceitos, precisas são as palavras de Tácio Lacerda Gama[278] a respeito do texto e do contexto:

> A projeção subjetiva, aquele aspecto incontrolável e variável de homem para homem – tão desprezado pelos pressupostos da

278. GAMA, Tácio Lacerda. Sentido, consistência e legitimação. In: HARET, Florence; CARNEIRO, Jerson (coords). *Vilém Flusser e juristas:* comemoração dos 25 anos do grupo de estudos Paulo de Barros Carvalho. São Paulo: Noeses, 2009, p. 243-244.

> semântica objetiva de Frege – é o que se chama significação. Esta, que representa o modo de relacionar significante e significado, é condicionada pela subjetividade do usuário dos signos. Com isso fazemos referência ao conjunto de condicionantes culturais, sociais, valorativos, que o leva a formular uma significação de um modo e não de outro. Esse conjunto de fatores que operam junto à subjetividade do intérprete, condicionando a sua forma de perceber os textos, são também textos que dão forma ao chamado contexto, porque são susceptíveis, ainda que indiretamente, de interpretação. Dessa forma, podemos imaginar os textos que dão forma ao significante e aqueles outros que influenciam a significação. A modificação do contexto proporciona, por conseguinte, alterações na forma de justificar o sentido de uma expressão. (...) Esses esclarecimentos evidenciam a circunstância de existirem dois vetores fundamentais para a construção do sentido: o texto e o contexto.

Por um viés constructivista, Roque Antonio Carraza[279] defende a ideia de que a estrutura lógico-deôntica da RMIT do IR está na CF. Nada obstante, há, sim, pode-se dizer, limites semânticos, tal como na moldura de toda norma, e princípios também são normas (sejam eles limites objetivos ou axiológicos), dos quais o legislador infraconstitucional deve obedecer ao denotar "renda", não a confundindo com outros signos de riquezas, sob pena de criar a mesma hipótese tributária para impostos distintos, a exemplo dos signos linguísticos "receita"

279. "*I* – Como adiantamos, o legislador federal não possui total liberdade para definir renda e proventos de qualquer natureza, para fins de tributação por meio do imposto específico. Deve apenas refletir o que já está posto, ainda que a traços largos, na Constituição. Laboram em equívoco, pois, os que sustentam que configura *renda e proventos de qualquer natureza*, tudo quanto a lei assim considera. Para estes estudiosos – que perfilham a chamada *teoria da conceituação legalista de renda e proventos de qualquer natureza* – não há uma noção constitucional nem de *renda*, nem de *proventos de qualquer natureza*. A matéria gravitaria, assim, em torno da discricionariedade do legislador, a quem caberia definir, sem maiores peias, a *hipótese de incidência* do imposto. Com o devido acatamento, ousamos discordar, já que estamos convencidos de que há, sim, uma noção constitucional de *renda e proventos de qualquer natureza*, que não pode ser desconsiderada (seja pelo legislador complementar nacional, seja pelo ordinário federal). Rememoremos que as *regras-matrizes* de todos os tributos – aí incluído o *imposto sobre a renda e os proventos de qualquer natureza* – estão contidas na Constituição. O legislador infraconstitucional não pode fugir desses arquétipos." (CARRAZA, Roque Antonio. *Imposto sobre a Renda (perfil constitucional e temas específicos)*. 3ª ed., revista, ampliada e atualizada. São Paulo: Malheiros, 2009, p. 57).

e "rendimento" presentes no art. 43, § 1º, do CTN (redação dada pela Lei Complementar nº 104/2001). Confira os comentários de Paulo Ayres Barreto[280] acerca disso:

> Cumpre esclarecer, entretanto, como se interpretar os signos "receita" ou "rendimento", constantes do § 1º da Lei Complementar 104/2001. Sobre o assunto, já nos manifestamos: "Afastamos, de pronto, qualquer proposta exegética que admita a incidência sobre mera receita, considerada de forma estanque, sem o necessário cotejo com custos e despesas necessárias a sua geração, observado um certo lapso temporal. Destarte, a única proposta de interpretação possível seria aquela que preserva o conceito de renda como acréscimo patrimonial. Em outras palavras, a significação possível do mencionado parágrafo é a de que a incidência do imposto independe da denominação da receita ou rendimento, que vierem a integrar, a conformar, em contraposição aos custos e despesas (pessoa jurídica) ou deduções e abatimentos (pessoa física), a renda auferida, assim entendida o acréscimo patrimonial verificado num certo período.

Há também, na jurisprudência brasileira, a defesa de uma ausência de conceito de "renda" construído a partir do plano de expressões da CF. Segundo o Ministro Nelson Jobim, no RE nº 201.465-6/MG, o legislador infraconstitucional substituiu o termo "renda" por "lucro real", como signo a ser manuseado ao mensurar o *quantum debeatur* do IR. O termo "real", segundo o magistrado, não é obra da CF, mas do legislador ordinário, e diz respeito a uma opção feita de técnica legal para a determinação do lucro tributável, mediante um balanço fiscal[281] que, por sua vez, não corresponde ao lucro líquido ou balanço contábil da pessoa jurídica. Tanto é assim que

280. BARRETO, Paulo Ayres. Imposto sobre a Renda – Pessoa Jurídica. In: SANTI, Eurico Marcos Diniz de (coord.). *Curso de especialização em direito tributário:* estudos analíticos em homenagem a Paulo de Barros Carvalho. Rio de Janeiro: Forense, 2005, p. 776.

281. "b) No caso das pessoas jurídicas, aplica-se para apurar o **lucro real**, seguindo o conceito do acréscimo patrimonial, a teoria do balanço, que revela, além do resultado das atividades normais da empresa (lucro operacional), também outras variações patrimoniais, provenientes de operações ou ocorrências estranhas ao objeto social (transações eventuais)." (TILBERY, Henry. *CMTS AO CTN.* Coordenação Ives Gandra. Saraiva, 1998, p. 286).

despesas consideradas no balanço fiscal não são consideradas no balanço contábil, e vice-versa. Nestes termos, em uma frase, lucro real é o lucro tributável disposto em lei, em nada dependendo de um lucro contábil ou de fatores econômicos, elementos de outros subsistemas sociais. Seguem as palavras exatas do Ministro Nelson Jobim, no RE em questão:

> A legislação ordinária, no lugar da expressão constitucional "*RENDA*", passou a utilizar, para uma das modalidades de base de cálculo, a expressão "*LUCRO REAL*". Observo que a adjetivação "*REAL*" é obra da legislação infraconstitucional ordinária. Não está na Constituição, nem na lei complementar – CTN. A definição de "*LUCRO REAL*" está no DL 1.598, de 26.12.1977, como *Art. 6º (...) o lucro líquido do exercício ajustado pelas adições, exclusões ou compensações prescritas ou autorizadas pela legislação tributária (...)*. Por sua vez, o "*LUCRO LÍQUIDO DO EXERÍCIO*" é definido como '*Art. 6º (...) §1º (...) a soma algébrica do lucro operacional (art. 11), dos resultados não operacionais, do saldo da conta de correção monetária (art. 51) e das participações, e deverá ser determinado com observância dos preceitos da lei comercial. (...)*'. Após essas definições, o DL. arrola os itens que devem ser adicionados e excluídos do LUCRO LÍQUIDO DO EXERCÍCIO, para se chegar, enfim, ao LUCRO REAL tributável (DL. 1.598/77, art. 6º, §§ 2º a 7º). A técnica legal para a determinação do LUCRO REAL TRIBUTÁVEL é a da enumeração taxativa (a) dos elementos que compõem o LUCRO LÍQUIDO DO EXERCÍCIO e (b) dos itens que devem ser, a este, adicionados e abatidos. (...). Todo esse cômputo faz-se pelo denominado "*BALANÇO FISCAL*". Por tudo isso, constata-se que o "*BALANÇO FISCAL*" apura lucro diferente daquele apresentado pela contabilidade. Veja-se o caso da L. 9.249/95. Ela determina a adição, ao lucro líquido, de itens que, no balanço contábil, são lançados como despesas, como, por exemplo: (a) as despesas com alimentação de sócios, acionistas e administradores (L. 9.249/95, art. 13, IV); (b) algumas contribuições não compulsórias (L. 9.249/95, art. 13, V); (c) despesas com brindes (L. 9.249/95, art. 13, VII). O "*BALANÇO FISCAL*" e o "*BALANÇO CONTÁBIL*" são diferentes porque o chamado LUCRO REAL, base de cálculo do IR, não é a mesma coisa que LUCRO LÍQUIDO DO EXERCÍCIO. Vê-se, desde logo, que o conceito de LUCRO REAL TRIBUTÁVEL é puramente legal e decorrente exclusivamente da lei, que adota a técnica da enumeração taxativa. (...) Isso tudo demonstra que o conceito de LUCRO REAL TRIBUTÁVEL é um conceito decorrente da lei. Não é um conceito ontológico, como se existisse, nos

> fatos, uma entidade concreta denominada de "*LUCRO REAL*". Não tem nada de material ou essencialista. É um conceito legal. (...) A linha de argumento do ACÓRDÃO levaria a afirmação de haver deduções, por essência, obrigatórias, porque naturais. Um conceito que estaria contido na expressão RENDA, do inciso III do art. 153 da CF., lido, pelo ACÓRDÃO como "*RENDA REAL*".

A propósito, a maneira com que o expediente da técnica legal é disposto em lei relaciona-se igualmente com a comodidade que o legislador autoriza que se tenha para que às autoridades fiscais investiguem os signos presuntivos de riquezas tributáveis, incluindo o lucro real ou lucro tributável das pessoas jurídicas, segundo o contexto tributário. São exemplos deste expediente as margens criadas para a determinação do preço de transferência ("*transfer price*") entre pessoas jurídicas vinculadas, consoante o disposto no art. 18 e seguintes da Lei nº 9.430/1996, cujo cálculo é base de tributação do IRPJ. Por isso, os signos linguísticos constituídos para fins de regulação tributária, se preferir, "para definição dos respectivos efeitos tributários", tal como prescrito no enunciado do art. 109 do CTN, são construídos sob o dialogismo de enunciados do subsistema constitucional tributário, que por sua vez é constitutivo de um contexto situacional ou normativo específico, donde o signo "lucro líquido", por exemplo, para fins de cômputo do lucro real,[282] não comporta identidade semântica

---

282. "A renda real, denominada lucro real pelo direito positivo (RIR), é apurada com base na escrituração mercantil do contribuinte. Como já vimos, o CTN definiu *renda* como o produto do capital, do trabalho ou da combinação de ambos, e *proventos* como acréscimos patrimoniais não compreendidos no conceito de *renda*. No que concerne à *pessoa jurídica*, a legislação brasileira tradicionalmente consagrou o princípio de que o *lucro real ingressaria no mundo jurídico por intermédio dos elementos informativos contidos nas demonstrações financeiras*. (...) *Lucro real* corresponde, portanto, ao acréscimo patrimonial real (conceito que abrange *renda* e *proventos*) referido pelo art. 43 do CTN. O *lucro real* não é, portanto, igual ao *lucro líquido do exercício*, mas é apurado a partir deste. (...) 'acréscimo patrimonial' e 'aquisição de disponibilidade econômica ou jurídica de renda' são fatos que, uma vez incorporados ao mundo jurídico, ganham um sentido jurídico próprio, que não é necessariamente igual ao sentido extraído de *conceitos pré-jurídicos*. Qualquer interpretação que se afastar do conceito legal não será juridicamente aceitável." (LATORRACA, Nilton. *Direito tributário*: imposto de renda das empresas. 15 ed. São Paulo: Atlas, 2000, p. 179).

com o signo "lucro líquido" do contexto societário, como explica Edmar Oliveira Andrade Filho.[283]

Não somente, pois, como explica Nilton Latorraca,[284] o significado de "acréscimo patrimonial" apresenta uma moldura normativa, no contexto comercial, e outra moldura normativa, no contexto tributário. Confira as palavras do autor:

> *Juridicamente*, portanto, a aquisição de disponibilidade econômica ou jurídica de renda real será determinada a partir do *acréscimo patrimonial consignado nas demonstrações financeiras*, levantadas com observância da Lei nº 6.404, de 1976. Do ponto de vista fiscal, esse conceito sofre modificações pelas restrições que a lei fiscal lhe impõe. Juridicamente, qualquer discussão sobre os conceitos de renda ou de aquisição de disponibilidade econômica ou jurídica não deverá afastar-se dos conceitos de *lucro líquido do exercício* e de *lucro real*, antes reproduzidos. A legislação do imposto de renda, incorporando os princípios contábeis da lei comercial, incluiu também o regime de competência,

283. "A expressão *lucro real* consta do art. 6º do Decreto-lei nº 1.598/77, que é a matriz legal do art. 247 do RIR/99. Referido preceptivo legal estatui que o lucro real será obtido pela soma algébrica das seguintes parcelas: (a) lucro líquido do período de apuração; (b) mais parcelas de adição indicadas na lei como não dedutíveis; e (c) menos as parcelas relativas a exclusões prescritas ou autorizadas em leis, e compensações de prejuízos anteriores. Portanto, o ponto de partida para determinação do chamado 'lucro real' é o lucro líquido do período, assim definido no art. 248 do RIR/99: (...) A expressão *lucro líquido* constante do enunciado linguístico do art. 248 do RIR/99 não coincide, em termos semânticos, com o conceito de 'lucro líquido' previsto no art. 191 da lei nº 6.404/76. São expressões que têm a mesma grafia, mas designam diferentes aspectos da realidade. O lucro líquido, como definido pela Lei nº 6.404/76, é o resultado do exercício menos as seguintes parcelas: (a) o valor dos prejuízos acumulados; (b) o valor da provisão para o Imposto de Renda; e (c) o valor das participações nos lucros atribuídas a administradores, empregados e debêntures. Assim, dois elementos que são considerados para efeito de determinação do lucro líquido pela lei societária não são considerados pela legislação do Imposto de Renda. São eles: (a) os prejuízos acumulados; e b) a provisão para o Imposto de Renda. Portanto, o lucro líquido que é base para determinação do lucro real não é o mesmo da Lei nº 6.404/76, nada obstante o fato de que ambos devam ser determinados segundo os mesmos critérios. De plano, fica claro que as normas que determinam os critérios de apuração do lucro societário têm um propósito e as normas fiscais têm outros, nada obstante trabalhem com a mesma matéria-prima, isto é, recortam a mesma porção da realidade." (ANDRADE FILHO, Edmar Oliveira. *Imposto de renda das empresas.* 6ª ed. São Paulo: Atlas, 2009, p. 26-27).

284. LATORRACA, Nilton. *Direito tributário:* imposto de renda das empresas. 15 ed. São Paulo: Atlas, 2000, p. 180.

> conforme já reconhecido expressamente pelo fisco no Parecer Normativo CST nº 86, de 1978, que, referindo-se ao Decreto-lei nº 1.598, de 1977, no seu item 8 declara: (...) Entretanto, a legislação fiscal manteve o regime de caixa para inúmeras transações, como veremos adiante. Manteve-o também para as sociedades civis de prestação de serviços profissionais (item 7.4.2). Essa posição se confirma pelo conceito de lucro real, que partindo do lucro líquido do exercício prevê exclusões, adições ou compensações determinadas pela lei tributária. Os conceitos examinados colocam-no diante de duas conclusões, que reputamos fundamentais: • o conceito de acréscimo patrimonial reconhecido pela legislação comercial é distinto do reconhecido pela legislação fiscal; • não obstante distintos, os dois conceitos têm muito em comum, de vez que *o lucro real* é apurado a partir do *lucro líquido do exercício*, isto é, o conceito fiscal tem como elemento estrutural o conceito da lei comercial.

A legislação tributária estabelece quais signos presuntivos de riqueza, ou, dito de outra forma, quais direitos sobre títulos que se acrescem ao patrimônio do contribuinte serão admitidos como disponíveis na forma contábil dos regimes de caixa ou competência, muito em razão da técnica legal definida pelo legislador, que se encontra inexoravelmente circunscrito ao contexto tributário. Mas, em que pese o ordenamento tributário buscar na contabilidade critérios e procedimentos técnicos a serem empregados,[285] no cálculo do lucro real, é preciso não perder de vista a perspectiva sistêmica de produção dessa linguagem, haja vista que os enunciados contábeis não são aptos a interferir na linguagem jurídica, exceto quanto aos acoplamentos estruturais do sistema de direito positivo, por meio de seus operativos, produzem enunciados jurídicos a partir de signos que se reportam aos enunciados contábeis.

---

285. "A base de cálculo do imposto sobre a renda é determinada a partir de um instituto do Direito Comercial: o lucro líquido do exercício. Além disso, a legislação tributária estrutura-se com base em inúmeros conceitos do Direito Comercial, tais como: balanço patrimonial, patrimônio líquido, reservas, incorporação, cisão, dividendos, etc. Muitos desses institutos ingressam no mundo jurídico com base em conceitos e princípios que pertencem à contabilidade. O direito vai buscar na contabilidade critérios e procedimentos técnicos e transforma-os em atos jurídicos." (LATORRACA, Nilton. *Direito Tributário:* imposto de renda das empresas. 15 ed. São Paulo: Atlas, 2000, p. 240).

Em uma frase, os enunciados da contabilidade só passam a ser enunciados jurídicos se o sistema de direito positivo assim estabelecer, em seu suporte físico, por meio de signos que correspondem aos signos daquele outro sistema (o contábil). No entanto, ainda assim suas significações sujeitar-se-ão ao *contexto situacional* ou *contexto normativo*, aqui, no caso, o *contexto tributário*, que se vê tensionado pela força do sistema de *unidade conceptual*.

Ao voltar-se para a formação do lucro real da pessoa jurídica, o intérprete deve ater-se aos enunciados tributários de tal sorte que os significados construídos relativos aos signos presuntivos de riqueza eleitos pelo legislador dialoguem com o contexto tributário, no qual técnicas legais que criem a comodidade para a atividade de fiscalização, ou a transparência fiscal sobre os lucros auferidos no exterior, em nome dos efeitos tributários, são finalidades a serem satisfeitas pelo sistema. Portanto, na formação do lucro real – signo linguístico componente da realidade tributária por conta da linguagem fabuladora do direito – o lucro líquido é ajustado pelas adições, exclusões ou compensações prescritas ou autorizadas pela legislação tributária, a exemplo dos reflexos no patrimônio da controladora no Brasil, em razão dos resultados positivos de controlada no exterior, tal como prescreve o art. 77 da Lei nº 12.973/2014.

Em outras palavras, com a finalidade de satisfazer certa *comodidade técnica de arrecadação*, expressão usada por Aliomar Baleeiro, e de conferir transparência fiscal internacional, o legislador optou por conferir riqueza tributável à parcela do ajuste do valor do investimento feito por controladora brasileira, proporcionalmente ao lucro auferido pela sua investida, a controlada. A controladora brasileira, registre-se, é titular de direitos de sócio da controlada estrangeira que lhe assegurem, de modo permanente, preponderância nas deliberações sociais e o poder de eleger a maioria dos administradores dela, conforme o art. 243, §2º, da Lei nº 6.404/1976. Diante dessa configuração na relação societária entre controladoras brasileiras e controladas estrangeiras, decidiu o legislador, no contexto tributário de enunciação da Lei nº 12.973/2014 – o que envolve, como se viu, valores, procedimentos e finalidades do subsistema constitucional tributário a serem levados em consideração –, estabelecer a adição do signo presuntivo de riqueza relativo à variação positiva do valor do investimento em controlada sediada no exterior, apurado por equivalência patrimonial, com relação aos lucros por ela auferidos no período antes do imposto sobre a renda, excetuando a variação cambial, no cômputo do lucro real, para fins de IRPJ, e na base de cálculo da CSLL. Em uma frase, decidiu o legislador lançar mão de uma técnica contábil de ajuste do valor de patrimônio líquido do investimento, ou seja, o resultado da equivalência patrimonial, no cômputo do lucro real da pessoa jurídica, como forma não somente de facilitar a fiscalização das autoridades fazendárias, mas também de consagrar a transparência fiscal internacional. Sobre a técnica utilizada, explica Edmar Oliveira Andrade Filho, citando Bulhões Pedreira:

> A sistemática legal de avaliação de investimentos pelo chamado "método da equivalência patrimonial" tem por função permitir que os resultados de uma sociedade que seja sócio ou acionista de outra reflitam, em cada balanço, o valor de participação nos lucros, prejuízos, ou qualquer outro acréscimo ao patrimônio líquido gerado por Reservas de Capital ou de Reavaliação de Bens, nas sociedades investidas. Ajuste do valor de patrimônio líquido do investimento, ensina Bulhões Pedreira, é o procedimento contábil pelo qual a investidora modifica o saldo da subconta da sua escrituração que registra esse valor, a fim de que ele passe a ser igual ao demonstrado em novo balanço da coligada ou controlada. (...) O valor que vier a ser considerado para registro a débito ou a crédito do valor da conta representativa de investimento e tendo por contrapartida uma conta de resultado é denominado "ajuste de equivalência" ou "resultado da equivalência patrimonial.

Por certo, muitos autores mantêm o entendimento segundo o qual, embora não seja a mesma redação do art. 74 da MP 2.158-35/2001, a redação do art. 77 da Lei nº 12.973/2014 ainda estabelece a tributação de valores fictícios, sem acréscimo ao patrimônio da controladora, o que representa a violação do princípio da capacidade contributiva. Nesse sentido são contundentes as palavras de Alberto Xavier, que por sua vez defende a incompatibilidade do art. 77 da Lei nº 12.973/2014 – chamando-o mesmo de um eufemismo[286] ao modelo anterior de tributação em bases universais – vis-à-vis o sistema constitucional tributário vigente, ao passo que, para ele, ainda se tributa o lucro da controlada no exterior,[287] e, por conseguinte, incompatível também com os acordos de bitributação.[288] Da mesma forma, Paulo Ayres Barreto e Caio Augusto Takano,[289]

286. "Deixou, assim, de se tributar os 'valores relativos ao resultado positivo de equivalência patrimonial' (como previa o artigo 7º, parágrafo 1º, da IN nº 213/2002) para se tributar os lucros auferidos por cada uma das controladas, diretas e indiretas, individualmente consideradas, e seja qual for o lugar que ocupam na cadeia de participações. A expressão utilizada na nova lei – 'parcela do ajuste do valor do investimento em controlada, direta ou indireta, domiciliada no exterior equivalente aos lucros auferidos' (artigo 77, *caput*) – é um mero eufemismo que nada mais significa que o objeto da tributação continua a ser os *lucros* das sociedades estrangeiras. O que é confirmado pela parte final do artigo 77, quando esclarece que nessa 'parcela do ajuste' apenas se compreendem os lucros auferidos antes do imposto sobre a renda, mas não assim a variação cambial. A reforçar este entendimento o parágrafo 1º do artigo 77 dispõe que 'a parcela do ajuste de que trata o *caput compreende apenas os lucros auferidos no período*, não alcançando as demais parcelas que influenciaram o patrimônio líquido da controlada, direta ou indireta, domiciliada no exterior'." (XAVIER, Alberto. A Lei nº 12.973, de 13 de Maio de 2014, em Matéria de Lucros no Exterior: Objetivos e Caraterísticas Essenciais. In: ROCHA, Valdir de Oliveira. *Grandes questões atuais de direito tributário.* 18º V. São Paulo: Dialética, 2014, p. 14).

287. "A 'parcela de ajuste do valor de investimento' não é equivalência patrimonial, pois não reflete o lucro do sócio, mas o lucro de terceiro, que não mantém com a controladora no Brasil uma relação societária. E 'terceiro' porque o Direito privado não conhece a figura do 'sócio indireto', nem a da equivalência patrimonial per *saltum*. Quando muito pode dizer-se que há uma 'equivalência de lucros', expressão esta que, porém, não tem assento no Direito positivo, nem qualquer parentesco com a equivalência patrimonial propriamente dita." (XAVIER, Alberto. A Lei nº 12.973, de 13 de Maio de 2014, em Matéria de Lucros no Exterior: Objetivos e Caraterísticas Essenciais. In: ROCHA, Valdir de Oliveira. Grandes Questões Atuais de Direito Tributário. 18º V. São Paulo: Dialética, 2014, p. 15).

288. "Infringiria, por isso, frontalmente, os tratados qualquer tentativa de aplicação de preceito legal que determinasse a adição à base de cálculo do imposto (lucro líquido da sociedade brasileira de um Estado) dos lucros próprios da sociedade controlada domiciliada em outro Estado contratante, pois tal significaria o Brasil arrogar-se uma competência tributária *cumulativa*, quanto o tratado é expresso em atribuir ao Estado de domicílio da controlada ou coligada no exterior uma competência tributária *exclusiva*." (XAVIER, Alberto. *Direito tributário internacional do brasil.* 7ª edição. Rio de Janeiro: Forense, 2010, p. 380).

289. BARRETO, Paulo Ayres; TAKANO, Caio Augusto. Tributação do resultado de

desqualificando os dispositivos relacionados à tributação em bases universais, no Brasil, de serem normas CFC.[290] Aliás, Paulo Ayres Barreto ainda se manifesta sobre o modelo brasileiro de tributação em bases universais, no sentido de não o confundir com a técnica contábil de regime de competência, quando o que se apresenta, conforme o jurista, é deveras a tributação de lucro de terceiros.[291]

Dito isso, embora o legislador brasileiro tenha decidido por tergiversar as práticas mais comuns sobre legislação CFC encontradas no Direito comparado[292] – e respeitada a CF, não

---

coligadas e controladas no exterior, em face da Lei nº 12.973/2014. In: ROCHA, Valdir de Oliveira. *Grandes questões atuais de direito tributário.* 18º V. São Paulo: Dialética, 2014, p. 370-372.

290. "É forçoso reconhecer que, embora sejam empregados diversos parâmetros que efetivamente são utilizados em legislações 'CFC' de outros países, não há em nosso sistema legítimas regras 'CFC' que justifiquem a ficção de distribuição de lucros: as normas da Lei nº 12.973/2014 não se aplicam somente em casos excepcionais ou abusivos; não fazem uma verdadeira distinção em razão do tipo de investimento, suas condições ou o país em que a empresa está situada; e, ainda, não diferenciam situações jurídicas saudáveis daquelas prejudiciais. Torna-se absolutamente equivocada a interpretação da nova legislação como se regras 'CFC' fossem." (BARRETO, Paulo Ayres; TAKANO, Caio Augusto. Tributação do resultado de coligadas e controladas no exterior, em face da Lei nº 12.973/2014. In: ROCHA, Valdir de Oliveira. *Grandes questões atuais de direito tributário.* 18º V. São Paulo: Dialética, 2014, p. 362-363).

291. "Não se pode confundir a imputação de lucro de terceiro com o regime de competência. A imputação de lucro, adotada por algumas legislações de transparência fiscal, decorre da desconsideração da personalidade jurídica para que o sócio considere, em seu resultado, o lucro, como se ele o tivesse obtido. O regime de competência, por sua vez, é técnica contábil de reconhecimento de receita cujo direito já é incorporado ao patrimônio do seu titular, de forma definitiva. O que faz o art. 74 da MP 2.158-35/2001 é imputar à empresa brasileira o lucro apurado por sua controlada ou coligada no exterior, porém sem distinguir as situações que requerem medida dessa natureza (normas antielisivas), como se demonstrará mais adiante. No caso, não se tem um direito incorporado ao patrimônio da empresa brasileira de forma definitiva. Dizer que o lucro auferido por coligada ou controlada no exterior pertence à empresa brasileira, antes de sua efetiva distribuição, é argumento falacioso, verdadeiro sofisma. Não se sustenta tal proposição, qualquer que seja a perspectiva de análise." (BARRETO, Paulo Ayres. A Tributação, por Empresas Brasileiras, dos Lucros Auferidos no Exterior por suas Controladas e Coligadas. In: ROCHA, Valdir de Oliveira. *Grandes questões atuais de direito tributário.* 17º V. São Paulo: Dialética, 2013, p. 224-225).

292. "Um breve exame do Direito comparado indica que nossas regras de tributação dos lucros auferidos no exterior são diferentes do padrão internacionalmente aceito e das melhores práticas adotadas nos demais países. (...) Em regra, algumas legislações

há norma, no direito brasileiro vigente, que o obrigue a ser guiado por elas –, bem como tenha ido além de uma busca por transparência fiscal internacional, evitando tanto a erosão da base tributária das investidoras brasileiras como dificultando os planejamentos fiscais ou "*treaty shopping*", sendo estes os reais desideratos do legislador brasileiro, segundo Alberto Xavier,[293]

---

estrangeiras conferem maior relevância ao fato da sociedade intermediária estar localizada em território de baixa tributação (*jurisdictional approach*), enquanto outras atribuem preponderância à natureza do rendimento (*transactional approach*), muito embora hoje, influenciadas reciprocamente com vistas a aperfeiçoar seus mecanismos, é difícil encontrar uma que opere exclusivamente sob um desses modelos. Nos países europeus, predomina-se o critério objetivo, dependendo da conjugação de alguns requisitos para que se apliquem as normas CFC, tais como: (i) participação de residente em pessoa jurídica não residente, em posição que caracteriza controle societário; (ii) natureza passiva dos investimentos; e (iii) domicílio tributário da empresa não residente em país com tributação favorecida. Mesmo os Estados Unidos da América, que tradicionalmente se valeram do critério subjetivo (sendo decisivamente importante a participação societária na empresa do exterior), não ignoram a natureza do rendimento, tributando apenas rendas passivas, salvo algumas exceções. Eis porque Alberto Xavier afirma que a tendência predominante é de as legislações 'CFC' atingirem os rendimentos passivos auferidos por sociedades controladas instaladas em território de baixa tributação." (BARRETO, Paulo Ayres; TAKANO, Caio Augusto. Tributação do resultado de coligadas e controladas no exterior, em face da Lei nº 12.973/2014. In: ROCHA, Valdir de Oliveira. *Grandes questões atuais de direito tributário*. 18º V. São Paulo: Dialética, 2014, p. 360-361).

293. "A sistemática da nova lei, que foi muito além do regime de transparência fiscal internacional introduzida pela Lei nº 9.249/1995, visou essencialmente um duplo objetivo: (i) evitar que prejuízos incorridos no exterior, diretamente ou indiretamente, erodissem a base de tributação das sociedades investidoras brasileiras; e (ii) dificultar tecnicamente a interposição de entidades domiciliadas em países signatários de tratados contra a dupla tributação contendo cláusulas proibitivas ou limitativas das pretensões fiscais do país de residência da investidora. Tanto as restrições à *consolidação vertical*, ou seja, a que opera entre empresas situada nos vários degraus de uma cadeia de controle (por exemplo, sociedade mãe e filha) quanto as restrições à *consolidação horizontal*, ou seja, a que opera entre empresas situadas no mesmo plano (por exemplo, sociedades irmãs) assentam numa nova visão preconceituosa e maniqueísta dos resultados das empresas brasileiras que operam no exterior, e segundo a qual os lucros seriam 'normais' e os prejuízos 'suspeitos', porque presumidamente manipuláveis em detrimento da base de tributação no Brasil. (...) A nova lei procede à distinção entre o regime de tributação das *sociedades controladoras ou a elas equiparadas* – que é a de tributação automática dos lucros das controladas diretas e indiretas – e o regime regra das *sociedades coligadas*, que é o da tributação apenas quando a disponibilização." (XAVIER, Alberto. A Lei nº 12.973, de 13 de Maio de 2014, em Matéria de Lucros no Exterior: Objetivos e Características Essenciais. In: ROCHA, Valdir de Oliveira. *Grandes questões atuais de direito tributário*. 18º V. São Paulo: Dialética, 2014, p. 11-12).

a pergunta que remanesce é esta: para a controladora no Brasil, o resultado da equivalência patrimonial oriundo dos lucros auferidos por controlada no exterior é um signo presuntivo de riqueza válido a ser computado no lucro real, no contexto tributário, pois representativo de uma disponibilidade de direito?

Em que pese ter se debruçado sobre a legalidade do art. 74 da MP nº 2.158-35/2001, para essa pergunta o então conselheiro do CARF, Alberto Pinto Souza Junior, à época presidente da turma no caso *Petrobras* (processo nº 11052.000921/2010-63), traz à baila argumentos que se fazem compatíveis com a pergunta acima, com os quais se constroem enunciados jurídicos para uma resposta concernente ao MEP e a disponibilidade de um acréscimo patrimonial (acórdão nº 302001.630). Ele argumenta que, primeiramente, a controlada estrangeira não é autônoma em suas escolhas, eis que se submete às decisões contábeis e fiscais da controladora brasileira, dada a preponderância desta nas deliberações sociais daquela, incluindo o poder de eleger a maioria de seus administradores, como previsto no art. 243, §2º, da Lei nº 6.404/1976. Mas não apenas, pois, de acordo Albert Pinto Souza Junior, há outrossim disponibilidade jurídica, ou seja, disponibilidade de um direito, dado que a controladora pode, reconhecido o lucro da investida estrangeira pelo MEP, ter esse valor distribuído no Brasil aos seus sócios ou acionistas, antes mesmo de ser efetivamente recebido, nos termos do art. 197, §1º, inciso I, da Lei nº 6.404/1976,[294] com a redação dada pela Lei nº 10.303/2001. Segue um trecho do voto do mencionado conselheiro:

> 14. Verificado quando se deve aplicar o MEP, cabe agora analisarmos a mais importante consequência da sua aplicação, qual

---

294. Art. 197. No exercício em que o montante do dividendo obrigatório, calculado nos termos do estatuto ou do art. 202, ultrapassar a parcela realizada do lucro líquido do exercício, a assembleia-geral poderá, por proposta dos órgãos de administração, destinar o excesso à constituição de reserva de lucros a realizar. (Redação dada pela Lei nº 10.303, de 2001).
§ 1º Para os efeitos deste artigo, considera-se realizada a parcela do lucro líquido do exercício que exceder da soma dos seguintes valores: (Redação dada pela Lei nº 10.303, de 2001)
I - o resultado líquido positivo da equivalência patrimonial (art. 248); e

seja, *o reconhecimento pela investidora dos lucros da investida ao mesmo tempo em que são produzidos, independentemente de terem sido distribuídos*. Com isso, antes mesmo de serem recebidos, os lucros das investidas avaliadas pelo MEP já representam um acréscimo patrimonial na investidora, pois, como bem ensina Modesto Carvalhosa (in Comentários à Lei das Sociedades Anônimas, vol. 4 – tomo II, ed. Saraiva, pág. 50):

"Há assim um registro concomitante do resultado na 'sociedade filha' e na 'sociedade mãe'. Daí dizer que a investidora apropria, com a equivalência patrimonial, o resultado derivado de seus investimentos nas sociedades investidas **por regime de competência, e não por caixa, quando distribuído**". [grifo nosso]

15. Além disso, os lucros das investidas avaliadas pelo MEP, antes mesmo de serem efetivamente recebidos, podem ser distribuídos pela investidora aos seus acionistas (ou sócios), já que a maneira de evitar tal distribuição que seria pela constituição de uma reserva de lucros a realizar é uma mera faculdade da empresa, se não vejamos como dispõe o art. 197 da Lei nº 6.404, de 1976, com a redação que lhe foi dada pela Lei nº 10.303, de 31 de outubro de 2001:

Art. 197. No exercício em que o montante do dividendo obrigatório, calculado nos termos do estatuto ou do art. 202, ultrapassar a parcela realizada do lucro líquido do exercício, a assembleia geral poderá, por proposta dos órgãos de administração, destinar o excesso à constituição de reserva de lucros a realizar.

§ 1º Para os efeitos deste artigo, considerasse realizada a parcela do lucro líquido do exercício que exceder da soma dos seguintes valores:

I - o resultado líquido positivo da equivalência patrimonial (artigo 248);

II - o lucro, ganho ou rendimento em operações cujo prazo de realização financeira ocorra após o término do exercício social seguinte.

§ 2º [...]

16. Dessa forma, caso a investidora não constitua reserva de lucros a realizar (o que poderá fazer, já que a formação de tal reserva é uma mera faculdade e, não, uma obrigação), o percentual de dividendos distribuídos poderá incidir sobre a parcela do seu resultado gerada por lucros ainda não distribuídos de investidas avaliadas pela equivalência patrimonial. Isso se deve ao fato de que a Lei das S/A adota o regime de competência, de tal sorte que, mesmo não tendo sido recebido os lucros das investidas (ou seja, de não ter sido financeiramente realizado), eles compõem o resultado da investidora, passível de distribuição aos acionistas (ou sócios).

Ou seja, o legislador ordinário, identificando o regime de competência constante dos enunciados societários, no entanto, imerso sob um contexto tributário, seu *contexto situacional*, opta por fazer do ajuste do valor de patrimônio líquido do investimento em controlada um signo presuntivo de riqueza a ser adicionado no cômputo do lucro real, visto que é um denotativo da disponibilidade de um direito que se efetivará, uma "aquisição virtual", na expressão de Bulhões Pedreira, se preferir, uma riqueza que futuramente se separará de sua fonte, a investida estrangeira, mas que presentemente já se realizou, no patrimônio da controladora brasileira, na distinção feita por Rubens Gomes de Sousa quanto à forma de disponibilidade do acréscimo patrimonial, a lembrar, se separado da fonte ou realizado no patrimônio. Diferentemente é a prescrição do art. 74 da MP nº 2.158-35/2001, ao passo que, embora talvez tenha os mesmos efeitos econômicos do art. 77 da Lei nº 12.973/2014, é juridicamente inconciliável com a materialidade do IRPJ, haja vista que elegeu estritamente como hipótese tributária o lucro auferido por controlada, fazendo desta riqueza uma ficção jurídica de disponibilidade para a controladora; e, como foi julgado no REsp nº 1.325.709/RJ, não cabe à IN SRF nº 203/2002 alterar a RMIT para fazer da equivalência patrimonial um critério quantitativo, rompendo os limites da lei.

Ainda na lavra deste autor, Rubens Gomes de Sousa,[295] segue o seu pronunciamento sobre a deliberação do legislador na criação da realidade tributária, ao passo que define as adições e exclusões a serem feitas ao lucro líquido do exercício, para o cômputo do lucro real, com vistas a atingir os valores do subsistema constitucional tributário:

> De modo que os arts. 243 e 245 do RIR em última análise representam ficções legais, ou seja, normas contrárias à realidade material, destinadas a produzir um efeito contrário ao que ocorreria se aquela realidade fosse deixada livre para atuar. E outras palavras, se não existissem os arts. 243 e 245, as despesas a que o primeiro

295. SOUSA, Rubens Gomes de. *Pareceres – 1: Imposto de renda.* Ed. Póstuma. São Paulo: Ed. Resenha Tributária, 1975, p. 73-74.

> se refere viriam reduzir o lucro líquido, ao passo que as receitas elencadas no segundo viriam majorar o lucro bruto. Mas, existindo aqueles dispositivos e somente por força deles, certas receitas são excluídas do cômputo do lucro (isto é, tratadas como despesas) e, inversamente, certas despesas são adicionadas ao lucro (isto é, tratadas como receitas). Daí a possibilidade de dizer-se que as normas dos arts. 243 e 245 são ficções legais, que se definem como as normas jurídicas ancilares ou subsidiárias, cuja única função é a de atribuir a determinado fato material um determinado efeito jurídico diverso do que lhe é próprio, a fim de permitir a aplicação, àquele fato material, das normas jurídicas dispositivas previstas para fatos materiais diferentes (GENY, *Science et Technique en Droit Privé Positif*, Paris 1921, Parte III, pp. 360-447; DABIN, *La technique de l`Elaboration du Droit Positif*, Bruxelas 1935, pp. 235 e 275; ENNECCERUS-NIPPERDEY, *Parte General del Tratado Del Derecho Civil*, trad. Espanhola, Barcelona 1947, vol. 1, tomo I, p. 113, PUGLIATTI, verbete "Finzioni" na *Enciclopedia del Diritto*, Milão 1961, vol. 9, p. 85). Analisando a ficção legal no quadro da teoria geral do Direito Tributário, ALFREDO AUGUSTO BECKER observa que ela, como a presunção absoluta, não é uma norma probatória, mas ao contrário uma norma dispositiva que supre, "ex-vi legis", a prova da natureza do fato a que se refere (*Teoria Geral do Direito Tributário*, São Paulo 1963, pp. 462-464, referindo MOACYR AMARAL SANTOS, *Prova Judiciária no Cível e no Comercial*, São Paulo 1942, vol. 5, p. 368). Concordando, nota PUGLIATTI (op. cit., § 22) que se a característica da ficção legal é criar uma "verdade jurídica" diferente da verdade natural, a sua natureza é exatamente oposta à de uma norma de prova, ou seja, é a de uma norma que dispensa a prova, quando não a proíba. O que ficou dito nesse item e no precedente é precisamente o que ocorre com os arts. 243 e 245 do RIR: certas receitas são tratadas fiscalmente como despesas e inversamente certas despesas são tratadas fiscalmente como receitas; e isto exclusivamente por força daqueles artigos e independentemente de prova outra que a da aplicabilidade do que neles se dispõe.

E diante dos enunciados tributários acima construídos, é possível a construção de sua RMIT, como se verá doravante.

3.2.2 A regra-matriz de incidência tributária do IRPJ sobre a variação patrimonial positiva da controladora brasileira decorrente de lucro auferido por controlada estrangeira

No campo da fenomenologia jurídica, se se retomar os enunciados intuídos a partir do plano de expressões do direito tributário, notadamente os suportes físicos intuídos como *(i)* Lei nº 9.430/1996, arts. 1º e 2º, §3º; *(ii)* Decreto-lei nº 1.598/1977, art. 6º, *caput*, e §2, "a" e "b"; *(iii)* Lei nº 7.450/1985, art. 51; e *(iv)* Lei nº 12.973/2014, art. 77; é possível construir a *proposição-antecedente* e *proposição-consequente* da norma de incidência do IRPJ sobre a ação de auferir renda e proventos de qualquer natureza a partir do signo presuntivo de riqueza do ajuste do valor de patrimônio líquido do investimento em controlada sediada no exterior. Veja-se:

(i) *Proposição-antecedente*: se residente em território da União[296] e auferir renda e proventos de qualquer natureza compreendidos na disponibilidade de direitos que se acrescentem ao patrimônio da pessoa jurídica como riqueza nova, ao final do exercício financeiro, no dia 31 de dezembro de cada ano;[297]

(ii) *Proposição-consequente*: então deve recolher à União o percentual de 15% sobre o lucro real, mais 10% do que que exceder o valor resultante da multiplicação de R$ 20.000,00 pelo número de meses do respectivo período de apuração, compreendendo a base de cálculo do lucro real no lucro líquido do exercício ajustado pelas adições, exclusões e compensações prescritas ou autorizadas pela legislação tributária, incluindo a parcela do ajuste do valor do investimento em controlada domiciliada no exterior equivalente

---

296. "os Estados que tributam os rendimentos *world-wide* têm um seguro interesse em considerar como residentes o maior número de sujeitos (principalmente pessoas jurídicas), o que explica a variedade de hipóteses qualificadoras de residência presentes nos vários ordenamentos jurídicos. Como consequência, vê-se um cumular-se de residências sobre uma mesma pessoa jurídica, o que gera uma vasta gama de problemas." (TORRES, Heleno Taveira. *Pluritributação internacional sobre as rendas de empresas*. São Paulo: Editora Revista dos Tribunais, 1997, p. 106).

297. "O fato gerador do IR é instantâneo, tendo em vista que ele somente estará concretizado em um único momento, no exato instante em que puder aferir e dimensionar, com precisão, o *quantum* de renda ou provento (caracterizado como acréscimo) que foi adquirido e está disponível para o beneficiário independentemente de qualquer fato ou ato administrativo." (QUEIROZ, Mary Elbe. *Imposto sobre a Renda e Proventos de Qualquer Natureza*. São Paulo: Editora Manole, 2004, p. 412).

aos lucros por ela auferidos antes do imposto sobre a renda, excetuando a variação cambial.

Para uma representação simbólica das proposições jurídicas acima, no sentido de apresentar sua RMIT, pode-se colocar assim:

(i) *Critério espacial* ("*ce*"): se residente em território da União;

(ii) *Critério material* ("*cm*"): auferir renda e proventos de qualquer natureza compreendidos na disponibilidade de direitos que se acrescentem ao patrimônio da pessoa jurídica como riqueza nova;

(iii) *Critério temporal* ("*ct*"): final do exercício financeiro, no dia 31 de dezembro de cada ano;

(iv) *Critério pessoal* ("*cp*"): deve o sujeito passivo "pessoa jurídica" ("*sp*") recolher ao sujeito ativo "União" ("*sa*");

(v) *Critério quantitativo* ("*cq*"): a alíquota ou percentual ("*al*") de 15% sobre o lucro real, mais 10% do que que exceder o valor resultante da multiplicação de R$ 20.000,00 pelo número de meses do respectivo período de apuração, compreendendo a base de cálculo do lucro real ("*bc*") no lucro líquido do exercício ("*ll*") ajustado pelas adições ("*a*"), exclusões ("*e*") e compensações ("*c*"), incluindo na adição a parcela do ajuste do valor do investimento ("*vi*") em controlada domiciliada no exterior equivalente aos lucros por ela auferidos antes do imposto sobre a renda ("*– ir*"), excetuando a variação cambial ("*vc*").

Ilustrativamente, é assim a RMIT do IR sobre o lucro real da pessoa jurídica controladora, adicionando no seu cômputo o ajuste do valor patrimonial referente aos lucros auferidos por suas controladas sediadas no exterior:

D (proposição antecedente → proposição consequente)

⇩

D (h → s` r s``)

⇩

D {[cm . ce . ct] → [cp (sa . sp). cq (al . bc (ll (a (vi . – ir . vc) . e .c)))]}

Situação diferente é a da norma tributária internacional sobre o lucro de controladas sediadas no exterior, consoante o art. 7 do acordo de bitributação da CM-OCDE, objeto de análise do tópico seguinte.

3.3 O CONSTRUCTIVISMO APLICADO À NORMA TRIBUTÁRIA DA CM-OCDE DO IMPOSTO SOBRE O LUCRO DE CONTROLADAS SEDIADAS NO EXTERIOR

3.3.1 A fenomenologia jurídica do lucro de empresas da CM-OCDE

Novamente, suspendido qualquer juízo conceitual ("*epoché*") que não sejam os juízos jurídicos, limitando-se, assim, ao conjunto de significantes constitutivos do plano de expressão do Direito, seu suporte físico, o intérprete autêntico, ao procurar construir a obrigação tributária de contribuir ao Estado por meio do signo presuntivo de riqueza "lucro" constante dos acordos de bitributação, antes precisará conhecer, para conferir um sentido jurídico mínimo a este signo linguístico, como se viu, os seguintes enunciados dele constitutivos:

(i) *Acordo de bitributação da CM-OCDE, art. 3(2)*: "Para a aplicação do presente Acordo por um dos Estados Contratantes, qualquer expressão que não se encontre nele definida terá o sentido que lhe é atribuído pela legislação desse Estado Contratante relativa aos impostos que são objeto do Acordo, a não ser que o contexto imponha uma interpretação diferente";[298]

(ii) *Acordo de bitributação da CM-OCDE, art. 5(1)*: "Para os fins deste Acordo, a expressão "estabelecimento permanente" designa uma instalação fixa de negócios em que uma empresa exerça toda ou parte de sua atividade";[299]

(iii) *Acordo de bitributação da CM-OCDE, art. 5(7)*: "O fato de uma sociedade residente de um Estado Contratante controlar ou ser controlada por uma sociedade residente do outro Estado Contratante, ou que exerça sua atividade nesse outro Estado (seja através de um estabelecimento permanente ou de outro modo qualquer), não será por si só bastante para fazer de qualquer dessas sociedades estabelecimento permanente da outra";

(iv) *Acordo de bitributação da CM-OCDE, art. 7(1)*: "Os lucros de uma empresa de um Estado Contratante são tributáveis apenas nesse Estado, a não ser que a empresa exerça sua atividade no outro Estado Contratante por meio de um estabelecimento permanente aí situado. Se a empresa exercer sua atividade na forma indicada, seus lucros são tributáveis no outro Estado, mas unicamente na medida em que forem atribuíveis a esse estabelecimento permanente";

(v) *CVDT, art. 31(1)*: "Um tratado deve ser interpretado de boa-fé segundo o sentido comum atribuível aos

298. Disponível em: https://bit.ly/33nL7Oa Acesso em: 14 jul. 2020.

299. Disponível em: https://bit.ly/33nL7Oa Acesso em: 14 jul. 2020.

termos do tratado em seu contexto e à luz de seu objetivo e finalidade";

(*vi*) *CVDT, art. 31(4)*: "Um termo será entendido em sentido especial se estiver estabelecido que essa era a intenção das partes";

(*vii*) *CVDT, art. 32(1), "b"*: "Pode-se recorrer a meios suplementares de interpretação, inclusive aos trabalhos preparatórios do tratado e às circunstâncias de sua conclusão, a fim de confirmar o sentido resultante da aplicação do artigo 31 ou de determinar o sentido quando a interpretação, de conformidade com o artigo 31 conduz a um resultado que é manifestamente absurdo ou desarrazoado";

(*viii*) *Decreto-lei nº 1.598/1977, art. 6º*: "Lucro real é o lucro líquido do exercício ajustado pelas adições, exclusões ou compensações prescritas ou autorizadas pela legislação tributária";

(*ix*) *Decreto-lei nº 1.598/1977, art. 11*: "Será classificado como lucro operacional o resultado das atividades, principais ou acessórias, que constituam objeto da pessoa jurídica".

Com vistas a organizar as proposições que preencherão o juízo hipotético-condicional de exigência do IR sobre o lucro de empresas, a partir do suporte físico acima destacado, é possível estabelecer os seguintes enunciados:

(*i*) *Enunciado 1*: **compete ao Estado contratante tributar os lucros de pessoas jurídicas que nele residem**, a não ser que a pessoa jurídica exerça a sua atividade no outro Estado contratante por **meio de um estabelecimento permanente**;

(*ii*) *Enunciado 2*: O fato de que uma sociedade residente de um Estado contratante **seja controlada por uma sociedade residente do outro Estado contratante**

não caracterizará, por si só, qualquer dessas sociedades **como um estabelecimento permanente** da outra;

(*iii*) *Enunciado 3*: **Salvo se o contexto impor de outra forma**, o termo não definido na Convenção terá o significado que tenha, naquele tempo, sob a lei do Estado contratante que os aplica;

(*iv*) *Enunciado 4*: **Uma Convenção deve ser interpretada** de boa-fé segundo o sentido comum atribuível aos termos da Convenção em seu contexto e à luz de seu objetivo e finalidade;

(*v*) *Enunciado 5*: Pode-se recorrer a meios suplementares de interpretação, a fim de confirmar o sentido comum ou de determinar o sentido **quando a interpretação conduz a um resultado que é manifestamente absurdo ou desarrazoado**;

(*vi*) *Enunciado 6*: Lucro real é o lucro líquido do exercício **ajustado pelas adições, exclusões ou compensações**;

(*vii*) *Enunciado 7*: Será classificado como lucro operacional **o resultado das atividades**, principais ou acessórias, que constituam objeto da pessoa jurídica.

Se o signo linguístico "lucro" não está prescrito no acordo de bitributação, enquanto cadeia de significantes a serem intuídos para uma construção semântica a partir do seu suporte físico, então o contexto tributário internacional deve conduzir aos demais planos de expressões do direito com vistas a produzir um sentido comum, designadamente para dar efetividade à convenção fiscal.

3.3.1.1 Contexto internacional tributário internacional e o significado de "lucro"

O contexto tributário internacional, como já se viu em tópicos pretéritos, impõe ao intérprete autêntico que se lance para os enunciados de alta carga axiológica constantes da

CVDT, dentre os quais se destacam: *(i)* o intérprete deve interpretar uma Convenção em seu contexto e à luz de seu objetivo e finalidade (CVDT, art. 31(1)); e *(ii)* o intérprete deve se recorrer de meios suplementares de interpretação, a fim de determinar o sentido comum quando a interpretação conduz a um resultado que é manifestamente absurdo ou desarrazoado (CVDT, art. 32(1), "b").

A finalidade de um acordo para evitar a dupla tributação, isto é, o seu efeito útil, está essencialmente na regulação do poder de tributar dos Estados contratantes, de tal sorte que cada qual se limite a tributar a riqueza internacionalmente produzida, de forma que: ou *(i)* a pressão fiscal é exercida por um único Estado contratante; ou *(ii)* a pressão fiscal é distribuída entre os Estados contratantes, sem exceder o percentual de pressão que seria exercido caso fosse tributado por um único Estado contratante.

Nestes termos, se o conceito de "lucro", no contexto tributário internacional, fosse o mesmo de "lucro real", o lucro tributável no Brasil, sujeito, portanto, a ajustes de adição, redução e compensação de sua base, então é evidente que a finalidade dos acordos de bitributação da CM-OCDE não seria, sob qualquer hipótese, satisfeita, porquanto toda remessa feita como contraprestação de uma atividade empresarial dependeria dos referidos ajustes, desclassificando-a inexoravelmente de ser lucro. Em uma frase, toda saída de divisas na forma de remunerar atividades empresariais não seriam lucro, pois sempre haveria uma etapa subsequente de ajustes da sua base tributável a serem feitos. Este é, sem dúvidas, um sentido comum desarrazoado vis-à-vis os enunciados de alta carga axiológica construídos a partir do plano de expressões compreendidos como CVDT, haja vista que o efeito útil da Convenção fiscal nunca seria atingido, caso mantido este significado de "lucro".

Sendo assim, não é outra a razão que faz com que o contexto tributário internacional, por conferir ao Direito tributário brasileiro a dimensão linguística de suporte físico a ser intuído na construção do signo "lucro", expediente este denominado de "reenvio", determine ao intérprete que empregue o enunciado jurídico do art. 11, do Decreto-lei nº 1.598/1977, na construção do signo linguístico "lucro", outorgando-lhe o sentido comum de "resultado das atividades, principais ou acessórias, que constituam objeto da pessoa jurídica", sem o qual a riqueza circulada entre os Estados contratantes descaracterizar-se-ia como lucro em qualquer hipótese de saída ou entrada de divisas.

Em poucas palavras, o efeito útil dos acordos de bitributação da CM-OCDE só poderia ser alcançado caso o conceito de "lucro" não fosse o mesmo de "lucro real", mas, sim, de "lucro operacional", garantindo, sob o contexto tributário internacional, que a riqueza circulada entre Estados contratantes não sofra a pressão fiscal da qual se pretende evitar pelos tratados internacionais firmados para este fim.

3.3.2 A regra-matriz de incidência tributária do IRPJ sobre o lucro de controladas sediadas em países com o qual o Brasil possui acordo de bitributação

Mais uma vez no campo da fenomenologia jurídica, ao se retomar os enunciados intuídos a partir do plano de expressões do direito internacional tributário, notadamente os suportes físicos intuídos como *(i)* acordo de bitributação da CM-OCDE, arts. 3(2), 5(1 e 7) e 7(1); e *(ii)* CVDT, art. 31(1 e 4), 32(1), "b"; é possível construir a *proposição-antecedente* e *proposição-consequente* da norma de incidência do IR sobre o lucro de controladas sediadas em países com o qual o Brasil possui acordo de bitributação pelos parâmetros da CM-OCDE, diferenciando assim o lucro auferido por ela do lucro auferido por controladora brasileira. Veja-se:

(i) *Proposição-antecedente*: se a controlada é residente em um Estado contratante com o qual o Estado brasileiro possui acordo de bitributação e se auferir lucro compreendido como resultado das atividades que constituam seu objeto social;

(ii) *Proposição-consequente`*: então deve a controlada a este Estado contratante no qual reside o percentual disposto em lei de sua capacidade contributiva sobre o lucro apurado.

(iii) *Proposição*-consequente``: então não deve a controlada ao Estado brasileiro no qual não reside o percentual tributário disposto em lei sobre o lucro apurado.

Para uma representação simbólica das proposições jurídicas acima, no sentido de apresentar sua RMIT, pode-se colocar assim:

(i) *Critério espacial* (*"ce"*): se a controlada é residente em um Estado contratante com o qual o Brasil possui acordo de bitributação;

(ii) *Critério material* (*"cm"*): auferir lucro compreendido como resultado das atividades que constituam seu objeto social;

(iii) *Critério temporal* (*"ct"*): na apuração do lucro;

(iv) *Critério pessoal 1* (*"cp`"*): deve o sujeito passivo "controlada" (*"sp`"*) recolher ao sujeito ativo "Estado contratante" com o qual o Estado brasileiro possui acordo de bitributação (*"sa`"*);

(v) *Critério quantitativo 1* (*"cq`"*): a alíquota ou percentual disposto na lei do Estado contratante (*"al`"*) sobre o lucro apurado (*"bc`"*).

(vi) *Critério pessoal 2* (*"cp``"*): não há competência ("–") o sujeito ativo "Estado brasileiro" (*"sa``"*) para exigir do sujeito passivo "controlada" (*"sp`"*);

(vii) *Critério quantitativo 2* (*"cq``"*): a alíquota ou percentual disposto na lei do Estado brasileiro (*"al``"*) sobre o lucro apurado (*"bc`"*).

Ilustrativamente, é assim a RMIT do IR sobre o lucro de controladas sediadas em países com o qual o Brasil possui acordo de bitributação:

D [proposição antecedente → ((proposição consequente`) . – (proposição consequente``))]

⇩

D [h → ((s` r` s``) . – (s` r`` s```))]

⇩

D {[cm . ce . ct] → [cp`(sa`. sp`). cq`(al`. bc`)]. –[cp``( sa``.sp`). cq`` ( al``. bc`)]}

Por tudo aqui analisado, percebe-se que a RMIT do IR sobre o lucro de controladas sediadas em países com o qual o Brasil possui acordo de bitributação pelos parâmetros da CM-OCDE não se confunde com a RMIT do IR sobre o lucro real da pessoa jurídica controladora, no Brasil, adicionando no seu cômputo o ajuste do valor patrimonial referente aos lucros auferidos por suas controladas sediadas no exterior, o que faz dos enunciados do acordo de bitributação da CM-OCDE fora do dialogismo de construção desta última norma jurídica, cujo contexto tributário não é o mesmo do contexto tributário internacional.

CONCLUSÃO

Em uma *crítica da razão pura* do direito, sem a qual não se delineia o universo de signos jurídicos existentes para uma determinada sociedade, a *interpretação autêntica*, no léxico kelseniano, é aquela irrompida por uma experiência jurídica da consciência, isto é, aquela deflagrada por uma relação fenomenológica com a *região* ôntica *dos objetos culturais* de natureza jurídica, enquanto conjunto de *enunciações-enunciadas* e *enunciados-enunciados*[300] pelo qual proposições nomoempíricas prescritivas tuteladas pelo Estado – único detentor do uso legítimo da coação física[301] – são construídas ("*rechtsnorm*").[302] É a

300. "(...) a partir da linguagem do veículo introdutor (enunciação-enunciada), reconstruímos a linguagem do procedimento produtor de enunciados (enunciação), e realizamos o confronto entre esta e a linguagem da norma de produção normativa (fundamento de validade do veículo introdutor) para aferirmos se a produção normativa se deu ou não em conformidade com o prescrito no ordenamento." (MOUSSALLEN, Tárek. *Fontes do direito tributário*. 2. ed. São Paulo, Noeses, 2006, p. 141).

301. "Que é um Estado? O Estado, sociologicamente, não se deixa definir por seus fins. Realmente, quase não existe uma tarefa de que um agrupamento político qualquer não se haja ocupado alguma vez. De outra feita, não é possível referir tarefas das quais se possa dizer que tenha sempre sido atribuídas, com exclusividade, aos agrupamentos políticos hoje denominados Estados ou que se constituíram, segundo a história, nos precursores do Estado moderno. O Estado não se deixa definir, sociologicamente, a não ser pelo específico meio que lhe é peculiar, da forma como é, peculiar a todo agrupamento político, a saber, o uso da coação física. (...) Por evidência, a violência não é o único instrumento de que se vale o Estado – não se tenha a respeito qualquer dúvida –, mas é seu instrumento específico." (WEBER, Max. *Ciência e Política:* Duas Vocações. São Paulo: Martin Claret, 2004, p. 60).

302. "Podemos dizer da teoria pura do direito que ela nos dá o universo do direito

partir desta experiência da consciência com o direito posto que o intérprete autêntico está em condições de efetuar, no meio fenomênico, a enunciação da linguagem jurídica ou, dito de outra forma, o *ato de fala* da lei – seja ela geral e abstrata ou individual e concreta –, projetando, desta maneira, modificações no tecido das relações intersubjetivas vis-à-vis valores a serem perseguidos, dialeticamente processados,[303] na *superestrutura* social.[304]

Que se diga de passagem, esta forma de criação *autopoiética*, na qual a norma jurídica é produzida por meio de outra hierarquicamente superior, com a qual o agente ou intérprete se reveste, respectivamente, como competente ou autêntico, sendo ambas normas forjadas na "clausura organizacional"[305] do

---

separado de outros universos, mas todo ele homogeneamente constituído. Todo ele é feito de normas. Para o ponto de vista do juiz e do teórico do direito (op. cit., p. 42), existem normas e é por meio delas que eles veem fatos. E veem fatos de conduta que não tentam explicar causalmente, mas relacionar como *pressupostos* e *consequências*, como está prescrito na proposição normativa. A *Rechtsnorm* é o esquema de relacionamento dos fatos." (VILANOVA, Lourival. *Escritos jurídicos e filosóficos*. Volume I. São Paulo: Axis Mundi: Ibet, 2003. p. 311).

303. "Lembrado as lições de Lourival Vilanova, o direito, como técnica de modificação social, não vem para representar o mundo, mas para alterá-lo, implantando valores. E esse projetar-se sobre o fluxo do suceder humano, na sua peculiar e característica instabilidade, ocorre num contínuo processo dialético que se estabelece entre normas gerais e abstratas, de um lado, e normas individuais e concretas ou individuais e abstratas, de outro, dinâmica da qual participam, invariavelmente, as regras gerais e concretas como veículos introdutores dos comandos prescritivos (tal como o lançamento, as sentenças judiciais ou até mesmo a própria Constituição)." (CARVALHO, Paulo de Barros. *Direito tributário* – fundamentos jurídicos da incidência. 10. ed. rev. e atual. São Paulo: Saraiva, 2015, p. 124).

304. "O signo verbal é o caminho mais fácil e abrangente para acompanhar o caráter ininterrupto do processo dialético de mudança que ocorre da base em direção às superestruturas." (VOLÓCHINOV, Valentin. *Marxismo e filosofia da linguagem*: problemas fundamentais do método sociológico na ciência da linguagem. 1ª ed. São Paulo: Editora 34, 2017, p. 114).

305. "Os sistemas autopoiéticos ostentam a chamada 'clausura organizacional': são fechados no plano operacional, mas abertos em termos cognitivos. Isto quer significar que o direito se comunica com os outros subsistemas sociais, mas de forma exclusivamente cognoscitiva. Seu *modus operandi* é totalmente alheio a qualquer influxo do meio exterior, seja do 'mundo da vida', seja de outras organizações sistêmicas de caráter autopoiético, como Economia, Política, Moral, Religião etc." (CARVALHO, Paulo de Barros. *Direito tributário* – fundamentos jurídicos da incidência. 10. ed. rev. e atual. São Paulo: Saraiva, 2015, p. 164).

sistema do Direito, encontra sua *fonte* produtiva no próprio *ato de vontade* do ser humano, que, por sua vez, sendo fonte deste *sistema-de-referência* linguístico, nele mesmo não se encontra, senão os seus *dêiticos* positivados, tal como, metaforicamente, os passos deixados na areia por alguém que outrora ali passou.

A purificação metódica, portanto, para o conhecimento específico das normas constituídas a partir de signos qualificados como jurídicos, o que só é possível após identificar o plano de significantes para a intuição dos dados representativos do direito posto[306] – verdadeiro *sistema morfológico e gramatical,*[307] apresentado, em termos ontológicos, como um *corpus* jurídico dotado de *foros de objetivação,*[308] e construído, em termos lógicos, pela *norma fundamental* ("*Urform*")[309] – representa um

---

306. "*O conhecimento especificamente jurídico não alcança fato nenhum sem mediação de uma norma* (geral ou individual, abstrata ou concreta, consuetudinária ou escrita, pouco importando nisso o âmbito de incidência ou a fonte da norma)." (VILANOVA, Lourival. *Escritos jurídicos e filosóficos*. Volume I. São Paulo: Axis Mundi: Ibet, 2003. p. 292-293).

307. "O plano dos significantes (plano de expressão) é o veículo que manifesta, graficamente (no direito escrito), a mensagem expedida pelo autor. Na sua implexa totalidade, constitui o *sistema morfológico e gramatical do direito posto*, conjunto de frases prescritivas introduzidas por fatos jurídicos que a ordenação positiva para tanto credencia." (CARVALHO, Paulo de Barros. *Direito tributário* – fundamentos jurídicos da incidência. 10. ed. rev. e atual. São Paulo: Saraiva, 2015, p. 110).

308. "A concepção do texto como plano de expressão, como suporte físico de significações, cresce em importância à medida que se apresenta como *o único e exclusivo dado objetivo* para os integrantes da comunidade comunicacional. Tudo mais será entregue ao teor das subjetividades. Apenas o texto, na instância de sua materialidade existencial, se oferece aos sujeitos como *algo que adquiriu foros de objetivação*." (CARVALHO, Paulo de Barros. *Direito tributário* – fundamentos jurídicos da incidência. 10. ed. rev. e atual. São Paulo: Saraiva, 2015, p. 113).

309. "A norma fundamental está no plano da *analítica*. Diremos em terminologia atual: como pura forma deôntica de relacionar termos, é *analítica formal* ou sintaxe formal. Nesse plano, é esquema puro, desembaraçado de referência especificada a conteúdo do ordenamento jurídico positivo. É a forma lógico-jurídica primeira, a *Urform*. A norma fundamental reduzida à forma pura é mera proposição e seu estudo cai dentro da esfera da *analítica formal*. Como pura forma lógica, nada diz em particular sobre uma dada região específica de fatos. O que de objeto contém a forma lógica é aquele mínimo de *etwas ueberhaupt*, de alto-em-geral. Ora, a norma fundamental é proposição vinculada ao mundo do direito. Abriga, pois, não só a referência geral ao jurídico, ao constituinte lógico que o direito apresenta, *in genere*, mas a referência a um dado direito positivo." (VILANOVA, Lourival. *Escritos jurídicos e filosóficos*. Volume I. São Paulo: Axis Mundi: Ibet, 2003. p. 304).

passo fundamental a ser dado para o expediente exegético, caso se pretenda isolar o fenômeno jurídico dos demais fenômenos sociais, muitas vezes enredados em uma mesma *ontologia regional* (o da cultura). Em outras palavras, as proposições constantes de outros sistemas sociais deverão ser isoladas do processo de significação da norma jurídica – *v.g.*, o valor do sistema econômico de se alcançar o retorno ótimo segundo a alocação de recursos escassos –, do contrário, não se estará diante da *causalidade jurídica*[310] subjacente à linguagem normativa. Confira as palavras de Lourival Vilanova:[311]

> Um ponto comum à purificação kelseniana e às purificações kantianas e husserliana reside na separação entre os atos de consciência e os conteúdos, mais especificamente entre os atos de pensar e o pensado, entre o factual psicológico do processo da consciência empírica e os conteúdos lógicos da proposição. Consequentemente, na separação metódica das questões da origem empírica e da validade *a priori* de um conhecimento. Também Kelsen está com esta purificação, como o revelam as longas notas postas em favor da posição de Husserl, cujo precedente imediato retrocede a Kant. Mas o isolamento crítico e o fenomenológico encerraram-se no problema lógico e epistemológico. Kelsen vai mais além. Quer isolar a proposição jurídica não somente dos atos (de pensar e querer), mas de sua relação com os valores absolutos

310. "A hipótese da indução generalizadora é da *constância das relações*. É a lei universal de causalidade, que, com o estatuto de hipótese universal, é inverificável, experiencialmente. Ela é uma condição, digamos em léxico kantiano, é uma condição transcendental da experiência. Condição, pois sem ela ficamos punctiformemente constando relações concretas, no aqui-e-agora tópico, obtendo enunciados protocolares, saturados do existencial. Transcendental, porque sua validez universal ultrapassa a experiência, que dá apenas lugar a enunciados quantificados *para uma parte* do conjunto infinito de fatos, seus possíveis elementos. O functor quântico, 'para qualquer caso', vale *C* implica *E*` é inverificável, a não ser na denominada *indução completa* e em conjunto finitos. A relação causal empírica provém, assim, da experiência de finitos casos de observação e tem seu fundamento de validez universal num enunciado com estatuto de hipótese empiricamente transcendental. A causalidade jurídica tem semelhança. Pode advir da experiência, mas é pré-posta, preestabelecida, prefigurada, ante os fatos. A causalidade natural é *descritiva* do acontecer fáctico. A causalidade jurídica é *prescritiva*." (VILANOVA, Lourival. *Causalidade e relação no direito*. 4ª. ed. rev., atual. e ampl. São Paulo: Editora Revista dos Tribunais, 2000, p. 80-81).

311. VILANOVA, Lourival. *Escritos jurídicos e filosóficos*. Volume I. São Paulo: Axis Mundi: Ibet, 2003. p. 314.

> do sistema normativo do direito natural, e com os valores éticos. Mais: com os substratos empírico-sociais que correm paralelos ao sistema normativo do direito. O isolamento é nos dois sentidos: para cima, em direção aos valores não consagrados no interior do sistema jurídico, e para baixo, no sentido da realidade social ante a qual o sistema de proposições jurídicas vale, foi posto.

Dito isso, embora a dimensão econômica esteja entranhada na ideologia dominante de nossa sociedade – não sem motivo é chamada de sociedade capitalista, organizada sobretudo, na expressão de Herbert Marcuse, pelo *princípio de desempenho*[312] –, fazendo com que a relação de *custo-benefício* financeiro apresente-se, em grande medida, como a máxima de julgamento para os conflitos da existência humana, e, outrossim, esteja no cálculo racional de quase todos os vínculos sociais; é preciso compreender, todavia, que, quando a relação estabelecida for jurídica, o lucro ou benefício econômico só será proposição levada à consciência do agente competente quando significar um fenômeno jurídico construído a partir do suporte físico do direito posto, não importando os demais princípios constantes do sistema econômico, contábil ou, ainda, do sistema jurídico de outros Estados-nações, a exemplo de como eles desenvolvem as normas CFC, conforme os princípios constante de suas Constituições. Em outras palavras, o percurso gerador de sentido jurídico não se ocupará de confe-

---

312. "O princípio de desempenho, que é o de uma sociedade aquisitiva e antagônica no processo de constante expansão, pressupõe um longo desenvolvimento durante o qual a dominação foi crescentemente racionalizada: o controle sobre o trabalho social reproduz agora a sociedade numa escala ampliada e sob condições progressivas. Durante uma considerável parte dessa evolução, os interesses de dominação e os interesses do todo coincidem: a utilização lucrativa do sistema produtivo satisfaz às necessidades e faculdades dos indivíduos. Para a esmagadora maioria da população, a extensão e o modo de satisfação são determinados pelo seu próprio trabalho; mas é um trabalho para uma engrenagem que ela não controla, que funciona como um poder independente a que os indivíduos têm de submeter- se se querem viver. E torna-se tanto mais estranho quanto mais especializada se torna a divisão do trabalho. Os homens não vivem sua própria vida, mas desempenham tão só funções preestabelecidas. Enquanto trabalham, não satisfazem suas próprias necessidades e faculdades, mas trabalham em *alienação*." (MARCUSE, Herbert. *Eros e Civilização Eros e civilização:* Uma interpretação filosófica do pensamento de Freud. 8 ed. Trad. Álvaro Cabral. Rio de Janeiro: LTC, 2013, p. 34-35).

rir o significado que enseja o maior lucro ou a menor despesa para o cidadão, se quiser ficar em um exemplo, exceto na forma de proposição jurídica, logo, construída por intermédio da experiência do agente competente com significantes jurídicos tutelados pelo Estado brasileiro.

Dito isso, os arts. 76 e 77 da Lei 12.973/2014, ao passo que passaram a pertencer o conjunto de significantes jurídicos inscritos no sistema do direito brasileiro,[313] especificamente, em termos *constructivistas*, ao subsistema constitucional tributário, estruturante de suas *autonomias conceptuais*, definiu qual *dado-de-fato* deve ser observado pelo agente competente, de sorte a conferir-lhe o *suporte fáctico*[314] a ser subsumido à regra de cálculo do lucro real da controladora brasileira, nas hipóteses de lucros auferidos por suas controladas sediadas no estrangeiro, para fins de recolhimento do IRPJ, a lembrar: a parcela positiva do ajuste do valor do investimento feito em controlada, equivalente aos lucros por ela auferidos antes do imposto sobre a renda, excetuando a variação cambial.

É preciso, como se viu, estabelecer um recorte metodológico a partir da *categoria transcendental* da *norma fundamental,*[315] para que o cientista do Direito, diante do seu objeto

---

313. "Quando falamos em norma, há a implícita referência ao sistema, com o qual mantém relação-de-pertinencialidade. (...) Digamos, então, que a relação entre *H* e *C* é *constituída* pelo sistema. Há os dados-de-fato, provindos do mundo físico e social, sem os quais as hipóteses e as consequências seriam vazias. As normas mantêm *referência semântica* com o mundo, e o sistema de normas é o correlato de um sistema de objetos empíricos (fatos-eventos e fatos-condutas)." (VILANOVA, Lourival. *Causalidade e relação no direito*. 4ª. ed. rev., atual. e ampl. São Paulo: Editora Revista dos Tribunais, 2000, p. 79).

314. "As sobrenormas, na espécie de normas sobre a formação de normas, conferem *validade* à norma criada. E a validade tem-na a norma, *antes* de ser 'aplicada'. Acontece, mesmo, que a norma já válida – promulgada, editada – protrai sua incidência, mas é válida já, pertence ao sistema, *com precedência aos fatos que serão seus suportes fácticos concretos.*" (VILANOVA, Lourival. *Causalidade e relação no direito*. 4ª. ed. rev., atual. e ampl. São Paulo: Editora Revista dos Tribunais, 2000, p. 85).

315. "A solução crítica (kantiana) reside em tê-la [a norma fundamental] como *categoria transcendental*, obtida por meio da *dedução transcendental* (H. J. Paton, *Kant´s metaphysic of experience*, t. I, p. 239-242). Sendo categoria, é um conceito puro do entendimento. Com ele reduzimos a multiplicidade do dado na experiência a

de estudo (a norma), com a devida rigorosidade que a *ciência jurídica*, bem como a *teoria pura do direito* lhe exigem,[316] enquanto método de proscrição das proposições não jurídicas do campo de conhecimento do fenômeno jurídico, diferencie aquilo que, dentro do próprio sistema do Direito, Lourival Vilanova denominou de *relações de fato* e *relações jurídicas*,[317]

---

uma unidade coerente de sentido. Temos na experiência de um direito positivo a pluralidade de normas do mais variado conteúdo, colocadas em diversos graus, emitidas por fontes diversas, ora harmonizando-se ora conflitando-se. Procuramos encontrar no múltiplo o uno, na variedade a unidade, a fim de construir cognoscitivamente um ordenamento, isto é, um sistema de normas, não confundível com qualquer outro sistema de normas jurídicas, ou com outros sistemas de normas não jurídicas. Ainda que a ordem exista de algum modo no dado empírico, precisamos reconstruir cognoscitivamente o dado já pré-constituído. O direito positivo, quanto mais evoluído, maior teor de racionalização apresenta. Contudo, ainda que alcance o nível maior da *sistemática* (a *forma lógica* do sistema), ainda assim é preciso reconstruir epistemologicamente essa unidade ínsita no objeto do conhecimento. Pois bem. Como na teoria kantiana do conhecimento, a condição da possibilidade do conhecimento jurídico-dogmático reside na categoria que é a norma fundamental. É transcendental porque sem ela inexiste, *para o sujeito cognoscente*, o dado interpretado como objeto jurídico." (VILANOVA, Lourival. *Escritos jurídicos e filosóficos*. Volume I. São Paulo: Axis Mundi: Ibet, 2003. p. 304-305).

316. "Quanto à teoria pura do direito, pois, seguindo a teoria pura do conhecimento kantiano, mantém a tese de que o objeto é criação do sujeito, i. é., das condições transcendentais da experiência de objetos – as categorias ou conceitos *universais*, que se não confundem com conceitos meramente *gerais* –, não leva à tese de que a Ciência-do-Direito seja produtora de normas e que o sistema jurídico positivo provenha geneticamente dessa ciência. Não se compadeceria com os fatos: o *direito positivo* existe *antes* da *ciência jurídica* e a ciência jurídica (dogmática) existe antes da *teoria-da-ciência*, que é, em último termo, a *teoria pura do direito*." (VILANOVA, Lourival. *Escritos jurídicos e filosóficos*. Volume I. São Paulo: Axis Mundi: Ibet, 2003. p. 306).

317. "Quando falamos em relações sociais que são relações de fato, adotamos um critério de aferimento. *Relativamente ao sistema de normas jurídicas*, as relações sociais que compõem o universo social subdividem-se em relação de fato e relações jurídicas. As de fato são normativas, sem necessariamente serem jurídicas. Assim, remeter um telegrama de felicitações implica uma relação social, guiada pela regra social de cortesia, ou de outra regra social. *Relativamente ao direito*, é uma relação de fato. É relação jurídica a que se dá entre o remetente e a empresa postal-telegráfica (a taxa é a contraprestação de uma relação jurídica de serviço público), ou entre a empresa e o destinatário. Mas não é relação jurídica a existente entre o remetente e o destinatário. Seria se através do telegrama declarasse a vontade de se vincular negocialmente (num contrato de compra e venda, por exemplo) e a recepção do telegrama completasse a outra declaração de vontade, como oferta. Aí, então, o fato social de relação tornar-se-ia um fato jurídico, cujos elementos integrantes foram necessários para perfazer o fato produtor de 'consequências jurídicas': justamente a relação jurídica

discernindo, no caso em questão, para todos os efeitos normativo, o que é signo presuntivo de riqueza "lucro da controlada estrangeira" do signo presuntivo de riqueza "a equivalência patrimonial derivada do lucro da controlada estrangeira".

O referido autor pernambucano, ao passo que distingue *relações de fato* de *relações jurídicas*, demonstra como alguns fatos, embora sejam normativos, isto é, compreendam dentro do sistema de normas jurídicas, não são necessariamente proposições-hipóteses ou, se preferir, fatos a serem subsumidos às regras jurídicas, eis que não consubstanciam o conteúdo semântico suficiente para que se forme uma relação jurídica.

Diante disso, e por tudo até aqui exposto, dado que o objetivo principal desta obra é responder as seguintes perguntas:

a) o reflexo positivo no patrimônio da controladora brasileira oriundo do investimento em controlada sediada em país com o qual o Brasil possui acordo de bitributação compõe o lucro real para fins de incidência do IRPJ, tal como prescreve o enunciado do art. 77 da Lei nº 12.973/2014?

b) o reflexo positivo no patrimônio da controladora brasileira provindo da apuração do lucro da controlada estrangeira subsome-se aos arts. 7 ou 10, como se, respectivamente, lucros da controlada ou dividendos da controladora fossem, tal como prescreve a CM-OCDE?

Concluiu-se que:

a) o reflexo positivo no patrimônio da controladora brasileira oriundo do investimento em controlada compõe o lucro real para fins de IRPJ (*relações jurídica*), tal como prescreve o enunciado do art. 77 da Lei nº 12.973/2014, sendo irrelevante, para esta norma jurídica, se a controlada reside ou não em país com o qual o

---

negocial." (VILANOVA, Lourival. *Causalidade e relação no direito*. 4ª. ed. rev., atual. e ampl. São Paulo: Editora Revista dos Tribunais, 2000, p. 113).

Brasil possui acordo de bitributação, eis que o lucro da controlada (*relações de fato*) é uma riqueza distinta da sua equivalência patrimonial no lucro da controladora;

b) o reflexo positivo no patrimônio da controladora brasileira não se subsome aos arts. 7 ou 10 da CM-OCDE, como se, nesta ordem, lucros da controlada ou dividendos da controladora fossem (*relações de fato*), haja vista ser um signo presuntivos de riqueza distinto daquele representativo do lucro da controlada, bem como não preenche o significado do signo linguístico "dividendos", já que não decorre do ato efetivo de pagamento da controlada aos seus investidores.

A positivação do signo presuntivo de riqueza referente à parcela positiva do ajuste do valor do investimento feito em controlada equivalente aos lucros por ela auferidos é um produto da linguagem fabuladora do Direito, estando dentro da margem criadora de ficções do legislador, que por sua vez julgou necessário perseguir critérios teleológicos, no caso em tela, uma certa *comodidade técnica de arrecadação*, na expressão de Aliomar Baleeiro, bem como a garantia da transparência fiscal internacional, isto é, uma norma CFC para o arquétipo do direito tributário brasileiro. Com a publicação dos enunciados constantes dos arts. 76 e 77 da Lei nº 12.973/2014, incluiu-se, portanto, no rol de *somatórios de direitos sobre disponibilidades presentes ou futuras* que compõe o patrimônio da pessoa jurídica, na expressão de Heleno Torres, o reflexo positivo no patrimônio da controladora brasileira oriundo do investimento em controlada estrangeira, denotando sua ocorrência a hipótese tributária da norma geral e abstrata do IRPJ.

É fundamental destacar, mais uma vez, que a Lei nº 12.973/2014 não enuncia para a sistemática de tributação em bases universais da controladora, no Brasil, o signo presuntivo de riqueza "lucros auferidos por controlada no exterior e considerados disponibilizados", nos termos do revogado art. 74 da MP nº 2.158-35/2001, o que criava condições de titularidades sobre uma mesma riqueza para sujeitos-de-direito distintos: a) a titularidade da controlada estrangeira, com a disponibilidade do seu lucro; e b) a titularidade da controladora brasileira, com a disponibilidade presumida do lucro da controlada. Ao revogar o enunciado do art. 74 da mencionada MP, a Lei nº 12.973/2014 enunciou, nos arts. 76 e 77, o signo presuntivo de riqueza que diz respeito aos reflexos positivos decorrentes do lucro auferido pela controlada estrangeira na proporção do valor dos investimentos, estabelecendo condições de titularidades sobre riquezas próprias, embora patrimonialmente equivalentes, e para sujeitos-de-direito distintos: a) a titularidade da controlada estrangeira, com a disponibilidade do seu lucro; e b) a titularidade da controladora brasileira, com a disponibilidade do seu acréscimo patrimonial derivado da parcela positiva do ajuste do valor do investimento feito em controlada estrangeira.

Um exemplo desta disponibilidade da controladora sobre a equivalência patrimonial dos lucros da controlada, segundo o conselheiro do CARF, Alberto Pinto Souza Junior, à época presidente da turma no caso *Petrobras* (processo nº 11052.000921/2010-63), como já foi dito, é o fato dela, a controladora, reconhecido o lucro da investida estrangeira pelo MEP, poder ter esse valor distribuído aos seus sócios ou acionistas, antes mesmo de ser efetivamente pago pela controlada, nos termos do art. 197, §1º, inciso I, da Lei nº 6.404/1976 (redação dada pela Lei nº 10.303/2001).

Conclusão, quando tomada a formação do lucro real da pessoa jurídica como objeto de conhecimento pelo agente competente, o primeiro passo a ser dado, identificado os limites do *plano de expressão* do Direito, está na construção das proposições referentes aos signos presuntivos de riqueza eleitos pelo legislador como hipóteses jurídicas de incidência do IRPJ. Na formação do lucro real, vale lembrar, signo linguístico criado pela linguagem fabuladora do direito, sem submissão alguma aos fenômenos econômicos – pois ao Direito não cabe descrever a vida em sociedade, mas, sim, prescrevê-la segundo valores positivados –, o lucro líquido deve ser ajustado mediante adições, exclusões ou compensações autorizadas pela legislação tributária, dentre os quais se destaca, nesta obra, o reflexo positivo no patrimônio da controladora brasileira, em razão dos lucros auferidos por controlada estrangeira. E feita a análise da RMIT do IR sobre esta variação patrimonial positiva da controladora brasileira, na estrutura deôntica "*D{[cm.ce.ct]→[cp(sa.sp).cq(al.bc(ll(a(vi.–ir.vc).e.c)))]}*", identificou-se que o lucro da controlada possui *relação de fato* com a *relação jurídica* estabelecida entre a controladora, no Brasil, e o Estado brasileiro. Ou seja, para a norma jurídica em questão, o lucro da controlada estrangeira não implica qualquer *relação jurídica* entre ela e o Estado brasileiro, não obstante represente, enquanto *relação de fato*, um dado estruturante do enunciado representativo da parcela do ajuste do valor do investimento da controladora brasileira, cujo signo presuntivo de riqueza (parcela positiva do ajuste) não se confunde com aquele da controlada (lucro auferido).

Deduz-se, finalmente, que não há relevância se existe ou não, onde se localiza a controlada, um acordo de bitributação da CM-OCDE, visto que é um fato jurídico afastado do percurso gerador de sentido normativo da RMIT do IR sobre o lucro real da controladora brasileira. Por esse motivo, a RMIT do IR sobre o lucro de controlada sediada em país com o qual o Brasil possui acordo de bitributação, conforme a estrutura deôntica "*D{[cm.ce.ct]→[cp`(sa`.sp`).cq`(al`.bc`)].–[cp``(sa``.sp`).cq``(al``.bc`)]}*", implica renúncia ao poder de tributar do Estado brasileiro de exigir o recolhimento do IRPJ, não importando, para esta norma, se o lucro tenha a sua fonte no Brasil, desde que não seja por intermédio de um estabelecimento permanente, em função do enunciado do art. 7 da CM-OCDE.

E é essa a contribuição que o método do *constructivismo* lógico-semântico proporciona para o exame das normas jurídicas – em especial, para esta obra, a que diz respeito à tributação do IRPJ sobre a equivalência patrimonial –, ou seja, um discernimento analítico das significações originadas da *linguagem-objeto*, o direito posto, produzindo, de seu engenho estruturante, *metalinguagens formal* e *material* pelas quais uma maior clareza e rigorosidade na produção de uma ciência dos fenômenos jurídicos são alcançadas. Nesta empreitada exegética do cientista, por assim dizer, de procurar uma maior consistência teórica ao processo de "liquefazer a metáfora intuitiva em um esquema",[318] dado que todo esquema, na sua intrépida construção fenomenológica, assume, "na *dialética* da ausência e da presença",[319] fraturas semânticas por onde uma série de outros esquemas podem vir a emergir[320] – até que Umberto Eco constata a inexistência de um estruturalismo ontológico[321] –, faz da atividade de construção

---

318. NIETZSCHE. *Obras incompletas*. São Paulo: Nova Cultural, 2005, p. 57.

319. "Como bem indicou Ricoeur, estamos aqui diante de uma dialética da ausência e da presença. Quando Saussure nega que existam na língua termos positivos, exclui a possibilidade de considerarmos os sons físicos ou as ideias, não as valências em tensão. A ausência de que fala o estruturalista concerne a dois fatos: 1) não importa o que existe em lugar do *sim* ou do *não*; o que importa é que as entidades que lhes revestem a valência estejam indiscutivelmente em tensão; 2) uma vez proferido o *sim* (ou o *não*), a entidade proferida significa pelo fato de talhar-se sobre a ausência da outra. Mas decididamente, nessa mecânica da oposição significativa, o que conta é a ocorrência da possibilidade sistemática de que algo exista diferenciando-se de algo que não existe, e não a Diferença em si, com inicial maiúscula, hipostatizada e feita metáfora de algo estável, aquém da oposição. A ausência estruturalista importa enquanto *algo* não existe, e em seu lugar aparece *algo diferente*." (ECO, Umberto. *A estrutura ausente*. São Paulo: Perspectiva, 2013, p. 336).

320. "É o problema da 'abertura' das estruturas com que volta ele a defrontar-se em termos fenomenológicos no ensaio 'Genèse et structure' e la phénoménologie: é o problema, como diz ele, da estruturalidade de uma abertura, que é a abertura infinita para a verdade de toda experiência (para a filosofia, enfim), a 'estrutural impossibilidade de dar por encerrada uma fenomenologia estrutural', aquela possibilidade de uma abertura infinita para o mundo como horizonte de possibilidades que conhecemos na fenomenologia da percepção de Merleau-Ponty, aquele jogo de perfis no qual a coisa se oferece à nossa experiência e ao nosso juízo como continuamente nova, que já conhecemos em Husserl e no Sartre de *L´Être et le Néant*." (ECO, Umberto. *A estrutura ausente*. São Paulo: Perspectiva, 2013, p. 281).

321. "Se a Estrutura última existe, não pode ser predicada, porque não existe metalinguagem que a possa aprisionar; e se a deixamos aparecer por entre as dobras de uma linguagem que a evoca, então ela não é a última, porque no momento em que aparece, faltam-lhe as características daquilo que é último, isto é, a capacidade de retrair-se para gerar outras aparições. Todavia, se foi evocada ao invés de definida, então na sua evocação introduziu-se aquela componente afetiva que é essencial para uma relação hermenêutica: por conseguinte, a estrutura não é objetiva, mas

da linguagem jurídica um árduo processo de sistematização dos seus signos constitutivos, donde as formas lógicas, tal como a RMIT, substrato analítico conferido pela *região* ôntica *dos objetos ideais*, são valiosos instrumentos de correção das relações interproposicionais, sobretudo na *situação comunicacional* de seus símbolos,[322] tanto no campo científico, para descrever os fenômenos, como no campo jurídico, para prescrever condutas sociais.

---

carregada de sentido. No momento, porém, em que reintroduzo a dialética da interpretação (e vimos que rejeitá-la e, concomitantemente, pretender uma ontologia estrutural ou um estruturalismo ontológico, constitui uma contradição radical), a confiança de que a estrutura individual seja objetiva depende apenas de uma postulação de tipo místico: isto é, de que o Nascedouro de todo sentido e garanta a legitimidade do sentido que individuei. **IX. 2.** Se, porém, eu *suspender* essa postulação, *só me restará interpretar a estrutura individuada* (e a atribuição de sentido que comporta) *como modelo cognoscitivo.* Se sei que a estrutura é um modelo, também sei que, ontologicamente falando, *ela não existe.* Mas se a postulasse como realidade ontológica, deveria concluir que, como estrutura (já vimos), *ela também não existiria. De qualquer maneira a Estrutura é Ausente.*" (ECO, Umberto. *A estrutura ausente.* São Paulo: Perspectiva, 2013, p. 356).

322. "Isso, evidentemente, exige uma outra concepção da própria sociedade, uma concepção radical, tal como assumida por Niklas Luhmann. Exatamente por conta desta noção de comunicação, Luhmann define sociedade de uma forma diferente da qual ela vem sendo definida talvez há séculos: a sociedade não é um conjunto de indivíduos, seres humanos; ou, mais radicalmente, o ser humano não faz parte da sociedade. *Sociedade* uma situação comunicacional, comunicação, não conjunto de atos de comunicação. Neste sentido, a sociedade é uma estrutura (comunicacional) que permite que os indivíduos entrem em contato uns com os outros. Ou seja, não é porque os indivíduos entram em contato uns com os outros que a sociedade se forma, mas é o contrário." (FERRAZ JUNIOR, Tercio Sampaio. *Estudos de filosofia do direito:* reflexões sobre o poder, a liberdade, a justiça e o direito. 3ª ed. São Paulo: Atlas, 2009, p.33).

REFERÊNCIAS

ABBAGNANO, Nicola. *Dicionário de filosofia*. 6ª ed. São Paulo: Editora WMF Martins Fontes, 2012.

ABRAHAM, Marcus. O Planejamento Tributário. In: Marcus Lívio Gomes; Leonardo Pietro Antonelli (coord.). *Curso de direito tributário brasileiro*. 3ª ed. São Paulo: Quartier Latin, 2010, v. III.

ALEXY, Robert. *Teoria dos direitos fundamentais*. 2. ed. São Paulo: Malheiros, 2017.

AMARO, Luciano. *Direito tributário brasileiro*. 14. ed. São Paulo: Saraiva, 2008.

ANDRADE FILHO, Edmar Oliveira. *Imposto de renda das empresas*. 6ª ed. São Paulo: Atlas, 2009.

ARENDT, Hannah. Origens do Totalitarismo – antissemitismo, imperialismo, totalitarismo. 1ª Edição. São Paulo: Companhia do Bolso, 2012.

ATALIBA, Geraldo. *Hipótese de incidência tributária*. 6ª ed., 5ª tiragem. São Paulo: Malheiros, 2004.

BACON, Francis. Novum organum ou verdadeiras indicações acerca da interpretação da natureza; Nova Atlântida. São Paulo: Nova Cultural, 2005.

BAKHTIN, Mikhail. *Os gêneros do discurso*. São Paulo: Editora 34, 2016.

BALEEIRO, Aliomar. *Direito tributário brasileiro.* 11ª ed. Rio de Janeiro: Forense, 2010.

BARRETO, Paulo Ayres. A Tributação, por Empresas Brasileiras, dos Lucros Auferidos no Exterior por suas Controladas e Coligadas. In: ROCHA, Valdir de Oliveira (coord.). *Grandes questões atuais de direito tributário.* 17º V. São Paulo: Dialética, 2013.

______. Imposto sobre a Renda – Pessoa Jurídica. In: SANTI, Eurico Marcos Diniz de (coord.). *Curso de especialização em direito tributário*: estudos analíticos em homenagem a Paulo de Barros Carvalho. Rio de Janeiro: Forense, 2005.

______.; TAKANO, Caio Augusto. Tributação do resultado de coligadas e controladas no exterior, em face da Lei nº 12.973/2014. In: ROCHA, Valdir de Oliveira (coord.). *Grandes questões atuais de direito tributário.* 18º V. São Paulo: Dialética, 2014.

BECKER, Alfredo Augusto. *Teoria geral do direito tributário.* 2º ed. São Paulo: Saraiva, 1972.

BIANCO, João Francisco. *Transparência fiscal internacional.* São Paulo: Dialética, 2017.

BORGES, José Souto Maior. Direitos Humanos e Tributação. In: TORRES, Heleno Taveira (coord.). *Direito tributário internacional aplicado.* Vol. II. São Paulo: Quartier Latin, 2004.

______. *Lei complementar tributária.* São Paulo: RT, EDUC, 1975.

BOURDIEU, Pierre. *Meditações pascalianas.* Rio de Janeiro: Bertrand Brasil, 2001.

BRITTO, Lucas Galvão de. *Tributar na era da técnica*: como as definições feitas pelas agências reguladoras vêm influenciando a interpretação das normas tributárias. São Paulo: Noeses, 2018.

CARR, Edward Hallett. *Vinte anos de crise: 1919-1939* – uma introdução ao estudo das relações internacionais. Brasília, DF: Ed. da UnB, 2001.

CARRAZZA, Roque Antônio. *Curso de direito constitucional tributário.* 22.ed. rev., amp. e atual. até EC 52/2006. São Paulo: Malheiros, 2006.

______. *Imposto sobre a Renda (perfil constitucional e temas específicos).* 3ª ed., revista, ampliada e atualizada. São Paulo: Malheiros, 2009.

CARVALHO, Aurora Tomazini de. Constructivismo lógico-semântico como método de trabalho na elaboração jurídica. *In:* CARVALHO, Paulo de Barros (coord.). *Constructivismo* lógico-semântico: Vol. I. São Paulo: Noeses, 2014.

______. *Curso de teoria geral do direito* – o constructivismo lógico-semântico. 5ª ed. São Paulo: Noeses, 2009.

CARVALHO, Paulo de Barros. Algo sobre o constructivismo lógico-semântico. *In:* CARVALHO, Paulo de Barros (coord.). *Constructivismo* lógico-semântico: Vol. I. São Paulo: Noeses, 2014.

______. *Curso de direito tributário.* 14ª ed. São Paulo: Editora Saraiva, 2002.

______. *Curso de direito tributário.* 22ª edição. São Paulo: Editora Saraiva, 2010.

______. *Direito tributário - linguagem e método.* 6ª ed. São Paulo: Noeses, 2015.

______. *Direito tributário, linguagem e método.* 7ª ed. São Paulo: Noeses, 2018.

______. *Direito tributário* – fundamentos jurídicos da incidência. 10. ed. rev. e atual. São Paulo: Saraiva, 2015.

CAUBET, Christian. A Geopolítica como teoria das relações internacionais: uma avaliação crítica. In: *Revista Sequência.* Florianópolis, v.8, 1986.

DESCARTES, René. *Discurso do método; As paixões da alma; Meditações.* São Paulo: Nova Cultural, 2004.

ECO, Umberto. *A estrutura ausente.* São Paulo: Perspectiva, 2013.

FERRAZ JUNIOR, Tercio Sampaio. Estudos de filosofia do direito: reflexões sobre o poder, a liberdade, a justiça e o direito. 3ª ed. São Paulo: Atlas, 2009.

______. *Introdução ao estudo do direito:* técnica, decisão, dominação. 4. ed. São Paulo: Atlas, 2003.

FRANCA, Leonel. *Noções de história da filosofia.* 22. ed. Rio de Janeiro: AGIR, 1978.

FRANCO, Gustavo H. B. *A moeda e a lei:* uma história monetária brasileira, 1933-2013. Rio de Janeiro, RJ: Zahar, 2017.

FREUND, Julien. *Sociologia de Max Weber.* 4. ed. -. Rio de Janeiro: Forense Universitária, 1987.

GADAMER, Hans-Georg. *Verdade e método I* – Traços fundamentais de uma hermenêutica filosófica. 15ª ed. Petrópolis, RJ: Vozes, 2015.

GAMA, Tácio Lacerda. Sentido, consistência e legitimação. In: HARET, Florence; CARNEIRO, Jerson (coords). *Vilém Flusser e juristas:* comemoração dos 25 anos do grupo de estudos Paulo de Barros Carvalho. São Paulo: Noeses, 2009.

GREAVES, Tom. *Heidegger:* introdução. Porto Alegre: Penso Editora, 2012.

GREENE, Brian. A realidade oculta: universos paralelos e as leis profundas do cosmo. 1ª ed. São Paulo: Companhia das Letras, 2012.

GRUPENMACHER, Betina Treiger. Tratados Internacionais sobre Direitos Humanos e Tributação. In: SCHOUERI, Luís Eduardo (coord.). *Direito tributário:* Homenagem a Paulo de Barros Carvalho. São Paulo: Quartier Latin, 2008.

HARET, Florence. *Teoria e prática das presunções no direito tributário.* São Paulo: Noeses, 2010.

HEIDEGGER, Martin. Carta sobre o humanismo. In: *Marcas do caminho.* Trad. de Enio P. Giachini e Ernildo Stein. Petrópolis: Vozes, 2008.

HUBERMAN, Leo. *História da riqueza do homem.* 18. ed. Rio de Janeiro: Zahar, 1982.

HUME, David. Hume. *Investigação acerca do entendimento humano.* São Paulo: Nova cultural, 2004.

JUDT, Tony. *Pós-guerra – História da Europa desde 1945.* Lisboa, Edições 70, 3ª. ed., 2009.

KANT, Immanuel, 1724-1804. *Crítica da razão pura.* São Paulo: Abril Cultural, 1980.

KELSEN, Hans. *Teoria pura do direito.* 7. ed. São Paulo: M. Fontes, 2006.

KUHN, Thomas S. *A estrutura das revoluções cientificas.* 5. ed. São Paulo: Perspectiva, 1998.

LATORRACA, Nilton. *Direito tributário:* imposto de renda das empresas. 15 ed. São Paulo: Atlas, 2000.

LEIBNIZ, Gottfried Wilhelm Freiherr von. *Novos ensaios sobre o entendimento humano.* São Paulo: Nova cultural, 2004.

LINS, Robson Maia. *Curso de direito tributário.* 1ª ed. São Paulo: Noeses, 2019.

LOCKE, John. *Ensaio acerca do entendimento humano.* São Paulo: Nova Cultural, 2005.

LOPARIC, Zelijko. *Husserl – Vida e obra.* In: Os pensadores. São Paulo: Nova Cultural, 2005, 1980.

LUHMANN, Niklas. *Sistemas sociais: esboço de uma teoria geral.* Petrópolis RJ: Vozes, 2016.

MACHADO, Brandão. Breve Exame Crítico do Art. 43 do CTN. Coordenador: Martins, Ives Gandra da Silva (coord.). *Imposto de Renda.* São Paulo: Editora Atlas, 1996.

MAQUIAVEL, Nicolau. *O príncipe/Escritos políticos.* São Paulo: Nova Cultural, 2004.

MARCUSE, Herbert. Eros e Civilização Eros e civilização: Uma interpretação filosófica do pensamento de Freud. 8 ed. Trad. Álvaro Cabral. Rio de Janeiro: LTC, 2013.

MONTEIRO, Luis Gonzaga Mattos. *Sartre e Foucault:* subjetividade e poder. Florianópolis: Ed. da UDESC, 2002.

MOUSSALLEN, Tárek. *Fontes do direito tributário.* 2. ed. São Paulo, Noeses, 2006.

NETO, Luís Flávio. Direito Tributário Internacional: "Contextos" para Interpretação e Aplicação de Acordos de Bitributação – Série Doutrina Tributária Vol. XXI. São Paulo: Quartier Latin, 2018.

NIETZSCHE. *Obras incompletas.* São Paulo: Nova Cultural, 2005.

PACHECO, Angela Maria da Motta. *Ficções tributárias:* identificação e controle. São Paulo: Noeses, 2008.

PEDREIRA, José Luiz Bulhões. *Imposto sobre a renda:* pessoas jurídicas. Rio de Janeiro: Justec, v. I, 1979.

PERELMAN, Chaïm. *Retóricas.* São Paulo: Martins Fontes, 1997.

PEREIRA, Marco Antônio Chazaine. *A tributação de lucros auferidos no exterior.* São Paulo: LTr, 2010.

POLANYI, Karl. *A grande transformação.* Rio de Janeiro: Elsevier, 2012.

QUEIROZ, Luís Cesar Souza de. A tributação de lucros auferidos no exterior por controladas e coligadas: a posição do STF e a Lei nº 12.973/2014. In: MARTINS, Natanael; RODRIGUES, Daniele Souto (coord.). *Tributação Atual da Renda:* estudos da Lei nº 12.973/2014: da harmonização jurídico contábil à tributação de lucros do exterior. (Org. Daniele Souto Rodrigues; Natanael Martins). São Paulo: Noeses, 2015.

QUEIROZ, Mary Elbe. *Imposto sobre a Renda e Proventos de Qualquer Natureza.* São Paulo: Editora Manole, 2004.

RESENDE, André Lara. Juros, Moeda e Ortodoxia: teorias monetárias e controvérsias políticas. 1ª ed. São Paulo: Portfolio-Penguin, 2017.

RICOEUR, Paul. *Na Escola da Fenomenologia*. Petrópolis: Rio de Janeiro: Vozes Ltda., 2009.

ROCHA, Sergio André. *Interpretação dos tratados para evitar a bitributação da renda*. 2ª ed. São Paulo: Quartier Latin, 2013.

ROSSETTI, Jose Paschoal. *Introdução à economia*. 7. ed. São Paulo: Atlas, 1978.

RUSSEL, Bertrand. *Liberdade e organização*. São Paulo: Cia Editora Nacional, 1959.

SAES, Flávio Azevedo Marques de; SAES, Alexandre Macchione. *História econômica geral*. São Paulo: Saraiva, 2013.

SAUSSURE, Ferdinand de. *Curso de linguística geral*. 34. ed. São Paulo: Cultrix, 2013.

SARTRE, Jean-Paul. *O ser e o nada:* ensaio de ontologia fenomenológica. 12. ed. Petrópolis, RJ: Editora Vozes, 2004.

SCHLICK, Moritz; CARNAP, Rudolf. *Coletânea de textos*. São Paulo: Abril Cultural, 1980.

SCHOUERI, Luís Eduardo. *Planejamento fiscal através de acordos de bitributação (treaty shopping)*. São Paulo: Ed. Revista dos Tribunais, 1995.

______. *Preços de transferência do direito tributário brasileiro*. São Paulo. Dialética, 1999.

SILVA, Franklin Leopoldo e. Dois Filósofos do Século XIX: Hegel e Comte. In: CHAUÍ, Marilena et al. *Primeira Filosofia:* lições introdutórias. 3ª. ed. São Paulo: Brasiliense, 1985.

SMITH, Adam. A riqueza das nações: investigação sobre sua natureza e suas causas. São Paulo: Nova Cultural, 1996.

SOUSA, Rubens Gomes de. O Fato Gerador do Imposto de Renda. In: *Estudos de direito tributário*. São Paulo: Saraiva, 1950.

______. *Pareceres – 1: Imposto de renda*. Ed. Póstuma. São Paulo: Ed. Resenha Tributária, 1975.

______. *Pareceres 3 - Imposto de renda.* São Paulo: Resenha Tributária, 1976.

SPENGLER, Oswald. A decadência do Ocidente: esboço de uma morfologia da História Universal. Rio de janeiro: Zahar, 1964.

TAKATA, Marcos Shigueo. Lucros no Exterior, Equivalência e Tributação da "Parcela do Ajuste do Valor do Investimento" à Luz dos Acordos de Bitributação Brasileiros. In: MOSQUERA, Roberto Quiroga; LOPES, Alexsandro Broedel. *Controvérsias jurídico-contábeis (Aproximações e Distanciamentos).* V. 6. São Paulo: Dialética, 2015.

TILBERY, Henry. *CMTS AO CTN.* Coordenação Ives Gandra. Saraiva, 1998.

TORRES, Heleno Taveira. *Direito tributário internacional aplicado.* São Paulo: Quartier Latin, v. III, 2005.

______. *Pluritributação internacional sobre as rendas de empresas.* São Paulo: Editora Revista dos Tribunais, 1997.

VOLÓCHINOV, Valentin. *Marxismo e filosofia da linguagem:* problemas fundamentais do método sociológico na ciência da linguagem. 1ª ed. São Paulo: Editora 32, 2017.

VAROUFAKIS, Yanis. *O Minotauro Global* – A verdadeira origem da crise financeira e o futuro da economia global. São Paulo: Editora Autonomia Literaria, 2016.

VILANOVA, Lourival. *As estruturas lógicas e o sistema de direito positivo.* São Paulo, Noeses, 2005.

______. *Causalidade e relação no direito.* 4ª. ed. rev., atual. e ampl. São Paulo: Editora Revista dos Tribunais, 2000.

______. *Escritos Jurídicos e Filosóficos.* v. 1. São Paulo: Axis Mundi: IBET, 2003.

______. *Escritos Jurídicos e Filosóficos.* v. 2. São Paulo: Axis Mundi: IBET, 2003.

VITA, Jonathan Barros. *Preços de Transferência.* (Coleção doutrina tributária / coordenação Heleno Torres). São Paulo: Editora Revista dos Tribunais; Fiscosoft Editora, 2014.

VOGEL, Klaus. Klaus Vogel on Double Taxation Conventions. Kluwer: London, 1999.

XAVIER, Alberto. A Lei nº 12.973, de 3 de maio de 2014, em Matéria de Lucros no Exterior: Objetivos e Características Essenciais. In: ROCHA, Valdir de Oliveira. *Grandes Questões Atuais de Direito Tributário. 18º* V. São Paulo: Dialética, 2014.

______. *Direito Tributário Internacional do Brasil. 7ª* edição. Rio de Janeiro: Forense, 2010.

WALTON, Douglas. *Legal argumentation evidence.* Pennsylvania State Press: Pennsylvania, 2002.

WEBER, Max. *Ciência e Política:* Duas Vocações. São Paulo: Martin Claret, 2004.

Impressão e acabamento
psi7 psi7.com.br | book7 book7.com.br